Engelmann / Buurman-Paul

So zieht man
Fohlen auf

Uta Engelmann / Ulrike Buurman-Paul

So zieht man Fohlen auf

Artgerechte Aufzucht
und Haltung,
Pflege und Erziehung

Dritte, durchgesehene Auflage

CIP-Titelaufnahme der Deutschen Bibliothek

Engelmann, Uta:
So zieht man Fohlen auf: artgerechte Aufzucht
und Haltung, Pflege und Erziehung /
Uta Engelmann; Ulrike Buurman-Paul.
– 3., durchges. Aufl. – München; Wien; Zürich:
BLV, 1991
   ISBN 3-405-14129-X
NE: Buurman-Paul, Ulrike:

Bildnachweis
Buurmann-Paul Ulrike: S. 15, 22, 23, 26, 29, 31,
32, 34, 43 oben, 47, 52, 58, 59, 69 (4×), 72, 73
(2×), 78, 107, 108, 110
Engelmann Uta: S. 16, 21 (2×), 24, 30, 111
Gadzalski Marian: S. 2, 8, 17, 20, 36/37, 40, 76,
77, 119
Haflinger Magazin, Archiv: S. 143
Kemmler Jürgen: S. 6, 132
Landsberger Elke: S. 42, 48 (4×), 49 (4×), 98
Palzer Susanne: S. 43 unten, 44, 102, 113, 135
Schamper Norbert: S. 138
Schlatter Sibylle: S. 19 (8×)

Umschlaggestaltung: F & H Werbeagentur
GmbH, München
Titelfoto: Jürgen Kemmler
Rückseitenfotos: Manfred Gold/Jürgen Kemmler
Layout: Fehrenbach & Co GmbH

BLV Verlagsgesellschaft mbH
München Wien Zürich
8000 München

© 1990 BLV Verlagsgesellschaft mbH,
München 1991

Satz: Ludwig Auer GmbH, Donauwörth
Druck und Bindung: Friedr. Pustet, Regensburg
Printed in Germany
ISBN 3-405-14129-X

Die Autoren:
Früh ging für *Ulrike Buurman-Paul* der Kind-
heitstraum vom eigenen, selbst zu versorgen-
den Pferd in Erfüllung, und bereits mit 17 Jahren
begann sie zu züchten.
Schon während ihres Studiums wurde ihr erster
Hengst gekört und der Grundstein zu einer planmäßigen Haflinger- und Welsh-Cobzucht gelegt.
Vor einigen Jahren erwarb sie mit Ehemann Win-
fried Paul, Tochter und drei Pflegekindern einen
für Pferdezucht ideal gelegenen Aussiedlerhof
am Fuß der Burg Greifenstein im Westerwald.
Mit Hilfe einer an die Wildpferdesozialstruktur
angelehnten Aufzucht versucht sie, dem Menschen gegenüber gehorsame, gesunde Pferde
aufzuziehen, die nichts von ihrer rassetypischen
Präsenz einbüßen und »mitdenkende« Partner
für Freizeit und Sport sind.
Daß bei einer vornehmlich auf Interieur, Gang
und Präsenz ausgerichteten Zucht die Gesamt-
qualität nicht leiden muß, beweisen zahlreiche
Erfolge z. B. auf der DLG-Ausstellung, Champio-
natsgewinne auf Bundes- und Landesschauen,
etliche gekörte Hengste sowie Elitestuten.
Engagement im Vorstand von Zuchtvereinigun-
gen ist ihr ebenso selbstverständlich wie Basis-
arbeit mit interessierten Züchtergruppen und die
gesamte Arbeit mit Familie, Haus, Hof und natürlich den Pferden.

Die 1945 geborene Münchnerin *Uta Engelmann*
wurde zur Extrembergsteigerin und kampfstar-
ken Turnierschachspielerin, bevor sich durch ihren toleranten und großzügigen Ehemann ihr
Kindertraum – Bauernhof und Pferde – erfüllte.
Den natürlichen »Draht« zu allen Tieren, der ihr
eigen ist, führt sie auf ihre bäuerlichen Vorfahren
zurück.
Frau Engelmanns Interesse gilt nicht vorrangig
der Zucht, sondern dem Sozialverhalten der
Tiere sowie der Beziehung Haustier – Mensch.
Nahezu 20 Jahre Erfahrung mit einer umfangreichen Pferdeherde finden in diesem Buch ihren
Niederschlag.

Inhalt

Vorwort   7

Die Umwelt des Fohlens   8

Die Abstammung der Hauspferde   8
Das Pferd – ein Herdentier   13

Das Herdenverhalten   13
Haltung von der Geburt bis zum Absetzen   18
Haltung bis zur Nutzung   22

Das Pferd – ein Lauftier   28

Bedürfnisse, Fehler in der Praxis und richtige
Haltung   28
Anforderungen an Stall und Weide   41

Der Mensch und das Fohlen / Erziehung und Umgang   45

Erziehung   45
Der zugekaufte Absetzer   67
Transport von Mutter und Fohlen   72

Die Gesundheit des Fohlens und der Mutter   75

Vorbeuge   75
Kinderkrankheiten   84

Häufiger vorkommende Erkrankungen
bei Pferden aller Altersstufen   94
Das kranke Saugfohlen   97

Die Fütterung   101

Die wirtschaftliche Fütterung   101
Das gesunde Futter   103
Füttern – wieviel und wie   108
Die Futterberechnung   113
Die Futterkostenberechnung   124
Der Futtervoranschlag   125
Das Pferdekorn/Pferdefertigfutter   126

Vom Absetzen bis zur endgültigen Nutzung   129

Das Absetzen   129
Die weitere Aufzucht und Haltung   134
Die weitere Erziehung und
Grundschulung   136

Preis, Markt und Wert   139

Fohlen kaufen oder verkaufen   139
Fohlenbeurteilung   142

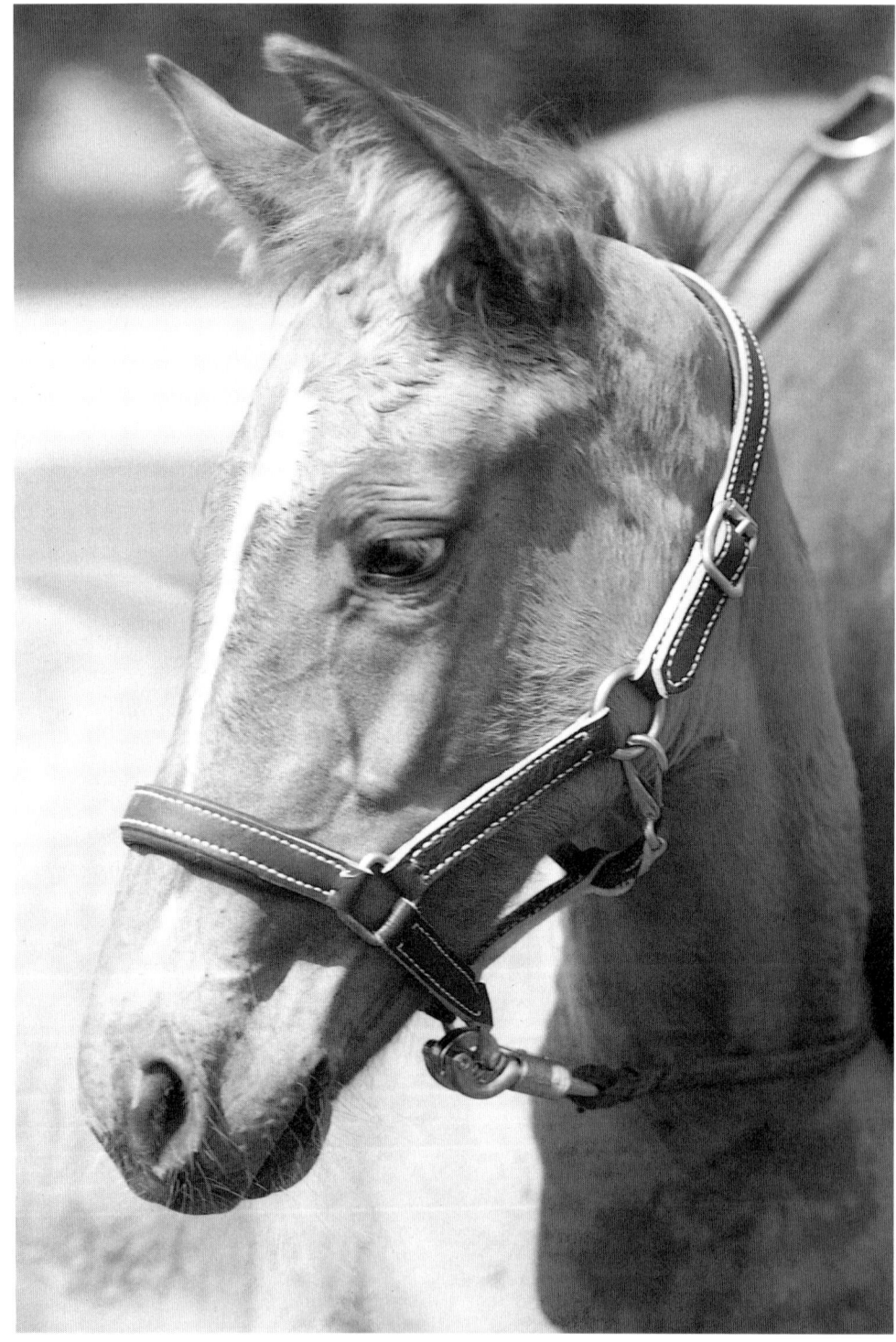

Vorwort

Wer dieses Buch benutzt und auf die Praxis anzuwenden versucht, sei sich bewußt, daß es »das Fohlen«, »das Pferd«, »den Trakehner«, »den Haflinger« natürlich nicht gibt.

Jedes Pferd ist ein Individuum, das sich in mehr oder weniger gravierender Weise von seinen Rasse-, Geschlechts- und Altersgenossen unterscheidet. Sogar unter Vollgeschwistern kommen unglaubliche Unterschiede in Charakter, Größenwuchs, Futterverwertung, Leistung usw. vor.

Besondere Aufmerksamkeit bitten wir den Leser gerade deshalb den Ausführungen zu widmen, die sich auf die Abstammung der Hauspferde (und die sich daraus ergebenden Folgerungen) beziehen.

Ein gutes Auge, ein wacher Verstand, der nicht nur nach dem »Was«, sondern auch nach dem »Weshalb« fragt, sind unerläßliche Voraussetzungen für die erfolgreiche Aufzucht von Fohlen.

Uta Engelmann
Ulrike Buurman-Paul

Die Umwelt des Fohlens

Die Abstammung der Hauspferde

Das heutige Hauspferd ist auf vier Urformen zurückzuführen. Die etwa 3000 Jahre menschlicher Zucht und Obhut haben nicht ausgereicht, den Charakter der Pferde zu ändern oder ihre natürlichen Bedürfnisse abzustellen.

Der Mensch hat nur die umgänglichsten Exemplare für seine Zwecke ausgewählt sowie wiederum nach seinem Bedürfnis kräftig herumgekreuzt – mal kräftiger, mal schneller, mal kleiner, mal größer.

Deshalb werden Sie wahrscheinlich Merkmale, die Ihr Fohlen zeigt, in mehreren Urtypen aufspüren – demnach trägt Ihr Fohlen dann gemischte Erbanlagen und kann z. B. Charaktermerkmale mehrerer Gruppen zeigen. So kann etwa ein Typ-I- und Typ-II-Pony zwar gutmütig, aber trotzdem stur sein. Bei einer Mischung von Typ II mit Typ III kommt häufig zu der Sturheit die Gereiztheit mit einer gelegentlich elektrischen Hinterhand! Zeigt Ihr Fohlen auch nur wenige Merkmale eines Typs, so können Sie sicher sein, daß es auch Ahnen aus dieser Gruppe hat und folglich auch die Bedürfnisse und das Verhalten dieser Ahnen zum mehr oder minder großen Teil in sich trägt.

Aus Typmerkmalen kann man auf die Urahnen und daraus auf Bedürfnisse und Verhalten schließen.

Die vier Urtypen, auf die das Pferd zurückgeht

Typ I – Das Urpony

Stammgebiet:	Gemäßigte Zone, stark hügelig und regenreich.
Futtertyp:	Rauhfutterfresser, sehr guter Futterverwerter.
Wettertyp:	Verträgt Kälte sehr gut, widerstandsfähig gegen Nässe, leidet unter großer Hitze.
Reaktionstyp:	Aufgeweckt, lebhaft, mittlere Gehlust bei gemäßigten, besonnenen Reaktionen, gutmütig.
Herdenverhalten:	Sehr gesellig und verträglich, auch in größeren Herdenverbänden.
Typ-Merkmale:	Kurzer Kopf, breite Stirn, runde Nase, weit auseinanderstehende kleine Ohren, große, freundliche Augen, kräftige, harmonische Gliedmaßen, leicht kuhhessige Stellung der Hinterbeine, sehr rundrippiger und geschlossener Körper, dichte Behaarung, Mähne und Schweif üppig, kleine, feste Hufe. Typische Farbe: Torfbraun mit dunklem Maul und dunklen Beinen.
Heutiges Vorkommen:	Das Exmoor-Pony als nahezu reiner Typ. Gemischt: In allen Ponys sowie in allen rundrippigen Pferden und solchen mit Pony-Kopf (Kaltblütern, Warmblütern, Vollblütern und auch Arabern).

Typ II – Das Tundrenpony

Stammgebiet:	Tundren, kalte Steppen, kalte Hochgebirgstäler.
Futtertyp:	Rauhfutterfresser, sehr guter Futterverwerter.
Wettertyp:	Verträgt Kälte hervorragend, Nässe und Hitze mittel bis mäßig.

Reaktionstyp:	Phlegmatisch bis faul. Wenig Gehlust. Wenig Fluchttendenz. Häufig sehr starrsinnig und eigenwillig bis zur Sturheit. Kämpft in Bedrängnis.
Herdenverhalten:	Oft heftige Rangauseinandersetzungen. Liegt die Rangordnung fest, gute Verträglichkeit, besonders in kleinen Herden.
Typ-Merkmale:	Großer, schwerer Kopf mit mächtigen Kiefern, elchartige »Schneepflugnase«, kleine Schweinsäugelchen, kurzer, schwerer Hals, tiefer Rumpf, sehr kräftige Gliedmaßen, große, flache Hufe, abgezogene und gespaltene Kruppe, starker Fesselbehang. Ursprüngliche Färbung: Farbwechsler mit im Winter hellen Bäuchen, hellen Beinen und hellen Nasen, sehr grobes Haar, im Winter wollig, Mähne und Schweif zweifarbig.
Heutiges Vorkommen:	Rein ausgestorben, gemischt: Bei allen Kaltblütern, schweren Kleinpferden (Isländer, Haflinger, Norweger) starke Anteile; mittlere Anteile bei allen sehr großwüchsigen Rassen.

Typ III – Das Ur-Steppenpferd

Stammgebiet:	Warme trockene Steppen.
Futtertyp:	Körnerfresser, sehr hartfuttrig, großer Futterneid.
Wettertyp:	Hitzetoleranz hervorragend, bei Kälte steigt der Futterbedarf noch mehr an, sehr wenig Widerstandskraft gegen naßkaltes Wetter.
Reaktionstyp:	Sehr heftiges Pferd mit ausgeprägtem Laufbedürfnis, Fluchttyp. Gelegentlich sehr reizbar im Temperament und von nachtragendem Charakter.
Herdenverhalten:	Einzelgängerisch, futterneidisch, großer Individualabstand.
Typ-Merkmale:	Lange, schmale Ramsköpfe, sehr trocken und mit besonders langem Nasenteil; eng zusammenstehende, lange Ohren; langer, dürrer Hals; kräftige, doch flache Gliedmaßen; knochiger, klappriger, aufgezogener und hochbeiniger, flach bemuskelter Typ. Dünnes, kurzes Haar. Typische Färbungen: Sandfarbene Tönungen, helles Braun bis Rot, Falbfarben, gelegentlich Eselskreuz, Aalstrich, Zebrastreifen.

Heutiges Vorkommen:	Am stärksten in Berbern, sehr stark spürbar in allen spanischen Rassen, allen europäischen und russischen Warmblutrassen, Lipizzanern, Kladrubern, aber auch Trabern und Vollblütern. Spuren sind aber auch in einigen Ponyrassen sowie kaltblütigen Rassen feststellbar. Auch der Rennaraber – Muniqui-Typ – zeigt deutliche Spuren.

Typ IV – Der Ur-Araber

Stammgebiet:	Warme, niederschlagsarme Hügelgebiete (»Steinwüsten«).
Futtertyp:	Körnerfresser, jedoch guter Futterverwerter. Lange Freßzeiten durch intensives Kauen.
Wettertyp:	Bei trockenem Wetter allen Temperaturen gewachsen, empfindlich gegen hohe Luftfeuchtigkeit und naßkaltes Wetter.
Reaktionstyp:	Sehr lebhaft, ausgeprägter Lauftyp, blitzartige Reaktionen, Fluchttyp.
Herdenverhalten:	Gesellig, liebevoll, vor allem in kleineren Gruppen bzw. Familienverbänden.
Typ-Merkmale:	Trockene, kurze Hechtköpfe mit spitzen, schmalen Nasen, großen Nüstern, großem Gesichtsteil, vorgewölbter Stirn, sehr großen, dunklen Augen; wenig ausgeprägtem Gebißteil, kleinen Ohren mit nach innen gerichteten Spitzen. Sehr feine Gliedmaßen, harte, kleine Hufe; getragener Schweif; sehr feines Haar, Schweif und Mähne dünn und seidig. Insgesamt ein drahtiger, trockener Typ. Typische Färbung: Schimmel.
Heutiges Vorkommen:	Alle Araber, Vollblüter, »edlen« Ponys, alle Reitpferderassen, aber z. B. auch in den französischen Kaltblutrassen.

Ständige Reinzucht bei unveränderter Umwelt hätte die vier Typen rein erhalten (wie wir beim Exmoor-Pony sehen).

Vermischungen und Zucht führten zu den unterschiedlichsten Hauspferderassen

Die heutigen Wildpferde sind übrigens alle verwilderte Hauspferde und stellen daher keine reinen Typen mehr dar.

Die vier Urtypen vermischten sich in den Randzonen ihrer Stammgebiete schon von eh und je ein wenig. Als der Mensch sich dann das Pferd als Nutztier zähmte, hat er dem »Vermischen« durch mehr oder minder planmäßige Zucht noch kräftig nachgeholfen.

Vermischung von Typ I mit Typ IV ergibt die Tendenz zu Kleinwüchsigkeit (ein typischer Vertreter: das Welsh-Mountain-Pony).

Bei Vermischung von Typ II mit Typ III ergibt sich die Tendenz zu Riesenwüchsigkeit (typischer Vertreter: bodenständige, schwere Warmblutrassen).

Um die Nachteile von Typ I und Typ IV (zu fein, zu leicht, zu klein) auszugleichen, wurden Typ II, aber auch Typ III eingekreuzt. So sind z. B. beim Haflinger neben dem Ponykopf und dem Araberkopf der schwere, große, kaltblütige Kopf, aber auch schmale, lange Schädel mit besonders langem Nasenteil zu finden – und natürlich alle Mischungen – wie schwere, grobe Schädel mit Hechtprofil.

Den Nachteilen von Typ II und Typ III – die Tiere werden vor allem in guten Futtergebieten gern größer und schwammiger – suchte man in den letzten Jahrhunderten durch »Auftrocknung« mit Typ IV, dem Vollblutaraber, zu begegnen. Ein typisches Beispiel: der Trakehner.

Eine Reduzierung des Größenwuchses ist heutzutage nicht erwünscht, daher wird das Arabische Vollblut außer in der Trakehnerzucht sowie Reitponyzucht zum Veredeln momentan nicht benutzt.

In allen Warmblutzuchten bedient man sich jetzt des englischen Vollbluts sowie einiger Angloaraber, um die gewünschte Trockenheit und Härte zu erhalten. Das Englische Vollblut ist für schnellebige menschliche Begriffe eine alte Rasse, da seit über 200 Jahren das Stutbuch »geschlossen« geführt – das heißt, ausschließlich mit dem Erbgut der damals eingetragenen Tiere gearbeitet wird. Die Rasse zeigt durch Inzucht auf vier Berber- und Araberhengste eine weitgehend homogene Mischung von Typ III mit Typ IV. Daß die Muttergrundlage, die damit verdrängt wurde, englische Stuten mit Typ-I- und sogar Typ-II-Grundlagen sind (die allerdings bereits seit der Römerzeit mit Orientalen veredelt wurden), zeigen der typisch ponyähnliche Vollblutkopf und gelegentliche »Riesenvollblüter« – wie in Deutschland etwa der überragende Meiler »Lirung«, geb. 1982, der ein wahres Schlachtschiff war und neben typischen, zierlichen Vertretern seiner Rasse wie ein Kaltblut wirkte. Nichtsdestoweniger ist er ein Spitzenexemplar dieser beispielhaft nur auf Leistung – nicht auf Exterieur – ausgerichteten Zucht.

Den individuellen Unterschieden unserer so »zusammengekreuzten« Pferde sollte ganz besonders in der Erziehung, Haltung und Aufzucht der Fohlen vollste Aufmerksamkeit gewidmet werden.

Erstaunlicherweise scheint dem Menschen instinktiv klar zu sein, daß Typ mit Charakter und Verhalten in Zusammenhang steht, wobei sie dem Kopf überragende Bedeutung zumessen. 90% der Käufer wählen ihr Pferd (oder Fohlen) nach dem Kopf – oder auch »Gesicht« – aus, das »hinten dran« scheint ihnen gleichgültig zu sein. Trockene, möglichst kleine Köpfe mit großen Augen sind die Renner. Gegen »Schweinsäugelchen« scheint ein natürliches Mißtrauen zu bestehen (vielleicht haben unsere Vorfahren bei dem Bemühen, den »grimmen Schelch« zu zähmen, öfters den kürzeren gezogen?).

Doch sollte sich der Käufer bewußt sein, daß ein winziger Kopf vor einem mächtigen Körper nicht nur lächerlich wirkt, sondern auch Fütterungsprobleme mit sich bringt: Das Pferd hat vermutlich die Körnerzähne des Arabers und das Rauhfutterbedürfnis des Tundrenponys, vielleicht auch noch die Hartfuttrigkeit des Steppenpferdes geerbt!

Weitgehende Ausgeglichenheit im Typ – sozusagen eine gewisse Harmonie – ist, auch im Hinblick auf einen ausgeglichenen Charakter, anzustreben. Sonst wird Ihnen des öfteren folgender Seufzer entfahren: Zu viele Seelen wohnen, ach, in meines Pferdes Brust!

Das Pferd – ein Herdentier

Das Herdenverhalten

Bei den Urtypen

Die verschiedenen Urtypen wurden durch Umgebung und Futterangebot auch in ihrem Herdenverhalten unterschiedlich geprägt.

In regenreicher, hügeliger Landschaft lebte das kleine *Urpony* inmitten saftiger Wiesen. Die Urponys waren rechtmäßige Beute von Wölfen, die in Rudeln auf sie Jagd machten. Deswegen und begünstigt durch das reiche Futterangebot schlossen sie sich zu umfangreichen Herden zusammen. Da zumeist auch noch die bereits geschlechtsreifen Junghengste in der Herde verblieben, war es zur Aufrechterhaltung der »Disziplin« unbedingt nötig, daß ein Hengst das absolut ranghöchste Tier der Herde war.

Das *Tundrenpony* war größer und wehrhafter. Zudem war seine Futtergrundlage sehr viel schlechter als bei den Urponys – saure Gräser und Flechten machten einen Großteil des Futters aus. Es mußte meist auch noch mühsam unter dem Schnee hervorgewühlt oder -geschart werden. Dies führte dazu, daß nur wenige Mutterstuten mit ihren Töchtern die kleine Herde bildeten. Ein Herdenhengst wurde zwar geduldet, das Leittier war aber immer eine alte Stute. Knapp ein Jahr alt, wurden die kleinen Hengstchen schon vom Althengst vertrieben. Konkurrenz konnte er sich in dieser Gesellschaft böser alter Weiber, wo es auf »die Sekunde« ankam, nicht auch noch leisten. Die kleinen Hengstchen schlossen sich deshalb zu Junggesellenverbänden zusammen.

In den weiten, freien Steppen, in denen das *Ursteppenpferd* lebte, fiel kein Schnee, der die Huftiere bei der Flucht behindert hätte. Feinde waren weithin zu sehen, und die Pferde spezialisierten sich darauf, mit hoher Geschwindigkeit vor ihnen zu fliehen. In der spärlich mit Trockengräsern bestandenen Steppe weideten die Tiere in großen Abständen. Bei der Flucht wurden größere Herden immer wieder zerstreut, so daß die Stuten samt dem weiblichen Nachwuchs schließlich nur in kleineren, lockeren Verbänden zusammenblieben. Die Hengste schweiften das ganze Jahr über in kleinen Junggesellenherden umher und widmeten sich nur sporadisch den Damen, die ihre Rosse in den Ebenen weithin sichtbar durch »Körpersprache« signalisieren konnten.

Einen etwas anderen Weg gingen die *Uraraber*. Zwar spezialisierten auch sie sich auf die Flucht und mußten wegen der großen Trockenperioden in kleinen Herden leben, doch war hier der Hengst Besitzer einiger weniger Stuten und der weiblichen Fohlen. Die größeren Hengstfohlen schlossen sich wieder zu kleinen Junggesellenverbänden zusammen. Größere Hengste stahlen sich dann wieder eine Jungstute, die ihre erste Rosse langandauernd optisch zur Schau stellte. Im Extrem zeigen dieses Verhalten heute noch die »Brumbies«, die verwilderten Vollblutpferde Australiens. In den Halbwüstengebieten, in denen es manchmal Jahre nicht regnet, besteht die Herde oft nur aus einem Hengst mit seiner Stute und dem Fohlen.

Auswirkungen auf das Verhalten der Hauspferde

Dieses urtümliche Verhalten beeinflußt noch heute das Verhalten der verschiedenen Pferdetypen. Auch im Verhalten der Hengste kennt man deutlich die Unterschiede: Der selbstsichere Ponyhengst kann es sich leisten, lange Großmut mit seinen Fohlen zu zeigen. Der Robustpony- oder der Kaltbluthengst, der relativ rangnieder ist, läßt bereits an den halbjährigen Fohlen seinen Zorn aus. Häufig schikaniert er sogar die Stutfohlen, die er erst wieder schätzt, wenn sie zu rossen anfangen.

Bei den Abkömmlingen beider Ponytypen ist das optische Rosseverhalten wenig ausgeprägt, da die Hengste ja normalerweise im Geruchskontakt mit ihren Stuten stehen. Bei den »kaltblütigen« Typen kommt die ranghohe Stute zum Hengst zur Paarung, nicht umgekehrt. Hengste der Typen, die eine weithin sichtbar rossende Stute hastig decken oder stehlen mußten, zeigen meist ein aggressives Deckverhalten – treiben, beißen usw. Deckprobleme gibt es gelegentlich bei Typ-II-Hengsten, die ranghohe, ältere Stuten entweder gar nicht decken wollen, oder, wenn überhaupt, sie sehr hastig bis grob anpacken. Dies geht so weit, daß bei diesen Hengsten der Anblick einer Stute, die festgehalten bzw. angebunden wird, bereits Auslöser zur Deck- oder Treiblust wird. Der »Urponyhengst« verläßt sich dagegen ganz auf seine Nase, um Decklust zu bekommen. Dafür verteidigt er – genau wie der Typ-IV-Hengst – seine Herde aber auch gegen Eindringlinge und schätzt es meist wenig, wenn man ihm eine Stute oder ein Fohlen aus der Herde wegholen will.

Der Araberhengst, der normalerweise ja auch mit seinen Stuten zusammenlebt, zeigt gerne aggressives Verhalten, wenn ihm die Stute nur kurzfristig – sozusagen zum »Rauben« – vor die Nase gesetzt wird.

Normalerweise dürfte er ja jetzt die Jungstute noch nicht gleich decken – er muß sie gegen den Vater und andere Junggesellen erobern und mit ihr wegrennen! Zur echten Paarung käme es dann frühestens in der Dunkelheit. »Manierlich« ist er meist nur mit »seinen« Stuten und »seinen« Fohlen.

Das Verhalten des Typ-III-Hengstes kann, wenn die Stute die sägebockartige Rossehaltung nicht zeigt, vom schlichten »Nichtbegreifen«, also Deckunlust, bis zur groben »schnell-schnell, bevor der Nächste kommt«-Methode reichen. Mit den Fohlen kann er meist wenig anfangen, rennt sie einfach über den Haufen oder ignoriert sie. Zusammenfassend ist hier festzustellen:

Bei Typ I und Typ IV ist der Hengst dominierender Bestandteil der Herde, bei Typ II ist er rangniedriges Mitglied, Typ III kann gut und gerne auf seine dauernde Anwesenheit verzichten.

Die Jungstuten blieben bei allen Typen für immer – oder mindestens bis zur ersten Rosse, die bei Wildstuten erst zweijährig eintritt – bei ihren Müttern in der Herde.

Typ I-, II-, IV-Junghengste vertragen sich gut auch in unterschiedlichen Altersgruppierungen. Typ-II-Hengstchen eines

Je nach Abstammung, Geschlecht und Alter zeigt sich in Haustierherden unterschiedliches Sozialverhalten mit unterschiedlichem Individual-Abstand und Gruppenbildung.

Jahrgangs wurden gemeinsam fortgetrieben und blieben im Jahrgang beisammen. Blieb von diesem Jahrgang nach Jahren ein einziger »selektierter« Hengst übrig, so suchte er in eine Mutterstutenherde aufgenommen zu werden, wobei er den Herdenhengst töten oder vertreiben mußte. Typ-II-Hengste unterschiedlichen Alters vertragen sich also meist weniger gut.

Aus diesem Urverhalten kann man ableiten, wie die Fohlen normalerweise aufwachsen sollen.

Ein Pferd allein gibt es nicht!

Für die Junghengste ist es natürlich, in Hengstverbänden zu leben. Ausnahme: Der Urponyhengst, der einmal Herdenchef werden soll, muß diese Rolle samt dem zärtlichen Umgang mit den Fohlen erfahrungsgemäß in der gemischten Herde erlernen.

Die Jungstuten sollten dagegen immer bei ihren Müttern bleiben und »Tante« oder »Kindermädchen« bei den neuen Fohlen werden.

Aus dieser so üblichen Sozialordnung erklärt sich auch, warum fremde Stutfohlen oder Jungstuten so aggressiv gegeneinander sind: Sie kommen zu neuen Stutfohlen normalerweise ja nur durch eine Geburt!

Wachsen die jungen Stuten in der Herde auf und erleben die Geburten mit, so zeigen sie später optimales mütterliches Verhalten – dies gilt für alle Typen.

Werden die Stutfohlen halbjährig von den Mutterstuten getrennt, wachsen aber zusammen auf, so kann man sie als Mutterstutenherde weiter zusammen halten und auch im Laufstall abfohlen lassen. Bei den ersten Abfohlungen sollte man dann aber möglichst dabei sein, da die übrigen Jungstuten, wenn sie an Geburten nicht gewöhnt sind, eifersüchtig reagieren und die jungen Mütter noch zu dumm sind, ihr Fohlen zu schützen.

Bei allen vier Gruppen erlebt die »Urjungstute« die Paarungen »live« mit – wie auch die noch nicht vertriebenen Hengstfohlen – und hat daher keinerlei Angst vor der Bedeckung, wenn es bei ihr soweit ist.

15

Für die Junghengste ist es natürlich, in Hengstverbänden zu leben.

Die unnatürliche »Bedeckung aus der Hand« (meist ist nicht einmal das Saugfohlen dabei) führt dazu, daß viele Maidenstuten gar nicht wissen, was eine Paarung ist und sich schrecklich fürchten (manchmal legen sie sich sogar auf den Boden!). Doch zeigen Jungstuten, die in der Familie oder wenigstens in Gruppen aufgewachsen sind, schon deutlich weniger Verspannung als allein Aufgewachsene.

Gute Dienste tut oft der »Familienwallach«, der sich noch an seine Jugendzeiten erinnert!

Ausgerechnet bei den »Urpony-Typen« macht die naturgemäße Haltung Schwierigkeiten

In der Urherde wurden die Jungstuten nicht unter zwei Jahren deckfähig. Zu dieser Zeit hatte der Herdenhengst, der ihr Vater war und der seine Position erst im Zenit seiner Kraft erhalten hatte, seine Kräfte in der Sorge für die große Herde meist schon erschöpft. Ziemlich willig war er inzwischen ins zweite Glied zurückgetreten oder aber bei der Verteidigung seiner Herde geschwächt den Wölfen zum Opfer gefallen. Reibungslos übernahm sein »Stellvertreter« die Herde mitsamt den Deckpflichten. Die übrigen, vor allem die jungen Hengste (die ja die Brüder der Jungstute waren), zeigten eine »soziale Impotenz«, so daß Inzucht normalerweise nicht vorkam.

Nun wäre es noch heute durchaus bei den meisten noch instinktsicheren urtümlichen Ponyhengsten möglich, diese Art von Herdenverband zu halten – immer vorausgesetzt, der Hengst ist »in Familie« aufgewachsen und hat dadurch Sozialunterricht genossen.

Bleibt der Hengst ständig in der Herde, gibt es auch mit den Junghengsten keinerlei Probleme – sie sind »anständig«, d. h. ebenfalls sozial impotent.

Probleme machen hingegen die Jungstuten! Durch das intensive Futterangebot (Kraftfutter, gedüngte Weiden) sowie den Schutz vor Wetterunbilden entwickeln sie sich weit schneller und werden, besonders wenn ein Spritzer frühreifes Kaltblut drin ist, gelegentlich mit acht bis neun Monaten zum ersten Male rossig.

Man steht jetzt vor der Wahl, sämtliche Hengste aus der Herde zu nehmen – was unnatürlich ist – oder die heranwachsenden Stuten von ihren Müttern zu trennen, was noch unnatürlicher ist – wie sollen sie jetzt ihre künftigen Mutterpflichten erlernen?

Als Lösung für die Praxis bietet sich an, die Herde zu teilen. Die Stutfohlenmütter kommen, sobald das Fohlen ca. ein halbes Jahr alt ist, in die Jungstutenherde. Sie werden dann nach der nächsten Abfohlung mit dem vier Wochen alten Fohlen in die Hengstherde gestellt. Der Hengst steht immer in der Herde mit den Müttern kleiner Stutfohlen, sämtlichen Hengstfohlenmüttern und den Junghengsten. Wird eine Stute aus der Hengstherde rossig, solange der Hengst gerade »aus« ist, muß sie ebenfalls aus der Herde genommen werden, um Bedeckungen durch frühreife Jährlinge zu unterbinden.

Vorsichtshalber sollten die Junghengste relativ früh kastriert werden (mit 12 bis 16 Monaten). Kann der Hengst sie anschließend nicht mehr leiden – das gibt's auch! – so kann man sie, da sie jetzt ungefährlich sind, in die Stutenherde geben.

In Wildponyherden, die vom Menschen züchterisch bearbeitet werden, setzt man gewöhnlich jährlich neue Deckhengste ein. Damit die gewiß in der Sozialleiter ganz oben stehen, werden die Junghengste einjährig entweder herausgefangen oder kastriert. So ist dann die Inzucht ebenfalls weitgehend vermieden (Dülmen).

Je größer die Herde, desto dichter bleiben Stute und Fohlen zusammen. Eine Gruppengröße von mehr als 10–20 Pferden ist abstammungsgemäß nur für Tiere mit viel Urpony-I-Blut überschaubar.

Haltung von der Geburt
bis zum Absetzen

Die Geburt

Den optimalen Start ins Leben erhält das Fohlen, wenn es in der Herde geboren wird. Auf der Weide ist dies bei allen vier Grundtypen möglich, sogar dann, wenn die Herde aus »schwierigen« Einzelstuten besteht.

Die Stute ist während der Geburt immer und noch einige Stunden danach (sofern der Mensch nicht störend eingreift) ranghöchstes Tier der Herde. Erfahrene Altstuten gehen einer Gebärenden absichtlich (samt Nachwuchs) etwas »aus dem Weg«. Die Kleinen bestaunen das Wunder aus mehr oder minder respektvoller Entfernung, wobei größere Hengstfohlen (Jährlinge) weit mehr von der nach Follikelhormon duftenden Mutter als von dem Neugeborenen fasziniert sind und bei dem ersten Spaziergang von Kind und Mutter, der evtl. noch die Nachgeburt anhängt, folgen. Der Hengst »überwacht« aus gebührendem Abstand die Geburt und wird schon sehr früh bei dem Neugeborenen geduldet.

Das Fohlen genießt, solcherart in der Herde geboren, sozusagen Narrenfreiheit; keine der Altstuten ist ernsthaft grob mit ihm, bis es etwa zwei Jahre alt ist.

Die Rangstufe der Mutter ist dem Fohlen übrigens bereits mit 24 Stunden bewußt: Keß beißt es in diesem Alter die Fohlen der rangniederen Stuten weg. Auch zeigt es das »Unterlegenheitskauen« ranghohen Stuten gegenüber weit ausgeprägter als den Stuten, die unter seiner Mutter rangieren. Das Fohlen erbt sozusagen den Rang seiner Mutter. Fohlen von Leitstuten sind lebenslang selbstbewußt und aggressiv – »geborene Leittiere« also. Die Fohlen der Rangniedrigsten bleiben meist ihr Leben lang das »Dummerchen« in der Herde. Denen kann man nur aus ihrer Lage helfen, wenn man sie als »Tante« dem nächsten Jahrgang beigibt. Freilich gibt es auch bei den Pferden »Radfahrertypen«, die zeigen dann, daß sie genauso gut wie das Buckeln auch das Treten beherrschen! So »menschlich« können auch Pferde sein…

Geburt im Laufstall

Stuten, die im Laufstall zusammenleben, kann man auch unbesorgt dort zusammen abfohlen lassen. Voraussetzung ist reichlich Platz, damit die anderen Stuten aus dem Weg gehen können, wenn das Fohlen sich auf der Suche nach dem Euter verläuft.

Besondere Aufmerksamkeit – eventuell bis zu zwölf Stunden nach der Geburt – ist bei der Jungstutenherde angebracht. Sind die jungen Stuten Geburten nicht gewöhnt, so reagieren sie gern eifersüchtig – sie versuchen etwa Mutter und Kind zu trennen, oder beißen das Kleine jedesmal, wann es aufzustehen versucht. Da man nicht zwölf Stunden ununterbrochen in dem Laufstall bleiben kann, lassen wir die eifersüchtigen Stuten während meiner Abwesenheit in der Stallgasse angebunden stehen – und zwar so, daß sie (geöffneter oberer Türflügel o. ä.) Sichtkontakt mit Mutter und Kind behalten. Die »Unterbrechungen« sind so kurz wie möglich zu halten! Zurückgekehrt, stellen wir die Eifersüchtigen gleich wieder zurück.

Während unserer Anwesenheit bekommen die Jungstuten Nachhilfeunterricht in Sachen Sozialverhalten: Sie werden »verwarnt«, geschimpft, geknufft oder »weggedroht«, wenn sie sich einmischen.

Haben die Jungstuten sich an das Kleine gewöhnt – oder bereits zwei oder drei Geburten dieser Art miterlebt – so machen sie auch keinerlei Aufhebens mehr davon.

1

Die Wehen beginnen. Nach anfänglichem Umherwandern legt sich die Stute zur Geburt nieder.

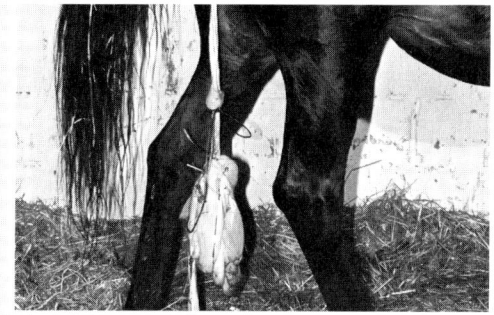

5

Das Hochknoten der Nachgeburt sollte erfolgen, sobald die Stute nach der Geburt wieder steht.

2

Die Fruchtblase ist geplatzt. Die Bauchpresse schiebt die normal liegende Frucht vorwärts.

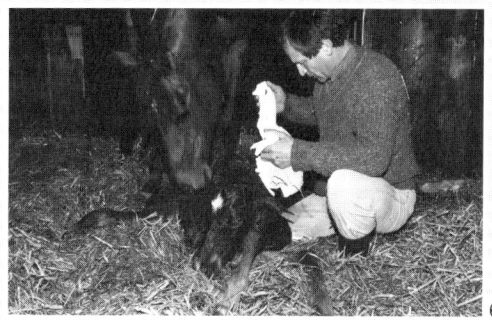

6

Reinigung und Massage des Neugeborenen. Geburtsschleim nicht mit ungeschützter Hand entfernen!

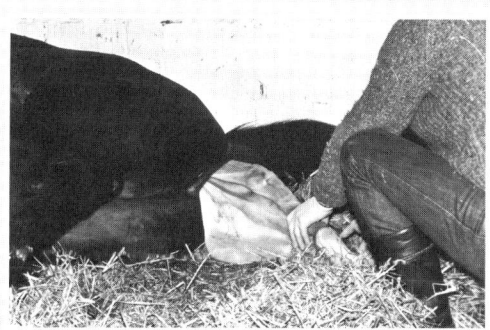

3

Austritt von Kopf und Schultergürtel. Zu diesem Zeitpunkt kann der Geburtshelfer die Eihaut öffnen.

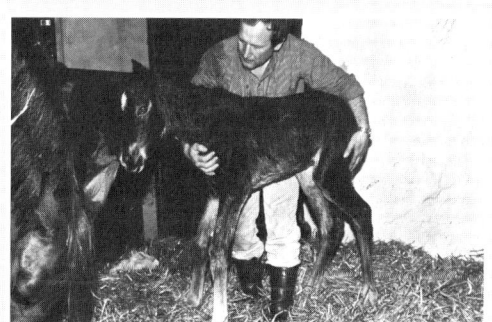

7

Die Hilfe bei den Aufstehversuchen sollte zur Kontrolle auf Geburtsverletzungen genutzt werden.

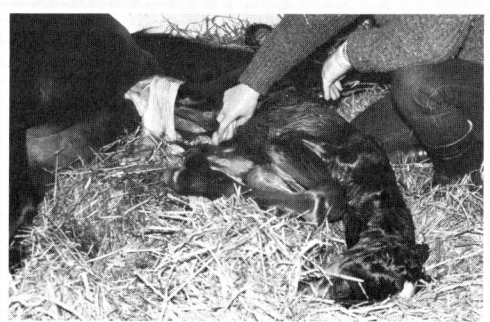

4

Beendete Austreibung der Frucht. Mit dem Durchtritt des Brustkorbes beginnt das Fohlen zu atmen.

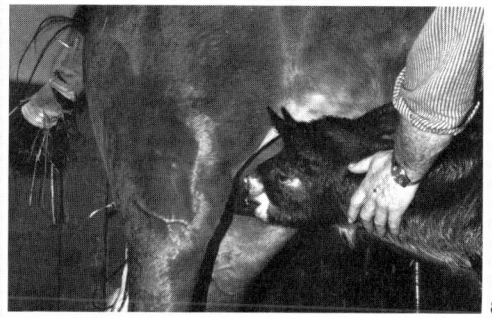

8

Erster Saugakt am gründlich gereinigten Gesäuse. Er bestimmt das weitere Schicksal des Fohlens.

Einzel-Geburt in der Box

Werden die Fohlen in Boxen geboren, so müssen sie mühsam in die Herde integriert werden.

Schwierige Altstuten werden die Fohlen der rangniedrigen Stuten niemals richtig akzeptieren und die der ranghohen sozusagen nur mit Zähneknirschen. Erwischen sie es mal allein, gibt's Saures!

Das größte Problem stellt jedoch das erstmalige Zusammenbringen der Fohlenstuten dar.

Verläuft sich das Fohlen zu der fremden Mutter, so ist sofort ein schlimmes Wettrennen im Gang.

Das Fohlen galoppiert erschreckt mit der fremden Mutter mit und gerät so zwischen die heftig auskeilenden Stuten.

Dies passierte uns sogar bei zwei vier-

Das in einer Einzel-Box geborene Fohlen ist nicht automatisch Herdenmitglied.

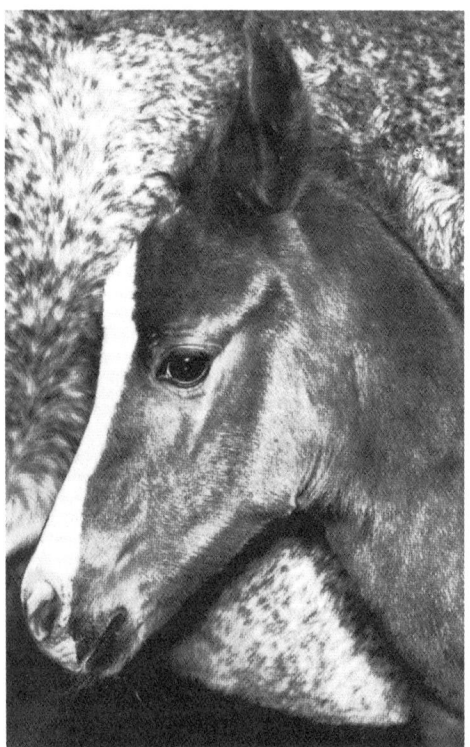

jährigen Stuten, die ab einem Alter von einem halben Jahr zusammen aufgezogen wurden, zusammen im Gespann gingen und sonst wirklich die besten Freundinnen waren. Beide hatten innerhalb weniger Tage – aber eben in getrennten Boxen – gefohlt.

Zur Vorbeuge muß man das Fohlen an das Vorhandensein fremder Pferde gewöhnen, damit es die Mutter von anderen Pferden unterscheiden lernt. Geeignet ist in erster Linie der Hengst (bei dem hat die Mutterstute keine Angst, daß er ihr das Fohlen stehlen könnte – er muß natürlich fohlengewohnt und fohlenfromm sein) sowie ein Wallach, der im Rang unter der Stute steht (aus dem gleichen Grund). In zweiter Linie – da die Stute bei weiblichen Tieren immer ein »Stehlen« befürchtet – kommt eine brave, rangniedrige Jungstute in Frage, die sich nicht auszukeilen traut, wenn die Mutter racheschnaubend hinter ihr und dem verirrten Fohlen hergaloppiert.

Wie gesagt: Bei einer anderen Mutterstute darf dem Kleinen keine Verwechslung mehr unterlaufen, sonst gibt's immer ein Eifersuchtsdrama!

Am besten gelingt das Einsetzen in die Herde auf einer großen Weide, wenn alle Tiere hungrig sind und weit verstreut grasen. Das Fohlen sollte mindestens zwei Wochen alt sein, damit es gegen etwaige »Treffer« schon etwas Polster auf den Rippen hat.

Der Kleinbestand

Hat man nur zwei Stuten, die in Extraboxen fohlen, so empfiehlt es sich, die fohlenführenden Stuten anfangs in zwei nebeneinanderliegenden Koppeln grasen zu lassen. Kümmern sich die Mütter nicht mehr im geringsten darum, wenn die Fohlen über den Zaun hinweg miteinander spielen, so kann man die Tiere zu-

Anfangs müssen sich die Fohlen direkt bei der Mutter aufhalten, doch bald wird ihnen erlaubt, miteinander zu spielen.

sammenlassen, wobei auf einen gebüh-
renden Anfangsabstand (etwa Einsetzen
von beiden Enden der Koppel aus) zu
achten ist. Oft kennen sich hier die Mütter jedoch so gut, daß es überhaupt keine
Probleme gibt – außer beim ersten Fohlen.

Wiedereinsetzen von in der Herde geborenen Fohlen nach Trennungen

Wird das in der Herde geborene Fohlen
für Stunden (etwa in den ersten Nächten,
oder bei ungünstigem Wetter) oder gar
Tage (Bedeckung auf der Deckstation,
anhaltendes Schlechtwetter) aus der
Herde genommen, so wird es anschließend meist von den anderen Tieren etwas schikaniert. Bleibt es dann wieder
ständig in der Herde, so wird es – da es
sich ja auch »richtig« verhält – wieder voll
akzeptiert. Ältere, bereits wohlbekannte
Fohlen können dagegen ruhig längere
Zeit (bis zu vier Wochen) aus der Herde
genommen werden, ohne »vergessen«
zu sein.
Dies kann man sich auch beim Absetzen
zunutze machen.

Haltung bis zur Nutzung

Haltung nach dem Absetzen

Stutfohlen sollen – wenn es irgend möglich ist – nach dem Absetzen wieder in
die Stutenherde integriert werden. So
können sie im nächsten Jahr die Geburten miterleben und bereits als Kindermädchen arbeiten. Alte, erfahrene Mutterstuten verlassen sich voll auf diese
Kindermädchen – schreit ihr Kleines, weil
es sich verlaufen hat, so fressen sie see-
lenruhig weiter und überlassen es dem
»Kindermädchen vom Dienst«, das Fohlen zu beruhigen und zur Mutter zurück-
zubringen.
Manche Kindermädchen »adoptieren«
ein bestimmtes Fohlen. Wir haben auch
schon erlebt, daß ein Kindermädchen
von einem frühreifen Hengstchen adop-
tiert wurde – eigentlich hatte sie sich ein
anderes Fohlen ausgesucht, gab aber am
Ende resigniert nach.
Andere Kindermädchen fühlen sich für
alle, ganz besonders aber für das jüngste
Fohlen, verantwortlich. So ein Kindermädchen verbrachte bei uns den ganzen

Die wichtigste Beschäftigung der Mutterstuten ist es, zu grasen. Die munteren Fohlen sehen sich
inzwischen nach ein wenig Kurzweil um.

Tag in der frei zugänglichen Laufbox – ging auch nicht zum Fressen raus zur Herde – wenn das jeweils Neugeborene bei schlechtem Wetter eingesperrt werden mußte. Sie äugte dann regelrecht mit Stielaugen in die benachbarte Box der Fohlenstute hinein. So eine Jungstute kann später gut als Melk- oder Ammenstute verwendet werden und sollte – besonders bei größeren Herden – dem Betrieb im Hinblick auf die spätere Verwendungsmöglichkeit erhalten bleiben.

Hat man nur eine Stute, so kann man das Stutfohlen nach dem Absetzen wieder zur Mutter zurückgeben und hat dann den Beginn einer Laufstallherde. So erspart man sich den Zukauf eines fremden Stutfohlens. Auch beim späteren Abrichten der Jungstute ist es weit weniger mühevoll, die Jungstute zeitweise von der Mutter als von einer genauso »problematischen« zweiten Jungstute zu trennen, die, allein gelassen, ständig wiehert.

Ist die Mutterstute wieder trächtig, so reagiert sie auf das Herausholen der Jungstute nicht mehr, und die Jungstute wird sich schnell auf die Arbeit konzentrieren.

Hält man noch gar keine Pferde, so kann man natürlich nicht mit einem einzelnen Stutfohlen anfangen, man muß dann zumindest zwei Fohlen erwerben. Drei Fohlen sind – wenn man an das Abrichten denkt – eigentlich günstiger, da sie weniger unruhig sind, wenn ein Fohlen herausgeholt wird. Doch gibt es dann bereits »Cliquenbildung«, und das dritte wird oft schikaniert und kommt an der Krippe zu kurz.

Mehr als drei Fohlen sind immer günstig, wobei man Hengstfohlen aber doch besser in einer paarigen Anzahl halten soll. Stutfohlen haben nämlich ein anderes Spielverhalten als Hengstfohlen. Sie spielen nur »Rennen« und »Fellkraulen« – dabei ist Paarbildung nicht nötig und sozial sogar unerwünscht im Hinblick auf die spätere gute Verträglichkeit der Mutterstuten. Junghengste spielen jedoch zusätzlich noch »Raufen« und »Bedecken«. Für beides ist die Paarbildung nötig, und das dritte oder fünfte Fohlen – meist ist es immer das gleiche – steht entweder traurig rum oder »mischt« sich ein, wofür dann beide gemeinsam über den Außenseiter herfallen.

Kesse Fohlen »bandeln« bald mit den Jährlingsstuten an und suchen sich ihr Kindermädchen selbst.

Junghengste und Hengstabsetzer sollen nach Möglichkeit in paariger Anzahl gehalten werden, sonst ist immer einer »das fünfte Rad am Wagen«.

Stutfohlen und Hengstfohlen sollten nach dem Absetzen immer getrennt werden, da gelegentlich schon bei acht Monate alten Fohlen (normal mit 14 Monaten) die Geschlechtsreife eintritt.

Hengstfohlen einer Herde sollten immer gemeinsam kastriert werden, da sich das Spielverhalten der Wallache von dem der Hengste grundlegend unterscheidet. Muß man – etwa wegen zu starkem Hengstverhalten – einen einzelnen Junghengst vorzeitig kastrieren, so sollte er, sobald die Rauf- und Decklust stark nachgelassen hat, von den übrigen Junghengsten getrennt und mit den Jungstuten zusammen aufgezogen werden.

Hat man ein einzelnes Hengstfohlen, das zur Ankörung als Deckhengst vorgestellt werden soll, so empfiehlt es sich, dieses Tier nach dem Absetzen in eine möglichst gut betreute Junghengstherde in Pension zu geben. Gleiches sollte man mit einem Hengst machen, der sich besonders lange und stark entwickeln und deswegen spät gelegt (= kastriert) werden soll.

Die Kastration

Als günstiges Alter für die Kastration sind zwei Jahre anzunehmen. Früher kastrierte Fohlen werden hochbeiniger, größer, muskelärmer und ängstlicher.

Später kastrierte Fohlen werden kräftiger, muskulöser, untersetzter und selbstbewußter. Der Hengsthals vergeht zwar ein bis zwei Jahre nach erfolgter Kastration wieder, die Hengstmanieren bleiben hingegen gern auch beim Wallach.

Der optimale Zeitpunkt für die Kastration ist das Sommerhalbjahr, der beste Ort die Weide! Eine Woche nach der Kastration stehen lauter bestens verheilte Wallache auf der Koppel – im Stall sind die Tiere dagegen oft länger dick verschwollen. Da hilft auch häufiges Führen nur unvollkommen. Die gleichmäßige Bewegung beim Grasen fördert den Ablauf der Wundsekrete hervorragend. Sie brauchen auch bei großer Hitze weniger Angst vor einer Infektion zu haben – auch nicht, wenn die Fliegenplage stärker ist. Höchstens starker Wind und naßkaltes Wetter können zu leichten Schwellungen führen, da die Fohlen dann mehr herumstehen.

Als günstigste Methode der Kastration ist die im Stehen ausgeführte anzusehen. In Kliniken wird noch heute meist unter Vollnarkose kastriert. Die Vollnarkose stellt einen sehr erheblichen Streß für das Tier dar. Kommt es dann noch zu einer Infektion mit »resistenten« Klinikbakterien, so zieht sich der Heilverlauf oft Wochen hin.

Abzulehnen ist gar die ambulante Klinikkastration, bei der das Tier eine Stunde, nachdem es aus der Narkose erwacht ist, bereits wieder verladen und transportiert wird.

Bei uns werden die Hengste nach folgender Methode kastriert:

Die Kastration erfolgt im Sommer auf der Weide. Der Tierarzt braucht nur eine Schüssel Wasser zum Händewaschen, einen Instrumentenzureicher sowie eine Person, die den Hengst hält.

Die Pferde, die noch nicht »dran« sind, werden solange am Zaun festgebunden. Der Hengst bekommt eine winzige Dosis Sedierungsmittel in die Vene gespritzt – gerade ausreichend für einige Minuten Benommenheit. Darauf wird der Hodensack örtlich betäubt. Der Schnitt wird tief angelegt, damit später das Sekret ungehindert abfließen kann. Jeweils drei bis vier Minuten lang werden die Samenstränge mit der Burdizzo-Zange abgequetscht und dann die Hoden entfernt. Dann wird der Wallach freigelassen und fängt sofort wieder zu grasen an. Das ganze dauert nur fünf bis zehn Minuten! Ist der Mensch, der das Pferd solange hält, eine dem Tier gut vertraute Person, ist keinerlei sonstiges Zwangsmittel, wie Bremse o. ä. nötig.

Sind alle Tiere kastriert, bleibt der Tierarzt noch etwa 20 Minuten, um etwaige Nachblutungen abzuwarten. Stetiges, ruhiges Tröpfeln ist in der ersten Stunde jedoch normal. Hat der Tierarzt sich in der Schüssel die Hände gewaschen, zieht man am besten die Schnapsflasche aus einem Geheimversteck und nimmt einen kräftigen Schluck – Kastrationen zu begießen ist ein alter Brauch.

Weitere Haltung

Die Wallache sollen weiter im Sommer auf der Weide und im Winter in Laufställen zusammengehalten werden. Sie können ab etwa vier Wochen nach der Kastration auch mit den Stuten zusammengehalten werden. Naht die Zeit der Nutzung, gewöhnt man die Tiere – wenn sie in den Sport gehen sollen, auch die jungen Stuten – daran, auch allein zu sein. Man stellt sie etwa stundenweise in eine Einzelbox, wobei man sie auch gleich an das Trensengebiß gewöhnen kann. Gelegentliches Anbinden ist nützlich, damit die »Halbstarken« ein wenig Geduld und ruhiges Stehen lernen.

Je nach Nutzung werden die Wallache und Reitstuten nun wohl überwiegend Boxenpferde sein. Doch sollte man ihnen so oft wie möglich Auslauf und auch zwischendurch immer wieder Ferien auf der Weide gönnen. Gerade Remonten zeigen sich viel frischer, wenn sie nach drei bis vier Wochen Ausbildung wieder für einige Tage oder Wochen auf die Weide zurück dürfen. Der Ernst des Lebens sollte für die Jungpferde natürlich nicht nach einer langen Winterstehpause beginnen. Der günstigste Zeitpunkt ist immer der Herbst, wenn der ganze Bewegungsapparat des jungen Pferdes vom Weidegang her gut trainiert und daher wesentlich belastbarer ist.

Auch angehende Zuchthengste (Zuchtstuten ja sowieso) und Rennpferde sollten solange wie irgend möglich das Herdenleben genießen. Für die nötige Frühreife ist jedoch vermehrte Fütterung und frühzeitig leichte Arbeit Voraussetzung

Das Fohlen der Reit- oder Arbeitsstute

Wohin mit dem Fohlen, während die Mutter zur Arbeit herangezogen wird?
Steht die Mutter ständig in der Herde und wird nur zur Arbeit herausgeholt, so ist das Problem schon halb gelöst: Das Fohlen bleibt natürlich in der Herde. Anfangs sperrt man die ganze Herde vorsichtshalber in den Laufstall, damit das Fohlen sich nicht durch den Zaun zwängt und plötzlich ankommt – voller Kratzer! War die Stute schon einige Male »aus«, so hat sich das Fohlen daran gewöhnt, und die Herde kann auf der Weide bleiben.
Probleme kann es eigentlich nur geben, wenn die Miniherde aus zwei Stuten besteht, die getrennt abgefohlt haben. Wird die Leitstute nun entfernt, so rächt sich die Rangniedrige möglicherweise an dem Fohlen. In diesem Fall ist die Stute in eine Box, beide Fohlen zusammen in die benachbarte Box zu stellen.

Handelt es sich bei der Stute, die zur Arbeit herangezogen wird, um ein Freizeitreitpferd, so kann man das Fohlen eventuell mitnehmen. Beim Ausritt oder der Kutschfahrt ist die Belastung häufig so gering, daß das Fohlen als Handpferd, oder am Brustblatt angehängt, mitlaufen kann. Sehr steiniger Boden ist jedoch gelegentlich ein Hindernis, da die weichen Fohlenhufe dieser Beanspruchung nicht immer standhalten. Auf Teer oder Pflaster ist nur Schritt erlaubt, eine Ermüdung – besonders junger Fohlen – ist immer zu vermeiden.
Wird die Einzelstute hingegen gezielt trainiert oder muß sie schwere Einspannarbeit leisten, so muß das Fohlen daheim in der Box bleiben. Die Box muß sehr solide gebaut sein, damit das Fohlen nicht mit den Hufen hängenbleiben oder sich irgendwo durchzwängen oder drüberspringen kann. In der Nachbarbox soll ein »Beruhigungstier« stehen – am besten natürlich ein möglichst befreundetes

Kleine, schüchterne Fohlen können beim Ausritt frei mitlaufen. Halfter und Führstrick sollten jedoch immer dabei sein – ein wohlerzogenes Handpferd ist weder Risiko noch Ärgernis.

Pferde, die in artgerechter Haltung aufwachsen, erhalten den besten Start ins Leben. Von diesen Tieren kann man einen gefestigten, ausgeglichenen Charakter und robuste Gesundheit erwarten.

Pferd, zur Not halt der Ziegenbock! Anfangs bleibt noch eine dem Fohlen vertraute Person bei dem Fohlen – vorsichtshalber jedoch außerhalb der Box! Das völlig verzweifelte Fohlen wird vorne und hinten hinausschlagen, steigen und Sie gar nicht sehen. Bleiben Sie außerhalb – und öffnen Sie auch vorsichtshalber anfangs nicht die Tür – weder die ganze, noch den oberen Flügel, sonst ist das Fohlen wie der Blitz auf und davon. Sprechen Sie beruhigend auf das Fohlen ein und sehen Sie bei längerer Abwesenheit der Mutter gelegentlich wieder nach dem Fohlen. Begeistert wird es nie von seiner Einzelhaft sein, aber im Laufe der Zeit wird es sich daran gewöhnen.

Eine große Gefahrenquelle stellen in diesem Zusammenhang niedrig angebrachte Fenster dar, durch die schon manches Fohlen seinen Weg ins Freie gefunden hat! Wobei oft nicht nur das Fenster dran glauben mußte ...

Die Mutterstute sollte während ihrer Abwesenheit vom Fohlen alle ein bis zwei Stunden abgemolken werden, sonst erinnert sie der Milchdruck an ihr Fohlen, und sie wird zunehmend unruhiger (Euterentzündung).

Auswirkungen der Herdenhaltung auf Charakter und Ausgeglichenheit

Möglichst ständige Haltung des Pferdes in der Herde fördert ideal den Abbau sämtlicher Aggressionen. Zusätzlich wird das Pferd in der Herde zu »anständigem Sozialverhalten« erzogen – dies gilt natürlich besonders für die Aufzuchtphase. Arbeitet dann der Mensch mit dem Pferd, kann es ihm seine volle Aufmerksamkeit widmen. Es muß nicht erst seinen »Frust« und seine unausgelebten Gefühle – hier sind besonders die Hengstfohlen angesprochen – loswerden und erwartet nicht, daß der Mensch mit ihm spielt, sondern ist zur vollen »Mitarbeit« bereit.

Obwohl das Pferd, das in der Herde gehalten wird, wesentlich ruhiger wirkt als das Einzelpferd, zeigt es doch volle Geh- und Arbeitslust. Was das Einzelpferd an Temperament zeigt, ist häufig nichts anderes als Übermut, Verspannung und unausgelebtes Bewegungsbedürfnis – und Aggression. Einzelpferde mit viel Blut müssen normalerweise sehr lange ablongiert werden, bevor sie sich lösen. Das Herden- und besonders Weidepferd kommt bereits gelöster unter den Sattel!

27

Wenn das Boxenpferd schon nicht – etwa weil es zu wertvoll ist – mit einem Kameraden zusammen Auslauf erhält, so ist es vielleicht doch wenigstens möglich, die Trennwand so niedrig zu bauen, daß es ein wenig »Fellkraulen« mit dem Nachbarn spielen kann. Scheint das zu riskant, soll es wenigstens zum Nachbarpferd durchsehen können.

Nie, aber wirklich nie, soll ein Fohlen allein aufwachsen! Es gibt kaum allein aufgezogene Pferde, die nicht erhebliche »Macken« hatten bzw. haben. Fehlendes Geld für ein zweites Fohlen ist kein Argument! Wer aber das Geld nicht hat, ein Fohlen zu kaufen, hat meist auch nicht die Mittel, es zu ernähren, den Schmied und den Tierarzt zu bezahlen. Der Unterhalt eines Pony-Fohlens beträgt jedoch nur ein Drittel bis die Hälfte der Summe, die Sie für ein Großpferd aufwenden müßten. Legen Sie zudem keinen Wert auf besondere Schönheit oder extravagante Zeichnung oder nehmen Sie gar Farbfehler in Kauf, so erhalten Sie für geringen Preis gute und gutveranlagte Tiere mit voller Abstammung. So ein Großpony-Fohlen kann jedem Voll- oder Warmblut als Spielgefährte dienen.

Wird die dauernde Haltung von zwei Pferden zu teuer, so kann man das zweite mit drei bis vier Jahren verkaufen. Nun ist das Alleingebliebene zwar auch nicht glücklich, aber doch besser in der Lage, das Alleinbleiben zu verkraften, als das Fohlen, das ähnlich wie ein Kleinkind (auch Heimkinder haben Neurosen!), den »Schoß der Familie« braucht.

Zu Ihrem Einzelpferd sollten Sie dann ein Pensionspferd nehmen. Das »Pensionsfohlen« empfiehlt sich weniger. Gibt es Streit unter den Besitzern, verliert das Fohlen sozusagen jedesmal die Familie.

Haltungsprobleme aus Platzgründen können natürlich auch eintreten. Hier sollte man es dann eh lieber sein lassen!

Das Pferd – ein Lauftier

Bedürfnisse, Fehler in der Praxis und richtige Haltung

Bedürfnisse aufgrund der Entwicklungsgeschichte

Das Pferd ist ein Lauftier. In Jahrmillionen hat es sich aus dem ursprünglich blätterfressenden, vierzehigen, nur hundegroßen Urpferdchen zum grasfressenden Bewohner von zumeist karg bewachsenen Steppen oder Tundren sowie Karstlandschaften entwickelt.

Unterschiede, die bei den einzelnen Pferderassen, aber auch innerhalb der Rassen noch zu erkennen sind, weisen auf die unterschiedlichen Landschaften hin, in denen sich ihre Vorfahren entwickelt haben (z. B. Futteransprüche, Haarkleid, Hufgröße und -form, Kaliber, Kopfgröße und -form).

Doch dreierlei Bedürfnisse haben alle Pferderassen gemeinsam:

So viel Bewegung, frische Luft und Tageslicht wie möglich!

Wohl befriedigt der Araber sein Laufbedürfnis im Galopp, während dem Kaltblut der Schritt mit gelegentlichen Schaukeltrabeinlagen meist genügt. Aber ein »ungenügend« in auch nur einem dieser drei Grundvoraussetzungen führt zuerst nur zu einem unzufriedenen, dann aber bald auch zu einem ungesunden Pferd. Haben Sie daran gedacht, daß Lahmheiten, Dämpfigkeit, schlechte Fruchtbarkeit und viele andere Krankheiten auftreten, weil es an diesen Grundvoraussetzungen fehlt? Von völlig unnötigen »Charaktermängeln« und »Untugenden« gar nicht gesprochen!

Alle Pferde und Ponys sind ausgesprochene Lauftiere. Je jünger sie sind, desto ausgeprägter ist dieses Laufbedürfnis und desto nötiger ist die ständige freie Bewegungsmöglichkeit für eine ungestörte Entwicklung.

Fehler und Vorurteile in der Praxis

Leider verstehen das viele Reiter und auch »Züchter« nicht. Der Reiter neigt dazu, diesen »verrückten Bock« gar nicht mehr in den Auslauf zu geben, »weil er da immer so spinnt, daß er sich noch mal verletzt«. Kunststück – wenn er nur alle Weihnachten mal rauskommt! Daß er dann Juhu schreit und kobolzt, ist ja schließlich kein Wunder.

Unsere »Kleinen« haben zur Morgen- und zur Abenddämmerung ihre Spielstunde. Die »Mammis« schauen ungerührt zu und zeigen dabei genauso »viel«

Temperament wie den ganzen Tag und vermutlich die ganze Nacht. Aber die sind ja auch von April bis Januar ununterbrochen draußen! In warmen Wintern mit grundlosen Bodenverhältnissen kommt es jedoch gelegentlich vor, daß die Pferde eine ganze endlose Woche in Laufställen eingesperrt bleiben. Sie kommen dann alle zwei Tage für ein Stündchen in die Matschkoppel – und dann stehen sogar die Omas mit Zehn-Monatsbäuchen Kopf! Und wenn man diesen Ausflug ausfallen läßt, fangen sie am dritten Hafttag an, ihre allerliebste Freundin zur Schnecke und ihren schönen

29

Stall zum Trümmerhaufen zu machen. Das Argument vieler Züchter gegen ein »Zuviel« an Bewegung lautet meist: »Bei unserem Vater sind die Pferde auch immer angebunden gewesen und nie rausgekommen!« Aber daß der Vater jeden Tag sechs, bei der Ernte oft gar zehn Stunden mit den Pferden gearbeitet hat, bevor sie im engen Stand angebunden wurden, wird dabei vergessen! Es wird auch nicht daran gedacht, daß die Fohlenstute den ganzen Sommer nachts im Obstgarten war, und die Jährlinge geweidet oder gar geälpt wurden! Auch nicht, daß die gut gefütterten Pferde den Kreuzverschlag immer montags – nach dem traditionellen Stehtag – bekamen.

Oft ist die pflegeleichte Haltung mehr gefragt als eine gesunde bzw. dem Tier entsprechende. Heutzutage hat mancher bäuerlicher Züchter die Pferde auf Spaltenboden neben den Milchkühen stehen – das Fohlen so lang angebunden, daß es gerade noch ans Euter kommt. Verstopfen die trockenen Roßbollen die automatische Entmistung, legt der Halter fluchend ein paar Bretter unter das hintere Ende seiner Pferde. Auf den Gedanken, in der Scheune eine Ecke für einen Laufstall oder wenigstens eine Box frei zu machen, kommt man leider häufig nicht. Bequemlichkeit, Gedankenlosigkeit oder Unkenntnis?

Beide – Reiter und Züchter – wollen aber ein schönes Pferd haben. Also wird geschniegelt und gestriegelt. Und rausgelassen wird es wieder nicht, da wird es ja gleich wieder dreckig! (Dabei hat ein gesundes Pferd ein pflegeleichtes Fell, von dem der Schlamm nach kurzer Trockenzeit von selbst abfällt!) Und die schöne lange Mähne, der Stolz auf jedem Festzug, reißt sich der Gaul auch am Stacheldraht aus oder wetzt sie sich zwischen den Koppelstangen ab! (Stacheldraht gehört sowieso nicht auf eine Pferdeweide – auch nicht an die Hütte, Baumstämme

oder Pfosten, um die Pferde vom Wetzen abzuhalten!)

Ein zusätzlicher Elektrodraht hält sowohl vom Durchfressen wie vom Wetzen ab. Ein älterer Obstbaum wird zum Scheuern – besonders während des Fellwechsels – freigegeben. Werden Mähne und Schweif auffällig oft und heftig gescheuert, ist vielleicht eine Ungezieferbehandlung nötig!

Richtige Haltung im Sommer

Nun, wir nehmen an, Sie wollen keine faulen Ausreden gebrauchen, sondern alles richtig machen. Also:

Möglichst viel Auslauf! Im Sommer ist für ein Pferd in der Aufzuchtphase unbedingt die Weide erforderlich und fast genauso unbedingt 24 Stunden am Tag! Die Weide bietet die natürlichste Ernährungsgrundlage – ganz besonders dann, wenn

Die zottigen Jährlinge wissen längst, daß unter dem Schnee saftiges Gras zu finden ist.

30

sie groß genug ist, um dem Pferd noch Selektion bei der Aufnahme der Futterpflanzen zu erlauben.

Durch »gebremste« Stickstoffdüngung und eventuelles Vorweiden durch Wiederkäuer erreicht man etwas kargere Weidebedingungen, die mehr der Steppenvergangenheit der Pferde entsprechen. Durch die ständige, langsame Bewegung bei der Futteraufnahme laufen die Stoffwechselvorgänge in den Wachstumsfugen der Fohlen optimal ab. Gewichtszunahme und Skelettwachstum beim Fohlen sind optimal aufeinander abgestimmt, die Stoffwechselanimierung durch wechselnde Temperatur und Wetterbedingungen bescheren uns abgehärtete und kerngesunde Fohlen. Nicht unbedingt nötig ist eine Schutzhütte – die Mindestanforderungen an eine gesunde Weide finden Sie später in diesem Kapitel.

Richtige Haltung im Winter

Die optimale Haltung im Winter ist im Offenstall mit ständigem Auslauf auf möglichst trockenen, mit stabilen Holzzäunen umgebenen weitläufigen Koppeln.

Für extreme Witterungsverhältnisse (siehe unter »Wind und Wetter«) sollte die Möglichkeit bestehen, die Pferde einzusperren. Dies ist besonders nötig, um kranke Pferde, aber auch um zu junge Fohlen, die durch ihre geringe Masse zum Auskühlen neigen, zu schützen. Das Pferd hat eine eigene Auffassung von schlechtem Wetter und nimmt auf kranke oder schwache Herdenmitglieder keinerlei, ihm auch unverständliche Rücksichten. Durch den Herdentrieb würden die schwachen Tiere der übrigen Herde in Wind und Wetter hinausfolgen. Tiere aus Warmstallhaltung sollten langsam über die Sommer-24-Stunden-

Im Sommer ist für das Fohlen die Weidehaltung ein Muß. Nur sie bietet – neben der freien Bewegung – Stute und Fohlen eine naturnahe Ernährung mit der Möglichkeit zur Selektion

Weide an die Offenstallhaltung gewöhnt werden. Jedoch ist eine Kaltstallhaltung bzw. Offenstallhaltung mit Einsperren bei Schlechtwetter fast immer möglich, vorausgesetzt, das Tier wird eingedeckt, bis es den richtigen »Winterpelz« nachgeschoben hat.

Fohlen von Offenstallhaltungen kommen übrigens vorsichtshalber gleich mit dickem Winterpelz zur Welt (auch, wenn sie erst im Mai geboren werden!). Unsere drei Februarfohlen 1985 waren bei ca. − 15° den ganzen Tag im Freien (eins wurde übrigens bei dieser Temperatur unbeschadet im Schnee geboren), und waren bereits mit zwei Lebenstagen so schlau, das auf dem Schnee liegende Heu für ihr Schlummerstündchen als Unterlage zu wählen. Eine Herde von sieben Pferden (die drei hochtragenden und zwei spätfohlenden Stuten mit den noch saugenden Dreivierteljährigen) durfte im extrem kalten Januar 1985 gerade die zwei wärmsten Stunden des Tages in den Stall. Hatten sie sich an den mühsam vorher aufgetauten Tränken endlich sattgetrunken, wurden sie gleich wieder ausgesperrt, um den gerade lammenden Schafen Platz zu machen.

Die Stuten hatten kein Dach über dem Kopf − in fünf Rekordnächten zwischen − 28 und − 35° zogen sie sich gelegentlich zwischen Stallmauer und den westlich davorstehenden Betonsilo zurück. Hier herrscht durch absolute Windstille ein um wenige Grade wärmeres Kleinklima. Die Pferde erhielten allerdings − für die nötige »Heizenergie« − etwa die doppelte Menge Hafer und Heu wie üblich gefüttert. Dabei ging das Heu nie aus und wurde − auf dem Schnee vorgelegt − auch zum Liegen genutzt. Die noch saugenden »Altfohlen« hatten zudem immer noch ihr Schlückchen warme Milch und waren ausgesprochen fit, fett und frech. Daß solche Extrembedingungen (aus menschlicher Sicht!) nicht die Regel sind oder gar zur Nachahmung empfohlen

Das neugeborene Fohlen genießt den ersten Galopp seines Lebens − bei − 25° C, Sonnenschein und herrlichem Schnee.

werden sollen, ist selbstverständlich. Es zeigt nur, daß das Pferd in der Lage ist, leichter mit solchen natürlichen Bedingungen fertig zu werden, als von dem Mensch getroffene künstliche Bedingungen manchmal zu überleben.

Können Sie keine Winteroffenstallhaltung durchführen – weil z. B. die Weiden nicht hofnah oder bei zu schwerem Boden im Winter nicht trittfest sind – so ist die zweitbeste Haltungsmethode der Laufstall in einem Kaltstall, kombiniert mit einem drainierten Sandauslauf. Der Sandauslauf sollte nach Möglichkeit bei gutem Wetter frei zugänglich sein und an die hofnahen Weiden anschließen. Bei trockenem, gefrorenem und tiefverschneitem Boden werden diese Weiden ebenfalls freigegeben. (Achtung: Schnee isoliert sehr stark, Elektroweidezaungerät stärker einstellen!) Der Stall selbst sollte am besten aus Holz sein, dies gewährt gute Luft und warme, »atmungsaktive« Stallwände.

Stutjährlinge sowie Jung- und Mutterstuten sollten auf der Sommerweide, wo kein Futter- und Platzneid entsteht, aneinander gewöhnt werden. Beginnt man im Spätherbst mit dem Zufüttern auf der Weide, sieht man, ob es inzwischen noch Krieg (»heißen« oder »kalten«) oder schon Koexistenz gibt.

Ein möglichst geräumiger Laufstall mit je einer offenen Tür an beiden Enden ist der nächste Test. Tiere, die während der Kraftfuttergabe nach draußen flüchten oder den Stall nur zögernd betreten, sollten nicht mit den anderen zusammen eingesperrt werden (im Zweifel Extrabox). Tiere, die nur von einzelnen drangsaliert werden, haben in einer größeren Herde jedoch bei genügend Platz sowie ausreichend Futterstellen und zwei Tränken gute »Überlebenschancen«. Werden sie angegriffen, so finden sie hinter einem »neutralen« Tier genügend Schutz. Als Puffer dienen in der Mutterstutenherde – sicher die schwierigste Form der

Die leicht hängige Weide ist wegen der Trittfestigkeit besonders pferdegerecht. Bäume und Büsche sorgen für Windschutz und schattige Plätzchen.

Pferdegruppen, die auf der Sommerweide zu einer richtigen Herde zusammengewachsen sind, vertragen sich im Winter auch auf engem Raum im Laufstall. Der tägliche Auslauf darf jedoch nicht fehlen!

Laufstallhaltung – übrigens Wallache sowie Jungtiere. Fohlen genießen in der Herde, in der sie aufgewachsen sind, bis etwa zum zweiten Lebensjahr Narrenfreiheit.

Die Chefstute hat im Laufstall natürlich ihre Privilegien, jedoch ist sie lange nicht so böse, wie man meint. Gelegentlich nimmt sie sich sogar der Rangniedrigsten ein wenig an. Wenn sie auch nicht gerade den Hafer mit ihr teilt, so gestattet sie ihr doch manchmal großmütig, sozusagen in ihrem Schatten, Heu zu fressen und bestraft auch gelegentlich »Mittelrangige«, die das Gezänk gar zu weit treiben.

Die Chefstute aus dem Laufstall zu nehmen, hat wenig Sinn. Sollte ihr Lieblingsplatz ausgerechnet neben der Tränke sein, so bauen Sie am besten eine zweite Tränke ein. Nehmen Sie hingegen die Chefin aus dem Stall, so treibt's die Vizechefin gleich dreimal so bunt!

Die bestmögliche Aufstallung ist immer noch auf Stroh. Dies schont die Gelenke; zusätzlich haben die Pferde immer etwas zum Knabbern. Legen Sie das Heu an einer Längsseite des Stalles verteilt auf der sauberen Einstreu aus, so erhalten alle Tiere genug Grundfutter.

Das Kraftfutter wird zwei- bis dreimal täglich in möglichst viele Tröge gegeben. Gut aneinander gewöhnte Pferde fressen meist zu dritt oder zu viert aus einem Trog und wandern dann einträchtig zum nächsten weiter. Kommen einzelne Tiere bei dieser Laufstallhaltung zu kurz mit dem Futter, was sowohl an zu großer Schüchternheit, als auch an unterschiedlich langen Freßzeiten oder an unterschiedlichem Futterbedarf liegen kann, so bieten sich drei Methoden der Abhilfe an:

a) Das Nachfüttern

Magere Tiere werden täglich ein- bis zweimal im Anschluß an die Futterzeit extragestellt (Stallgasse, Box) und nachgefüttert, eine probate Methode bei rangniedrigen, schüchternen Tieren.

b) Das Anbinden

Während der Kraftfutteraufnahme werden alle Tiere angebunden. Besonders bei Jungtierherden praktisch (auch aus Erziehungsgründen) und meist notwendig, wenn zwei oder gar drei Jahrgänge in einem Laufstall sind. Die Absetzer sollten dabei Kraftfutter höherer Konzentration und Qualität (z. B. Fohlenstarter, Hochleistungspferdekorn) erhalten. Dies hilft mit, die längeren Freßzeiten gegenüber den älteren Tieren anzugleichen und beugt Futterneid und Scharren vor.

c) Das Teilen der Herde

Sind Tiere mit äußerst unterschiedlichem Futterbedarf im Laufstall zusammen (z. B. säugende Stuten und Wallache), so kommen die Rundlichen an die frische Luft, solange es im Stall »Gutes« gibt. Ist dies zu umständlich, so sollten sie lieber aus einem Laufstall zwei machen, als zu riskieren, daß Sie im Frühjahr Besitzer dreier Hufrehepferde und dreier Skelette sind!

Pferde, die sich nicht in Laufställen halten lassen (dazu gehören viele Mutterstuten, besonders solche, die allein aufgewachsen sind), werden in Boxen aufgestallt. Möglichkeiten, den Fohlen freien Zugang zur Stallgasse durch einen schmalen, niedrigen Schlupf in der Boxenwand zu geben, haben sich bewährt. So können die Fohlen miteinander in der Stallgasse spielen. Viel Beobachtung, aber auch Gespür gehört freilich dazu, Unfälle durch Panik von Fohlen oder fohlennärrischer Mutter in der Anfangsphase zu vermeiden. Auch schlüpft gelegentlich ein Fohlen hinter seinem Spielkameraden zur falschen Mutter und gerät dadurch möglicherweise in Teufels Küche!

Boxenpferde und selbstverständlich erst recht Boxenfohlen müssen täglich Auslauf erhalten. Zur Not tut's eine Matschkoppel, auf der halt dann kein Gras mehr wächst. Aber das kommt wieder! Bei sehr schlechtem Wetter werden die Pferde, sobald sie sich »ausgespielt« haben, wieder in den Stall geholt, genauso, wenn sie im Schlamm stehen. Bei trockenem Boden und trockenem Fell sollen die Pferde natürlich solange wie möglich draußen bleiben! Bei Kaltstallhaltung ist es durchaus möglich, die Pferde bei gefrorenen Bodenverhältnissen mit etwas Heu oder Stroh als Unterlage und zur Beschäftigung auch nachts auf der Koppel zu lassen. Dabei können die Temperaturen ruhig 10 bis 15° unter den Kaltstalltemperaturen liegen. In matschigen Wintern gönnen wir diese Ferien unseren Pferden in den Frostperioden. Wiehert Ihr Fohlen herzzerreißend, wenn Sie auftauchen, so denken Sie bitte nicht – Aha! Es will jetzt in den schönen, warmen Stall! Sondern – Aha! Dem ist der Hafer eingefallen, den es immer im Stall kriegt! Bringen Sie ihm den Hafer auf die Koppel, so werden Sie schon sehen, ob es beim Hafer bleibt oder zum Stall läuft.

Ist keinerlei Auslauf möglich (Glatteis), so ist – wenn vorhanden – die Reithalle ein Notbehelf. Sie sollten sie für alle Pferde nutzen, besonders natürlich für die Nicht-Laufstallpferde.

Pferde, die in den Laufställen von 50 qm oder größer aufgestallt sind, können ruhig auch einige Tage eingesperrt bleiben. Noch längere Zeiten »Zwangshaft« wirken sich ungünstig auf die guten nachbarlichen Beziehungen aus. – Ein kleiner Ausflug in die Matschkoppel wirkt auch hier Wunder! Auch beim Pferd wohnt ein gesunder Geist nur in einem gesunden (sprich zufriedenen) Körper!

Sehr viele Pferdeställe sind heute noch Warmställe, da Pferde, die ständig geritten werden, keinen Winterpelz ansetzen sollen. Sie werden deshalb bei Stalltemperaturen von +10 bis +15° C gehalten, Hochleistungspferde werden zusätzlich noch geschoren und zum Ausgleich wieder eingedeckt.

Zumeist steigt in diesen Warmställen die Luftfeuchtigkeit so hoch an, daß sie die Lungen der Pferde belastet. (Verschließt man im Kaltstall sämtliche Luftschächte, um das Einfrieren der Tränken zu vermeiden, steigt die Luftfeuchtigkeit jedoch ebenfalls an!) Der Warmstall ist jedoch zur Aufzucht nicht zu empfehlen. Besonders der Übergang vom Warmstall zur Sommerweide, aber auch der nötige tägliche Auslauf gestaltet sich (bei großen Temperaturunterschieden) problematisch.

Sie sollten daher lieber einen Holzschuppen ausräumen und das »Zuviel« an Pferden dort aufstallen, bevor Sie alle Pferde in einen dadurch überheizten und schlechtbelüfteten Stall stopfen. Den Warmstall verwandeln Sie anschließend in einen Kaltstall, indem Sie einige Boxentrennwände herausnehmen und nurmehr soviel Tiere im Stall lassen, daß jedes mindestens 50 cbm umbauten Raum (sprich: Luft) zur Verfügung hat.

Bedenken Sie die Vorteile:

Ausgeglichenere Tiere durch das große Platzangebot, mit gesünderen Beinen, gesünderen Lungen und besserem Gesamtstoffwechsel (Ursache: die bessere Luft sowie die besseren Bewegungsmöglichkeiten, die sich im Laufe eines langen Winters zu beachtlichen Kilometerzahlen summieren!). Keine frierenden Tiere im Winterauslauf (aus dem Warmstall sind 15° mehr zu überbrücken!).

Physiologische Stimulanz durch den deutlichen Unterschied der Jahreszeiten für Kaltstallpferde. (Für Warmstallpferde ist sozusagen immer Sommer! Die Drüsenfunktionen geraten im Terminkalender ganz durcheinander und wissen nicht mehr, wann's Zeit wird z. B. für Fellwechsel oder Paarung.)

Bei dem in den letzten Jahren üblichen scheußlichen Mai-Regenwetter müssen zwar auch aus dem Kaltstall die unter vier Wochen alten Fohlen bei Dauerregen zu-

rück unters Dach – aber die übrige »Rasselbande« kann ruhig auf der Sommerweide bleiben. Warmstallpferde dagegen bekommen bei 10 bis 15° und Wind und Regen zur Eröffnung der Freiluftsaison sofort alles, was an Schnupfen, Husten oder Druse in der Gegend herumgeistert und belegen Ihren schönen Warmstall dann den ganzen Sommer mit dem Tierarzt als kassierendem Sommergast.

Wohl hat das Pferd ein – vom menschlichen Standpunkt aus gesehen – überragendes Temperaturausgleichsvermögen

und vermag, Temperaturen zwischen +50° und −40° ohne Probleme auszuhalten.

Doch hat es − für den Warmstallhalter muß man sagen: leider − auch das Vermögen, sich aufgrund *einer* sehr kalten Nacht oder *eines* zu warmen Tages auf die »neue Jahreszeit« umzustellen. Wird das Pferd gelegentlich in den warmen Stall zurückgebracht, erhält sein Körper sofort den Impuls »es wird Sommer«, und die so gut gelungene Anpassung gerät wieder völlig durcheinander!

Das Pferd bei Wind und Wetter

Bevor wir unseren Pferden eine Sommerweide einrichten, sollten wir wissen, wie ein Pferd von Natur aus auf die verschiedenen Wettersituationen reagiert.

Das Pferd sucht so gut wie nie bei plötzlich eintretendem Regen »Schutz unter einem Dach«. Höhlenbewohner oder Nesthocker kommen in seinem Stammbaum nun mal nicht vor!

Dagegen benutzt es die Schutzhütten, aber auch Bäume und Sträucher als

Jo naturnaher die Haltungs- und Aufzuchtbedingungen, desto gesünder, robuster und belastbarer wird das Pferd werden. Ein regelmäßiges Fußbad fördert die Hufgesundheit!

Schattenspender. Bei feucht-windigem Wetter stellt es sich gerne in Windschatten von Hügeln, Wäldern, Gebäuden oder Hecken auf. Bei schwülem Wetter suchen die Pferde bevorzugt die »windigste« Stelle ihrer Koppel auf – Wind vertreibt die Mücken.

Orkanartige Regenfälle »wettern« Pferde ab, indem sie sich mit der Kruppe gegen den Wind aufstellen, wobei der Herdenchef sowie die Fohlen meist die Vorzugsplätze erhalten. Läßt das Unwetter etwas nach, wird unbekümmert um den strömenden Regen das Grasen wieder aufgenommen.

Pferde haben überwiegend eine große Abneigung gegen nasse, vor allem gegen sumpfige Böden. Zum Wälzen suchen sie sich zwar gerne eine »Lehmkuhle« (gibt einen großartigen Mückenpanzer), auch macht es ihnen nichts aus, gelegentlich bis zum Bauch im Teich zu stehen und Unterwasserpflanzen abzuweiden. Aber sonst schwärmen sie schon sehr für »trockene Füße« und legen sich auch auf nassem Boden nicht zum Schlafen hin. Eine Ausnahme machen notgedrungen sehr junge Fohlen, die auf den Tiefschlaf mit der damit verbundenen Seitenlage nicht verzichten können.

Das Pferd ist also – vorausgesetzt, es ist angepaßt, hat also z. B. das der Jahreszeit angemessene Fellkleid – durchaus in der Lage, mit allen mitteleuropäischen Wettersituationen fertig zu werden. Da wir um das Pferd einen Zaun gebaut haben, kann es sich jedoch nicht selbst einen Windschatten suchen oder ein trockenes Liegeplätzchen. Bei Temperaturen um −30°, verbunden mit Wind, dringt auf der freien Ebene feiner Schneestaub in das Pferdefell ein – über kurz oder lang verwandelt sich unser Vierbeiner in einen Eiszapfen. Hat das Pferd jedoch einen guten Windschutz, bleibt es trocken und ungefährdet. Im – sehr unvollkommenen – Windschatten eines Hügels albern Fohlen bei einer Wetterlage, die wir Stubenhocker fast schon als Blizzard bezeichnen würden, selig herum. Die Eiskügelchen in ihren Schweifen und Winterbärten klingeln dabei im Takt zu ihrem Gehopse ...

Gefährlicher als die große Kälte ist für die Fohlen naßkaltes Wetter. Liegt das Fohlen häufig auf nassem, kalten Boden und steht naß im Wind herum, so sind den

Toleranz der Pferde gegen Wettereinflüsse					
Temp.	zusätzlich hohe Luftfeuchte	Wind	Dauerniederschlag feuchter Boden	Wind + Nässe	Schauer + trockener Liegeplatz
ü. +30	+	−	++	−	−	++
bis 30	++	○	++	○	−	++
bis 20	++	○	+	−	− −	+
bis 10	++	−	+	−	− −	○
↑ 0 ↓	(Nebel)		Schneefall	Schneetreiben	Schneeschauer ↓
b. −15	++	−	○	− −	− −	++
b. −30	++	entfällt	−	entfällt	− − −	entfällt
u. −30	++	entfällt	−	entfällt	− − −	entfällt

Zeichenerklärung:
++ = sehr gut; + = gut; ○ = mittel; − = schlecht; − − = sehr schlecht; − − − = gefährlich

sog. Erkältungskrankheiten Tür und Tor geöffnet. Also müssen wir zum Windschutz auch noch für ein trockenes Plätzchen (siehe Anforderungen an Stall und Weide) sorgen.

Hierbei auch noch eine sehr wichtige Warnung an alle, die es allzu gut mit dem Pferd meinen:

Sauber geputzten Pferden fehlt die schützende Fettschicht im Fell (Fettpuder). Sie werden bei Regen buchstäblich naß bis auf die Haut, da die Nässe nicht mehr abgleiten kann. Kommt noch Wind dazu, gibt's auch bei noch relativ hohen Lufttemperaturen bereits Zähneklappern. Ein Weidepferd darf nicht geputzt werden.

Da ein sauberes Pferd manchmal sein muß – Reiten, Fohlenschau –, andererseits das Rückfetten nach sauberem Putzen oder gar Waschen des Pferdes etwa eine Woche auf sich warten läßt, gab es bisher in der Wartezeit nur eine Möglichkeit: das Pferd bei Regen schleunigst in den Stall zu holen.

Inzwischen sind jedoch Mittel auf dem Markt, die eigentlich als Putzhilfen gedacht und dafür auch sehr praktisch sind, die jedoch – da sie das Pferd mit einem Schutzfilm überziehen – nicht nur schmutz-, sondern auch regenabweisend wirken.

Werden die Pferde nicht regelmäßig im Winter auf die Koppel gebracht, so werden sie beim ersten schwülwarmen Wetter gelegentlich unverhofft zum Patienten. Schuld ist in diesem Fall die Kriebelmücke, ein Parasit, der bei diesen Wetterlagen die Pferde in Massen überfällt und an allen unbehaarten Körperteilen Blut saugt. Hoden, Euter, Ohren usw. sind von blutiger Schmiere samt Kriebelmücken übersät. Pferde – aber auch Wiederkäuer – reagieren auf die Freßgifte der Mücken allergisch, werden jedoch durch gelegentliche Stiche, die sie bereits an warmen Spätwintertagen erhalten, immun und überstehen den ersten Massenbefall schadlos. Da die Mücken nicht in den Stall kommen, ist es also auch aus diesem Grund wichtig, die Pferde auch im Winter regelmäßig auf die Koppel zu bringen!

Einfluß der Haltung auf Entwicklung, Gesundheit und Temperament des Fohlens

Besonders die reichliche Bewegung sichert ein gesundes, gleichmäßiges Wachstum des Fohlens. Bei Bewegungsmangel sollte knapper gefüttert werden, da der Stoffwechsel in den Gelenken nicht durch Blutgefäße, sondern durch unterschiedliche Belastung bei der Bewegung stattfindet. Gewichtszunahmen sind folglich in bewegungsarmen Zeiten zu vermeiden, um späteren Lahmheiten vorzubeugen. Dabei ist auf der Weide die Bewegung durch die Futtersuche ausreichend.

Sind Sie der Meinung, daß die Fohlen auf ihrer Koppel zu lange faul herumstehen, hindert Sie niemand, mit der Gerte ein wenig Freiheitsdressur à la Freddie Knie zu üben (naßschwitzen sollen die Fohlen jedoch nicht!). Normalerweise hat ein Fohlen in gleichaltriger Gesellschaft, gut gefüttert und entwurmt, aber genügend Lauflust.

Die ständigen kleinen Temperaturschwankungen, der Wechsel von Regen, Wind und Sonnenschein, stärken die Gesundheit des Fohlens und härten es ab. Bei ausreichend Bewegung, hochwertigem Futter (Weide!) sowie hohen Temperaturen zeigt das Fohlen die beste Entwicklung und das meiste Wachstum (was an der jeweiligen Endgröße nichts ändert!).

Muß Frühreife unbedingt sein (Rennpferd, Zuchthengst), müssen diese Faktoren voll ausgenutzt und evtl. auf die Stallzeit übertragen werden.

Boxenaufstallung:

Mindestgröße der Box		Gutes Mittelmaß	Idealmaß
Großpferd	9 qm (Mutterstute 12 qm)	20 qm	so groß
G-Pony	6 qm (Mutterstute 8 qm)	16 qm	wie
K-Pony	5 qm (Mutterstute 7 qm)	12 qm	möglich

Ansonsten ist eine gewisse Spätreife – wie sie natürlich auch durch die niedrigen Temperaturen bei der Winteroffenstallhaltung entsteht – gesünder und zumindest im Hinblick auf die spätere Lebensdauer günstiger.

Hügeliges Gelände fördert Lungenvolumen, Herzleistung und gesunde Beine sowie harte Hufe beim Fohlen.

Hohe Luftfeuchtigkeit (ganz besonders im Stall mit »Ammoniak-Parfüm« garniert), aber auch Nebel oder Schwüle belasten Lungen und Kreislauf.

Ein gleichmäßiges ruhiges Temperament bei trotzdem guter Gehlust erhält das Fohlen nur durch viel Bewegung und Spiel mit seinen »Sozialpartnern«.

Anforderungen an Stall und Weide

Stall

Boxenaufstallung: (Mindestmaß s. Tab.)
Laufstall: Je nach Verträglichkeit, Typ und Stockmaß schwankt der mögliche Mindestplatzbedarf beträchtlich. Drei Quadratmeter pro Tier können noch möglich und zehn Quadratmeter zu wenig sein. Der Laufstall beginnt erst bei einer Größe von mindestens 30 qm (bis dahin spricht man von Laufbox oder Sammelbucht) und einem Mindestbesatz von vier Tieren. Die Mindestbreite für das Pony sollte vier Meter, für das Großpferd fünf Meter nicht unterschreiten.

Als Ansatzpunkt sind zehn bis zwölf Quadratmeter pro Pferd zu nehmen, wobei der Platzbedarf pro Tier bei größeren Herden niedriger als bei kleinen ist. Die Obergrenze einer Laufstallherde sollte bei sieben, maximal zehn Tieren liegen – eine Gruppengröße, die für das Pferd noch überschaubar ist (Rangordnung, normale Herdengröße). Vorstehende Gegenstände (Krippen, Tränken, Balken) führen anfangs leicht zu Verletzungen sowie auf die Dauer – genauso wie harter Boden – zu Stollbeulen und Piephacken. Je kleiner das Platzangebot, also die Ausweichmöglichkeit für die Tiere ist, desto mehr muß auf Schutz vor Zugluft geachtet werden. Damit ist nicht Frischluft gemeint, sondern Durchzug! Der Stall soll immer trocken und gut eingestreut sein. Gute Luft und niedrige Luftfeuchtigkeit ist nicht Luxus, sondern Notwendigkeit. Großzügige Fensteröffnungen sollen das Tageslicht in den Stall bringen.

Weide

Für eine gesunde Weide ist Wechselbeweidung mit Wiederkäuern, am besten mit Schafen, sowie mindestens ein Heuschnitt jährlich bei gelegentlichem einjährigen Nichtbeweiden nötig. Ein ideales Gleichgewicht ergibt sich, wenn auf jedes Pferd (ca. 500 kg) vier Mutterschafe kommen. Die Schafe sollen bei üppiger Weide vor den Pferden etwa ein Drittel des Bestandes abfressen und nach Abtrieb der Pferde etwa zwei Tage lang die Geilstellen abweiden. Das Schaf nimmt nahezu alle Larven der Pferdewürmer auf und verdaut sie. Eine einzige, nicht allzu gefährliche Magenwurmart kann sowohl

Pferd als auch Schaf befallen. Umgekehrt verdaut auch das Pferd die Larven der Schafwürmer. Durch die »Trippelwalze« der vielen kleinen Schafklauen werden die vom »Weideschädling« Pferd ausgerissenen Graswurzeln gut angedrückt und erhalten wieder Bodenschluß.

Unkräuter, wie z.B. der stumpfblättrige Ampfer, sind in jungem Zustand für Schafe ein Leckerbissen.

Die Weide muß natürlich gedüngt werden, um dem Boden Ersatz für Entzug an Futter sowie Auswaschungen zu geben. Ob dies überwiegend durch Kompost oder durch Mineraldüngung geschieht – Hauptsache ist: nie zuviel auf einmal und keine Bedarfslücken entstehen lassen (evtl. Bodenuntersuchungen sowie achten auf »Zeigerpflanzen«!).

Streng muß vor einem Zuviel an Stickstoffdüngung bei dem »Nichtmasttier Pferd« gewarnt werden. Nehmen Sie nur die Hälfte der Stickstoffmenge, zu der Ihnen gute Landwirte raten!

Die Leckschale mit Mineralsalzen und Spurenelementen soll zusätzlich auf keiner Weide – und vor allem auf keiner Fohlenweide – fehlen. (Bei trockenem Wetter gelegentlich begießen.) Der bloße Salzleckstein deckt den Mineral- und Spurenelementebedarf nicht.

Aus der Leckschale entnehmen die Pferde nach Bedarf die zur Nahrungsergänzung nötigen Mineralstoffe und Spurenelemente.

Weidegröße

Der Weidebedarf für ein Pferd von 500 kg beträgt 0,3 bis 0,6 ha je nach Güte der Weide, Dauer der Weideperiode und Zufuttergaben. Rechnet man vier Mutterschafe dazu, die nach Adam Riese etwa 0,4 ha Weide brauchen, bleibt Ihnen als Überschuß der Rechnung noch das Winterheu, da die Weide durch die Wechselbeweidung wesentlich besser genutzt wird und kein Weiderest entsteht.

Die einzelnen Weiden sollen natürlich so groß wie möglich sein, um dem Laufbedürfnis der Fohlen entgegenzukommen. Wird mit Mineraldünger gedüngt, ist jedoch Unterteilung in mindestens vier Koppeln nötig, damit der Dünger auch in den trockneren Monaten aufgelöst ist, bevor die Tiere wieder auf die gedüngte Weide kommen. Die kleinste akzeptable Weide hat etwa die Maße 80 m × 15 m. Aber alles, was größer ist, ist besser!

Die Schutzhütte

Sie ist als Regenschutzhütte in der gebräuchlichsten Bauweise nur für echte »Familienverbände« von Nutzen. Sonst steht nur der Chef drin, die anderen aber nicht nur im Regen, sondern sogar in der Traufe!

Die beste gebräuchliche Form ist eine Hütte mit langer Nordseite sowie zwei relativ kurzen Ost- und Westseiten bei weit überragendem Dach. (Auch auf der Rückseite!) Rundum drainiert, mit Sand aufgefüllt oder gar mit Holz gepflastert, ergibt der Boden unter dem Hüttendach die begehrten trockenen Liegeplätze.

Soll die Hütte echten Schutz vor Regen bieten, muß sie so gebaut sein, daß man die Pferde auch drinnen einsperren kann, sonst dient sie mehr der Beruhigung des Besitzers!

Weidetore sollten gut gesichert sein. Freiheits-
lüsternen Pferden, verträumten Pilzsuchern und
jeglichem Schabernack wird so wirksam ein Rie-
gel vorgeschoben.

Kranke Tiere oder zu junge Fohlen (unter
vier Wochen) müssen bei Regen und
Wind eingesperrt sein – zur Not heimge-
bracht werden – sonst folgen sie unweigerlich der Herde in den Regen.

Der Windschutz

Ideal: Eine schöne lange Hecke (z. B.
nordwestlich außerhalb des Koppel-
zauns, gegen Verbiß) sowie eine Gruppe
Bäume innerhalb ca. fünf bis zehn Meter
gegenüber.
Auch ideal: Die lange Mauer des Stallge-
bäudes – quer zur Hauptwindrichtung.
Ausreichend: Hügel oder Wald in einiger
Entfernung von der Koppel, ebenfalls
quer zur Hauptwindrichtung.
Besser als nichts: eine alte Eiche o. ä. auf
der Koppel.

Der Sonnenschutz

Alles, was soviel Schatten wirft, daß es
für ein Pferd ausreicht! Ist kein Schatten
vorhanden, stellt sich die Mutter so vor
das Fohlen, daß es in ihrem Schatten
schlafen kann.

Der trockene Liegeplatz

ist gesundheitswichtig. Erwachsene
Pferde überstehen kurze Schlammbad-
verhältnisse (wobei die Betonung auf
»Stehen« ist). Für Jungtiere ist ein trok-
kenes Bett unverzichtbar.
Die beste Stelle ist natürlich eine Boden-
erhebung, von der Wasser rasch ablaufen kann, bevor der Boden verschlammt.
Sandige, leichte Böden sind von selbst
schnell wieder trocken und warm. Tief-
gründige, schwere, tonige Böden spei-

Täglich muß die Weide (Einzäunung usw.) kontrolliert werden. Während man den Gesundheitszustand der Pferde überprüft, sollte das Vertrauensverhältnis zu den Fohlen erneuert werden

chern hingegen Nässe sehr lang und sind dadurch auch kalt.

Ein Notbehelf: Stroh oder Heu auf eine halbwegs trockene Stelle – oder in den Schnee gelegt – wird immer angenommen. Eine Lösung bei lehmigen oder moorigen Böden ist ein drainierter, gesandeter oder mit Holzpflaster belegter Platz mit einer Außenkante aus liegenden Bahnschwellen.

Der Beifutterplatz

Tiere, die sich vertragen, werden am Zaun entlang in Meterabständen beigefüttert. Unverträgliche Tiere erhalten das Beifutter an ca. fünf Meter voneinander entfernt liegenden Plätzen, wobei immer ein zusätzlicher Platz mit Futter belegt werden soll, an den ein angegriffenes Pferd flüchten kann.

Die Einzäunung

Je größer und futterreicher die Weiden sind, desto geringere Mittel sind nötig, Pferde sicher einzuzäunen.

Ein 1,08 Meter hoher Schafdraht (auf Rollen à 50 Meter zu kaufen) und ein darüber gedrallt verlegtes Elektrofolienband (Gesamthöhe des Zauns etwa 1,30 Meter) reichen bei Weiden von 1 ha Größe und darüber gewöhnlich gut aus. Kleinere Weiden sollten zusätzlich ein bis zwei Holzstangen und evtl. obenauf nochmals Elektrodraht gegen ein Übersetzen haben (Gesamthöhe 1,50 m). Winterausläufe sollten besonders stabil angelegt werden (Ausbruchsgefahr durch Langeweile).

Werden keine Schafe auf die Koppel gegeben, baut man die Zäune nur aus stabilen Stangen mit dazwischenliegenden Elektrodrähten, die ein Umlegen des Zauns durch hinausfressende Pferde wirksam verhindern.

Als besondere Gefahrenstellen in Koppeln erweisen sich immer wieder spitz zulaufende Ecken. Zäunen Sie diese Ecken aus und setzen Sie einen Baum hinein!

Unter dem Weidebaum hat diese Familiengruppe den schönsten Rastplatz gefunden, den es während der Hundstage gibt.

Der Mensch und das Fohlen/ Erziehung und Umgang

Erziehung

Bevor wir an die Erziehung unseres Fohlens gehen, sollten wir uns erst darüber klar sein, welche Erziehungsmaßnahmen beim Pferd artgerecht und ihm daher überhaupt verständlich sind.

Das Fohlen wird normalerweise – im Wildbahnleben – von der Herde erzogen. Diese Erziehung ist zweck- und leistungsorientiert. Ein schwaches Tier schützt sein Leben durch Unterordnung bei Rangkämpfen und blindes Vertrauen in ranghöhere Tiere (z. B. Leitstute) im Falle einer Gefahr für die Herde.

Die ranghohen Tiere (Leithengst, Leitstute) haben ersten Anspruch auf die Fortpflanzung im Sinne einer Verbesserung der Art (Selektion). Durch den Streß und die Gefahren ihrer Position (z. B. das Schützen, Bewachen und Zusammenhalten der Herde durch den Hengst) ist ihre Lebenserwartung jedoch verkürzt. Dagegen haben die rangniedrigen Tiere, sofern sie sich widerspruchslos der Sozialordnung fügen, ein leichtes Leben ohne Streß, ohne Verantwortung und ohne Kämpfe – für die Sicherheit sorgen die Chefs.

Die Erziehung zur Einordnung in die sehr strenge Sozialordnung erfolgt üblicherweise durch Bisse in Kopf, Hals, Flankenregion oder Kruppe, oft gepaart mit einem Blitzangriff im Galopp bei geduckter Haltung. Nicht erwachsene Tiere zeigen ihre Unterwürfigkeit durch »Kauen« bei gestreckter Kopf- und Halshaltung und bloßgelegten Zähnen. Sie flüchten üblicherweise nicht und werden nach Zeigen der Unterwürfigkeit in Ruhe gelassen. Dieses Kauen, das man etwa mit »tu mir nichts, ich bin ja noch so klein« übersetzen kann, wird dem Menschen gegenüber nur in Ausnahmefällen von allerkleinsten, noch sehr unerfahrenen Fohlen gezeigt. Ein fremdes, sehr beeindruckendes Pferd wird von ein- bis zweijährigen Fohlen jedoch noch regelmäßig um Nachsicht gebeten. Ja, gelegentlich zeigt sogar eine dreijährige Jungstute dieses Kauen bei ihrem ersten Kontakt mit dem Deckhengst.

Da der Kaureflex vom Menschen glücklicherweise nicht ausgelöst wird, können wir unbesorgt gleich nach der Geburt mit der Erziehung des Fohlens beginnen, ohne deswegen gleich als »Kindermörder« dazustehen. Der Sinn dieser Schonung liegt ja auch darin, daß das körperlich unterlegene Jungtier nicht unnötig zu Schaden kommt.

Der Mensch ist dem Fohlen jedoch schon wenige Wochen bis längstens Monate nach dessen Geburt körperlich nicht mehr gewachsen, er tut also gut daran, die den Pferden abgeschauten Erziehungsmaßnahmen möglichst bald anzuwenden, bevor ihm sein Kleines über den Kopf gewachsen ist!

Bei Pferden werden Kämpfe oder Bestrafungen meist durch stimmliche Äußerungen unterstrichen. Je überlegener der Ranghöhere ist, desto geringere Mittel braucht er einzusetzen, um Gehorsam zu erzielen. Die Skala der Maßnahmen, die zur Bestrafung und Erziehung eingesetzt werden, geht mit wachsender Überlegenheit hin bis zur bloßen pantomimischen Drohung. Anlegen der Ohren sowie Schwenken des Kopfes bei gekräuselten Nüstern und Maulspalt auf den Sünder zu reicht bei entsprechender Überlegenheit bereits voll aus. Das weniger stark überlegene Tier muß schon gelangweilt zuschnappen, um sich durchzusetzen. Gelegentlich kann man als Zwischenabstufung noch ein hartes Zustoßen mit dem Maul bei geschlossenen Zähnen beobachten. Geht es aber um die Auseinandersetzung unmittelbarer Rangnachbarn, so hagelt es schon mal blitzschnelle und blutende Wunden setzende Bisse, bis der Unterlegene gehorcht. Will ein Pferd seinen unmittelbaren Konkurrenten vertreiben, tut er dies zumeist durch heftiges Ausschlagen mit beiden Hinterbeinen. Ein Ranghöherer braucht nur noch mit einem Hinterbein gezielt und nicht einmal hart auszuschlagen, um Gehorsam zu erreichen. Der Chef wischt mit bloßem, unwilligem Schweifzucken – zur Not noch unterstützt von einem leicht angewinkelten Hinterbein – einen Kreis von fünf Metern Durchmesser frei von ungebetenen Mitfressern!

Gehorchen die unterlegenen Tiere nicht sofort, stellt dies einen Ausbruch aus der streng festgelegten Rangordnung dar. Kein Pferd wird zögern, sofort härtere Maßnahmen zu ergreifen, da es sonst riskiert, in der sozialen Stufenleiter abzusteigen. Sein Angriff stellt dann eindeutig nicht mehr bloße Warnung dar, sondern ist eine regelrechte Bestrafung für das Verletzen dieses Tabus. Begleitet werden solche Angriffe meist durch heftiges Quietschen bis hin zu regelrechtem Gebrüll.

Bei aufgestallten Pferden wird aus einem Mißverständnis heraus häufig die Trennwand demoliert: Der Ranghöhere ist nicht in der Lage, den Untergebenen gebührend zurechtzuweisen, folglich schnuppert der gleich Morgenluft und probt die Revolution. Zusammen auf die Weide gelassen, stellen ein paar Bisse die alte Unterwürfigkeit meist umgehend wieder her.

Ziehen wir nun unsere Schlußfolgerungen:

Je mehr das Fohlen unsere Überlegenheit anerkennt, desto geringere Mittel zur Erziehung werden wir einsetzen müssen. Rebelliert das Fohlen jedoch gegen uns und gehorcht nicht, müssen wir sofort härtere Maßnahmen ergreifen, um wieder für voll genommen zu werden. Ungehorsam oder gar Verletzung des Tabus der Rangordnung – wenn das Fohlen uns angreift, sich also in der sozialen Rangleiter über uns zu stellen versucht – muß sofort und möglichst mit dem entsprechenden Stimmaufwand gepaart, rigoros unterbunden werden! Tun wir dies nicht, fühlt sich das Fohlen uns ranggleich, wenn nicht gar überlegen und wird anfangen, uns zu schikanieren oder gar zu bestrafen, wenn wir nicht gehorchen. Sie halten dies für übertrieben? Es gibt genug Schläger und Beißer, die dieses Verhalten anwenden, weil sie zumindest irgendwann einmal gegen den Menschen gewonnen haben.

Die Mittel, die Pferde untereinander zur Erziehung oder Bestrafung anwenden, sollten wir möglichst gut nachahmen. Je besser uns das gelingt, desto leichter wird unser Fohlen in der Lage sein zu verstehen, daß es sein Verhalten ändern soll. Das Nachahmen des mimischen Ausdrucks – wie Ohrenanlegen, Nüsternkräuseln usw. – ist uns natürlich nicht möglich. Das Fohlen wird mit wachsender Erfahrung jedoch schnell den Unmut aus Körperhaltung und Armbewegung des Menschen abschätzen lernen. Von unerfahrenen Fohlen wird auch in den ersten Lebenstagen die laute, zornige Stimme freudestrahlend ignoriert. Eine Ausnahme bilden sehr schreckhafte Fohlen, die meist recht geräuschempfindlich sind.

Jedoch wird das Fohlen bald lernen, die leise, tiefe, langsame Stimme dem beruhigenden »Huh-huh« seiner Mutter gleichzusetzen. Das hellere, kürzere: na komm! bzw. Schnalzen, wird dem Kontakt-Wiehern seiner Artgenossen gleichgestellt, und das lautere Schimpfen oder Anbrüllen wird als zorniges Quietschen der letzten Warnung bzw. als das auch bei Pferden eine echte Auseinandersetzung begleitende Brüllen verstanden. Sehr leicht als Ausdruck der Drohung versteht übrigens das Pferd auch die Vergrößerung der Silhouette des Menschen durch Aufrichten sowie Ausbreiten der Arme. Ähnlich verteidigt eine Mutterstute ihr Territorium, indem sie in der Traversale auf Eindringlinge losgeht. Sie bietet dabei das volle Seitenbild und täuscht durch Erhabenheit der Gänge (Passage) auch noch ein Mehr an Größe vor. Meist zeigt sich der Eindringling beeindruckt, und ein echter Kampf kann vermieden werden.

Daraus können wir aber auch den nötigen Schluß für das Gegenteil ziehen: Wollen wir das Fohlen nicht vertreiben, sondern anlocken, müssen wir unsere Silhouette möglichst klein halten.

Die übrigen vom Pferd eingesetzten Mittel – Biß oder Schlag – sind in den verschiedenen Abstufungen durch einen Knuff oder den Schlag mit der Gerte o. ä. relativ leicht nachzuahmen.

Kinder und Fohlen sind keine geeigneten Spielgefährten.

Die gute Kinderstube

Fohlen kommen bereits sehr reif und weit entwickelt zur Welt. Ihr rapides Wachstum und ihre schnellen Reflexe stellen Kinder und Leichtgewichtige schon ziemlich bald vor ernste Probleme.

Darum kann nur empfohlen werden, bereits das Neugeborene, beginnend in den ersten Lebensstunden, mit einer guten Grundausbildung für das weitere Zusammenleben mit dem Menschen zu prägen und die Grundlektionen in den ersten zwei bis vier Lebenswochen in spielerischer Form, jedoch konsequent und möglichst täglich, zu wiederholen. Dieses Abrichten ist eine ernste Arbeit für das Fohlen und sollte jeweils nur von einer Person – was nicht heißt, immer von ein und derselben – vorgenommen werden. Eine Schar Kinder, die alle gleichzeitig an dem Kleinen herumzerren, verunsichern das Fohlen nur.

Was können wir überhaupt von dem Neugeborenen schon verlangen?

Nun, ein Fohlen, das sein Gleichgewicht auf vier Beinen halten kann, schafft das normalerweise genauso leicht auf drei Beinen. Regelmäßig macht man die Erfahrung, daß das zwei Stunden alte Fohlen federleicht und in bestem Gleichgewicht wie von selbst die Beine beim lei-

Tägliches spielerisches Üben ist in den ersten Lebenswochen des Fohlens wichtig. Kontakt mit dem Fohlen nimmt man von vorne auf.

Erst wird das Fohlen gekratzt und »liebgehabt«, dann gleitet die Hand am Vorderbein herab.

Das Hinterbein wird leicht nach hinten herausgezogen, wobei das gewohnte Kommando nicht fehlen darf. Die Kruppe muß waagrecht bleiben.

Bei so kleinen Fohlen muß man dazu tüchtig in die Knie gehen. Dafür kann man diese gut am Weglaufen hindern, indem man sie mit der zweiten Hand vor der Brust hält.

Auf das Kommando »Hand« läßt sich das Fohlen willig das Bein nach vorne herausziehen und auf den imaginären Bock legen.

Auf »gib Fuß« wird dem Fohlen spielerisch und leicht der Fuß gehoben. So locker wie möglich hält man auf, während das Fohlen sich bemüht, das gehobene Bein völlig zu entlasten.

Bleibt das Fohlen ruhig und entspannt (wofür in diesem Fall auch die vor dem Fohlen ruhig grasende Mutter sorgt), so legt man sich das Hinterbein zur Entlastung auf den Oberschenkel und krault das Fohlen noch ein wenig.

Zappelt das Fohlen hingegen, wird unruhig, schlägt aus oder versucht gar davonzulaufen, so fixiert man es mit dem Festhaltegriff. Erst nach einigermaßen gelungener Übung und mit einem verdienten Lob zum Abschluß darf das Fohlen entlassen werden.

sesten Antippen anhebt. Dasselbe Fohlen sechs Stunden später zappelt jedoch und versucht möglicherweise davonzurennen. Dieses veränderte Verhalten erklärt sich daraus, daß das Fohlen nun bereits Gewöhnliches von Ungewöhnlichem zu unterscheiden vermag und als Fluchttier sich zu befreien versucht. In diesem Stadium sollte man das Fohlen bereits sachgemäß festhalten, um ihm ein für allemal einzuprägen, daß eine Flucht vor dem Menschen nicht möglich ist. Ferner muß unter allen Umständen bei panikartigen Reaktionen das Fohlen so lange festgehalten, gekrault und »liebkost« werden, bis es sich beruhigt hat, damit es nicht »Ende des Schreckens = Flucht vor dem Menschen« assoziiert.

Zum sachgemäßen Festhalten beim Aufhalten der Beine gehört immer eine Hand bzw. ein Arm vor die Brust des Fohlens, um ein Davonstürmen zu verhindern. Beim Neugeborenen reicht nun die zweite Hand leicht noch an das Hinterbein. (Das geht bei spätestens zwei Monate alten Fohlen nicht mehr, dann müssen sie bereits freiwillig stehenbleiben und zunehmend mehr wie erwachsene Pferde aufgehoben werden.) Nun faßt man von hinten zwischen den Hinterbeinen des Fohlens hindurch, ergreift die Sprunggelenksbeuge des einem zugewandten Beines und zieht es – möglichst ohne es viel anzuheben – etwas nach hinten heraus. Man unterstützt anfangs das Gleichgewicht des Fohlens, indem man mit dem Oberschenkel Knie und Unterschenkel des Fohlens unterfängt. Sollte das Fohlen zappeln, drückt man es ruhig an sich. Sobald es still hält, krault man es mit der Hand, die vor der Brust liegt, an den beliebten Stellen zwischen den Vorderbeinen, am Halsansatz und – wenn man kann – am Widerrist. Dies soll geschehen, um die Assoziation: »Beine aufheben = Wohlbehagen« zu schaffen. Alles kann mit ruhigem Sprechen und

den gewünschten Kommandos von Anfang an unterstützt werden. Das Bein sollte bei kleinen Fohlen, um Verkrampfungen zu vermeiden, nur kurzzeitig angehoben bleiben. Sollte das Fohlen jedoch bereits auf das Fellkraulspiel eingehen, kann man das Bein solange noch auf dem Oberschenkel ruhen lassen.

Setzt man das Bein ab, begleitet man auch dieses mit einem Kommando wie etwa »ab«, analog zu dem »Fuß« o. ä. beim Anheben. Wechselt man auf ein anderes Bein, so läßt man beide Hände vorn und hinten am Fohlen, um jede Flucht zu unterbinden.

Zum Anheben des Vorderbeins stellt man das Fohlen am besten mit der Hinterhand in eine Ecke, um ein Ausbrechen nach hinten wirksam zu verhindern. Mit dem Körper geht man nun auch etwas vor das Fohlen, umfaßt mit der einen Hand Brust und Schulter des Fohlens, während die andere von außen her möglichst leicht und spielerisch das Fohlenbein beugt und etwas anhebt. Sollte das Fohlen sehr ungeschickt sein, kann man auch mit der ersten Hand unter der Brust hindurch – wobei man mit der Schulter die Brust des Fohlens unterstützt – die der zweiten Hand nähere Fessel ergreifen und anheben, wobei die nun freie zweite Hand das Fohlen dirigieren (zur Not an die Boxenwand) und kraulen kann. Stützt man das Gleichgewicht des Fohlens, so sollte man dies möglichst nah am Rumpf tun, nie an der Fessel. Dies ist viel wirksamer, und das Fohlen gewöhnt sich von Anfang an nicht an das »Drauflegen«, das Bein bleibt immer locker und gewichtslos. Man sollte auch nicht die Fessel des Fohlens krampfhaft umklammern, wenn das Fohlen zappelt – dies verstärkt den Reflex nur – sondern die Bewegungsfreiheit des Fohlens einschränken, indem man es ruhig an sich oder an eine Wand drückt, ohne das Bein loszulassen.

Sollte das Fohlen in das Trotzalter kommen – das bei manchen bereits mit drei Tagen beginnt –, bevor das Fußgeben fest verankert ist, wird es probieren auszuschlagen. Man kann ruhig, solange es schlägt, mit der Hand dem Hinterteil des Fohlens einige Klapse versetzen, unbedingt begleitet von einer harten, lauten und bösen Stimme. Hält das Fohlen inne, ergreift man sofort wieder das Bein und ist »lieb« mit dem Fohlen. Diese Klapse kann man auch anwenden, wenn das Fohlen nicht aus Trotz, sondern wegen einer angeborenen Kitzligkeit schlägt. Die ist besonders oft der Fall bei Fohlen, deren Eltern Schwierigkeiten beim Einspannen machen, analog der Strangkitzligkeit. Diese automatische Reaktion muß man nicht voll ablaufen lassen, sie läßt sich im Anfangsstadium sehr leicht unterbrechen, jedoch muß man in diesem Fall das rechte Maß finden, um das Fohlen nicht total einzuschüchtern, und es dann besonders liebevoll wieder beruhigen.

Besonders wichtig für den mühelosen Umgang mit dem Fohlen ist auch, daß es bereits vom ersten Tag an aus der Box herauskommt. Dazu bietet sich das Spazierenführen mit der Mutter an. Damit erhält sich der natürliche Nachlaufreflex des Fohlens, das instinktiv von der sich entfernenden Kruppe der Mutter angezogen wird. Dieser Reflex erlischt in der Box – wo die Mutter ja immer am gleichen Ort ist – innerhalb längstens einer Woche völlig. Auch muß das Fohlen daran gewöhnt werden, auf unterschiedlichem Grund zu laufen (Sand, Stein, Wasserlache usw.), was bei Neugeborenen noch problemlos geht. Bleibt das Fohlen die ersten sieben Tage in der Box eingesperrt, muß es dagegen üblicherweise aus seiner kleinen Welt herausgetragen werden. Es traut sich keinen einzigen Schritt auf einem fremdartigen Boden zu gehen und bleibt meist lebenslang bodenscheu.

Man führt die Mutterstute an der Führleine mit dem frei nachlaufenden Fohlen ins Freie. Dies kann einem wenige Stunden alten gesunden Fohlen auch bei Sturm und Schnee oder Regen für etwa zehn Minuten zugemutet werden. Ein Hinderungsgrund ist nur starkes Glatteis (hier führt man ausweichsweise in der Stallgasse) oder ein erkranktes Fohlen. Auch das gesunde Fohlen sollte sich ständig (bis auf kurze Trinkpausen) bewegen, um nicht abzukühlen. Wird es müde, sollte man auf keinen Fall gestatten, daß es sich auf ausgekühlten Boden niederlegt. Spätestens jetzt – oder sofort, wenn es zu frieren anfängt – führt man die beiden wieder in die Box. Man muß jedoch nicht ständig mit der Mutterstute herumlaufen. Ist die Stute ruhig, kann man sie zwischendurch z. B. grasen lassen. Sie wird auch dabei das sie in diesem Fall im Galopp umkreisende Fohlen nicht aus den Augen lassen und es bei Gefahr mit warnenden leisen Rufen wieder herbeiholen. Hat man eine sehr unerfahrene und übertrieben ängstliche Mutterstute, so nimmt man an End- und Gefahrenstellen (z. B. Boxentüren) das Fohlen in beide Arme und führt es mit leichtem Druck vorwärts (zur Not auch seitlich schiebend), während die Mutter an der Führleine, immer mit der Nase dicht am Fohlen, mitgeht. So bleibt die Stute ruhig und gefaßt, und an einem gefahrlosen, weiträumigen Platz (Koppel o. ä.) kann man das Fohlen dann laufen lassen und der Mutter Gelegenheit bieten, das Fohlen zu führen. Dabei rennt man nicht etwa mit der Mutter hinter dem Fohlen her, sondern dreht Kreise vor dem Fohlen, bis das Kleine von der Kruppe angezogen wird und die Mutter schließlich lernt, es mit Stimm-Kommandos zu führen. Streng gewarnt werden muß davor, eine stallmutige Stute mit dem wenige Stunden alten Fohlen frei laufen zu lassen. Packt die Stute der Übermut, galoppiert sie womöglich eine geschlagene Stunde mit dem Fohlen über die Koppel, was für dieses dann eine Überanstrengung und wahre Roßkur bedeutet. Sollte dies jedoch versehentlich passieren, ein Tip: Es ist viel leichter, das neugeborene Fohlen einzufangen als die Mutter. Diese kommt von selbst, sobald man das Fohlen hat! Wer ein übriges tun will, kann bereits gelegentlich ein gut verschnallbares Fohlenhalfter anlegen, das jedoch am unbeaufsichtigten Fohlen wegen der Gefahr des Verhängens nicht verbleiben darf. Nötig ist es zu diesem frühen Zeitpunkt eigentlich nur bei besonders ohrkitzligen oder sehr schreckhaften Fohlen. Jedes vertrauensvolle und an den Umgang mit dem Menschen gewöhnte Fohlen wird sich auch zu einem späteren Zeitpunkt mit dem Halfter ohne Probleme abfinden. Sobald das Fohlen gut Beifutter aufnimmt (mit ca. vier bis acht Wochen) ist jedoch ein sehr empfehlenswerter Zeitpunkt gekommen, Fohlen an das Anbinden zu gewöhnen, da dies am besten vor der gefüllten Krippe neben der ruhig fressenden Mutter geschieht.

Das Halfter sollte vom Fohlen vorher bereits akzeptiert sein und das erste Anbinden zeitlich vom Aufhalftern abgetrennt werden, um die Assoziation Aufhalftern = Angebunden sein zu unterdrücken. Mittels Panikhaken wird nun das Fohlen neben der Mutter angebunden. Der Strick sollte so lang sein, daß das Fohlen etwas Bewegungsfreiheit hat, jedoch nicht um die Mutter herumlaufen oder in den Strick treten kann. Zerrt es heftig am Ende des Strickes, so tritt man hinter das Fohlen, unterstützt sein Hinterteil mit beiden Oberschenkeln und schiebt es wieder nach vorne. Das Fohlen wird sich so schnell daran gewöhnen, daß der Druck nachläßt, wenn es vorwärtsgeht und nicht mehr zieht. Bald wird es ruhig neben der Mutter stehen und fressen. Man achte darauf, daß es anfangs nicht zu kurze Zeit

Ein Fohlenhalfter muß gut verschnallbar sein, um wirklich passend anzuliegen.

angebunden ist (ca. ½ Stunde) und dabei mehrmals am Ende des Stricks angelangt. Solange das Fohlen nicht von selbst ruhig durch Vorwärtsgehen die Zugentlastung vornimmt, sollte es auf keinen Fall unbeaufsichtigt bleiben.

Ist das Fohlen gut an das Anbinden und an das angebundene Stehenbleiben gewöhnt, kann nun jederzeit auch mit dem Führen begonnen werden, da das Fohlen gegen den Strick nicht mehr seine volle Kraft einsetzen wird. Dabei sollte man das Fohlen auf keinen Fall ziehen, sondern etwas hinter der Schulter bleiben und das Fohlen durch leichtes Nachtreiben an der Kruppe oder Klopfen mit der rechten Hand an der rechten Seite zum Vorwärtsgehen bewegen. Als »Zugpferd« wird die Mutterstute genommen. In diesem Fall erstmals ist ein Helfer ganz nützlich, der die Mutter vorausführt und sie eventuell in einer Volte vor der Nase des Fohlens vorbeiführt, wenn dieses wie angewurzelt stehenbleiben sollte. Es gelingt mit der voraus geführten Stute bereits nach kurzer Zeit auch schon, das Fohlen am langen Zügel hinter der Stute nachzufahren (Achtung – Länge so bemessen, daß man bei einem plötzlichen Freudensprung des Fohlens nicht von den Hinterhufen getroffen werden kann). Hat man keinen Helfer, so bindet man die Stute im Freien an (am besten legt man ihr etwas Futter vor, damit sie ruhig bleibt) und führt das Fohlen in der Nähe (und anfangs auch in Sichtweite) der Mutter, wobei man zu Beginn dem Drängen des Fohlens zur Mutter hin nachgibt, um es in Schwung zu halten, langsam immer größere Volten macht und immer weiter von der Mutter wegführt.

Das freche Fohlen – wie hart darf und wie streng muß Erziehung sein?

Das freche Fohlen ist das ideale Fohlen. Es zeigt, daß es Gesundheit, Mut, Temperament und Kampfgeist mitbringt. Es bietet dem Menschen ausreichend Gelegenheit zur Konfrontation – d. h. der Mensch kann seine Übermacht anläßlich von Widersetzlichkeiten zu einem Zeitpunkt demonstrieren, da er auch körperlich dem Pferd noch gewachsen ist.

Junge Tiere müssen – genau wie Menschenkinder – im Spiel ihre spätere Rolle im Sozialgefüge erlernen. In Kampfspielen testen sie ihre Grenzen auch gegenüber »Respektspersonen«.

So ist beispielsweise das übermütige Fohlen, das seine Mutter rückwärtsgehend attackiert und ihr einige Breitseiten in die Rippen pfeffert, ein gängiges Bild. Wenn die Mutter besonders kindsnärrisch ist, hebt sie dabei nicht einmal den Kopf vom Gras, sondern nimmt das kleine Ungeheuer einfach nicht zur Kenntnis.

Genauso häufig ist das erboste Fohlen zu beobachten, das auf die mütterliche Ermahnung, sorgsamer mit dem Euter umzugehen (ein leichtes Zwicken in die Hinterbeine), heftig mit Ausschlagen reagiert.

Hengstfohlen und gelegentlich auch gutgenährte Stutfohlen bespringen üblicherweise ihre Mutter sowie sämtliche »braven« Tanten, ja sogar den lieben Papa – falls diese es dulden.

Dieses »falls diese es dulden« soll uns zum Schlüsselwort für die Erziehung unseres kleinen Rabauken werden.

Es ist klar, daß ein Fohlen, das ungestraft seine Mutter verhauen darf, auch irgendwann einmal seine Launen an Menschen ausläßt. Auch wird ein Fohlen, das sich erfolgreich durch Ausschlagen gegen die Schikanen älterer Fohlen wehrt, diese Waffe gegen den Menschen, der es fangen oder treiben will, einsetzen.

Nun ist aber der Mensch sehr zart gebaut und kann es sich einfach nicht leisten – wie die geduldige Mutter – die Hiebe einzustecken und zu warten, bis dem lieben Kind das Ausschlagen zu langweilig wird. Auch wird das Pferd, das gelernt hat, allen unverstandenen und daher beängstigenden Situationen durch Ausschlagen und anschließende Flucht zu entgehen, daraus möglicherweise einen »Tick« entwickeln und zur späteren Arbeit nahezu untauglich. Einfaches Abwarten empfiehlt sich daher auch nicht. Zudem nimmt die körperliche Überlegenheit des rapide wachsenden Fohlens täglich zu.

Der Mensch ist dem erwachsenen Pferd jeglicher Rasse – auch Kleinpony nicht ausgenommen – körperlich absolut unterlegen. Er kann ein Pferd nur auf zwei Arten beherrschen:

Erstens durch mechanische Zwangsmittel, die er auf Grund seiner höheren Intelligenz herstellen und – oft nicht richtig – anwenden kann (z. B. Bremsen, scharfe Gebisse, Hilfszügel). Dazu muß jedoch gesagt werden, daß ein versagendes mechanisches Hilfsmittel einen in die Lage eines Sadisten bringen könnte, der täglich seinen Kettenhund prügelt, bis die Kette plötzlich einmal reißt... Beispielsweise bekomme ich regelrecht »Platzangst«, wenn ich ein Schulpferd sehe, das für die ersten »Reitstunden« von Kleinkindern so stark ausgebunden wird, daß das Maul an der Brust liegt (und das für ca. eine Stunde!). Ich bekomme allein vom Hinschauen Krämpfe in der Nackenmuskulatur! Was passiert, wenn das Pferd plötzlich durchdreht? Ein schwerer Sturz mit Überrollen des Kleinkindes wäre die Folge!

Die zweite Möglichkeit, das Pferd zu beherrschen, besteht darin, daß der Mensch sich die Aura eines unbesiegbaren Überpferdes – von unserer Warte aus also eines Gottes – zulegt.

Bei der »amerikanischen« Art des sogenannten Einbrechens von völlig rohen erwachsenen Pferden werden beide Arten optimal miteinander kombiniert. Dies gibt es auch heute noch auf südamerikanischen und australischen Viehfarmen, wo auf das Pferd zum Viehtreiben noch nicht völlig verzichtet werden kann. Spitzenfachkräfte sollen es auf 100 eingebrochene Pferde pro Monat und Team (zwei Reiter) bringen. Dabei werden die Pferde einzeln in starke Paddocks von den Ausmaßen eines Pferdehängers getrieben, von außen her meist mit Ketten gefesselt, aufgehalftert, zum Teil mit Kopfhauben geblendet und sofort gesattelt und geritten. Nach ca. vier Tagen ist das Pferd dann entweder tot, völlig unbrauchbar oder – in den meisten Fällen – ein völlig devotes Transportmittel geworden. Das einzige Problem bei diesem Pferd, das anschließend an diese Prozedur sofort wieder in seine Rolle als wildlebendes Herdenpferd schlüpfen kann, besteht darin, daß man es erst haben muß, um es reiten zu können. Herausgefangen aus der Herde wird es sich auch noch nach Jahren sofort wieder in ein williges Reitpferd verwandeln. Es hat einmal im Le-

ben gegen den Menschen auf Leben und Tod gekämpft, ist gefesselt schwer gestürzt, getrieben und geschlagen worden, hat gemerkt, daß es nicht gewinnen kann und sich für die Unterwerfung entschieden. Diese totale Unterwerfung ist für das Pferd mit seinem hervorragenden Gedächtnis ein lebenslanger Akt.

Diese Mentalität des Einbrechens und absoluten Unterwerfens entspricht nicht unserer europäischen – weniger praktischen als vielmehr romantischen – Denkweise. Der Europäer sieht sein Pferd weniger als Arbeitsmittel als vielmehr als Kamerad, Haustier oder teures Sportgerät an. Das »Mitmachen«, der Schwung, der Stolz, die Ausstrahlung, die in einem ungebrochenen Pferd stecken, sind ihm die zweifellos mangelnde absolute Zuverlässigkeit wert. Jedoch kann eine Höchstleistung, zu der Pferdepersönlichkeit gehört – wie beispielsweise die Hohe Schule der Lipizzaner – nie mit einem gewaltsam gebrochenen Pferd erreicht werden. Je weniger Zwangsmittel man anwenden will und je mehr das Pferd mitmachen soll, desto wichtiger wird es, möglichst frühzeitig auf das Fohlen – bevor es eine zu starke Persönlichkeit entwickelt hat – »Eindruck« zu machen.

Dazu – das sei hier deutlich gesagt – ist das freche Fohlen geradezu der Idealfall. Man kann ein liebes, braves, nettes Fohlen, das nie etwas anstellt, nie widersetzlich ist, nicht grundlos bestrafen, nur um »Macht« zu demonstrieren. Das liebe, brave Fohlen, das noch nie einen Schlag gekriegt hat, wächst sich jedoch gewöhnlich zu einem zickigen Dreijährigen aus. Steht man dann wie ein aufgeblasener Pfau vor der zehn Zentner schweren Dame und schreit: Ich bin hier der Oberboß – und du blödes... hast gefälligst zu arbeiten! So kriegt das süße Roß nur einen Lachanfall, und man kann froh sein, nicht noch einen verächtlichen Fußtritt abzukriegen, bevor es sich weiter dem süßen Nichtstun widmet.

Der freche Racker jedoch, der im zarten Kindesalter ein für allemal »beeindruckt« von der Allmacht des Menschen wurde, reagiert eilfertig und kniefällig à la »Jawohl Boß, sofort Boß – schon erledigt, Boß!« und stellt sich schleunigst von selbst an die Hilfen, um ja nichts falsch zu machen, um die Liebe und das Wohlwollen seines Überpferdes zu behalten.

Wann und wie beeindrucken wir aber nun unser Fohlen?

Als erstes müssen wir unser Verhalten in Relation zum Verhalten des Fohlens setzen – unsere »Machtanwendung« muß mit Maß und Ziel erfolgen und vom Fohlen auch verstanden werden, um nicht etwa sinnlose Angst und daraus resultierende Scheu hervorzurufen.

Bestrafen müssen wir, wenn ein »absolutes Tabu« verletzt wurde (z. B. gezieltes Ausschlagen, Frontalangriff auf zwei Beinen) und zwar 1. sofort, 2. hart, 3. mit gleichzeitigem »Anbrüllen«.

Warnen müssen wir, wenn es sich um leichtere Trotzreaktionen (z. B. unwilliges Quietschen, angedeutetes Ausschlagen) oder Arbeitsunwilligkeit handelt: durch einen Knuff oder Klaps, begleitet von der erhobenen Stimme.

Anschließend an jede Machtdemonstration empfiehlt sich, das Fohlen zu fixieren (festhalten, anbinden), um zu verdeutlichen, daß nicht nur jeglicher Widerstand, sondern auch Durchgehen und Flucht sinnlos sind. Während dieser Phase führt man Übungen wie »Fuß« durch, wobei die Stimme, je williger und ruhiger das Fohlen wird, immer leiser und tiefer werden soll. Zuletzt soll man loben und »liebhaben«. (Parallel dazu ist beim älteren Pferd das Rückwärtsrichten an der Hand oder unter dem Sattel – anschließend vorwärtsreiten bzw. Zügel aus der Hand kauen lassen, loben).

Wie sieht nun aber die ideale Strafe aus? Mein Allheilmittel heißt: Plastik-Futtereimer! Aber nicht gefüllt mit Hafer unter die Nase gehalten und ei-da-du-du-süßes Pferdchen, sondern dem ausschlagenden oder frontalangreifenden Fohlen blitzartig und mit Gebrüll um den Po oder Kopf (Frontalangriff) geschlagen: Wenn das Fohlen »gegenhält«, sollte man die Intensität sofort verstärken (= Tobsuchtsanfall imitieren) und nachsetzen, unter stetigem kräftigen Einsatz des Eimers. Anschließend fixieren, üben und wieder beruhigen, loben, wie vorstehend beschrieben.

Ein Beispiel aus der Praxis:

Wir hatten ein Hengstfohlen von einem Hengst, der sehr eigenwillige Pferde machte. Dieses Fohlen war extrem selbstbewußt und superfrech. Im Alter von 14 Tagen fing der Kleine an, während er am Euter saugte, nach Vorübergehenden – für ihn potentielle Nahrungskonkurrenten – auszuschlagen. Ein Idealfall für den Plastikeimer. Ich wußte ja genau, wie diese Untat auszulösen war und hatte beim nächsten Mal meinen Eimer aktionsbereit in der Hand. Auf sein Ausschlagen hatte ich nur gewartet und schlug sofort zurück. Kreuzweise mit dem Eimer auf sein Hinterteil einschlagend jagte ich das flüchtende Fohlen mit Gebrüll durch den Laufstall. Nach etwa zehn Schlägen fing ich ihn ein und hob ihm die Beine auf. Dieser kleine Superfrechling hatte sich aber, als ich ihn dann laufenließ, bereits wieder moralisch völlig erholt und schlug zum Abschied gezielt nach mir aus. Sofort wiederholte ich die Eimerkur, wobei ich diesmal im Eifer des Gefechts sogar durch die Futterraufe, in die er sich geflüchtet hatte, jagen mußte. Damit hatte er jedoch seine Lektion weg. Im Absetzalter konnte ich ihm alleine die Hufe berunden. Anschließend wurde er verkauft. Ein Jahr später teilte mir der Käufer mit: »So einen braven Hengstjährling habe ich noch nie gesehen. Meine kleinen Kinder fassen mit zwei Fingern das Sprunggelenk an und bewegen das Bein auf und ab, als wäre es aus Gummi.«

Und das war einmal unser frechstes Fohlen!

Der von mir empfohlene Eimer hat den Vorteil, daß er keine Verletzungen am Fohlen verursachen kann, gleichzeitig den Menschen vor einem »Treffer« gut schützt und noch dazu ordentlich »knallt«. Beim jungen Hund nimmt man aus den gleichen Gründen die zusammengefaltete Zeitung.

Hat man keinen Eimer zur Hand, muß man sich mit dem behelfen, was man gerade greifbar hat – eine zeitverzögerte Bestrafung hat keinerlei Sinn! Gut ist ein Stallbesen, möglichst stachelig, der mehr piksend eingesetzt wird, sowie eine Gerte. Bei viel Selbstvertrauen ist auch ein gezielter Fußtritt möglich, jedoch ist dabei die Selbstgefährdung groß. Beim Frontalangriff tuts auch eine gewaltige Ohrfeige. Auch der Einsatz der Mistgabel ist besser als das Fohlen nicht zu bestrafen, jedoch muß man sehr überlegt und kontrolliert zuschlagen, um das Fohlen nicht durch die Zinken oder den harten Stiel zu verletzen. Wichtig ist dabei immer der gleichzeitige Einsatz der Stimme. Die hat man normalerweise ja immer bei sich.

Pferde sind exzellente Beobachter. Da sie die zornige Stimme mit dem Schmerz der Bestrafung in Verbindung bringen, reicht in Zukunft meist die Stimme, ja eventuell schon das tief Luft holen vor dem Schrei aus, daß der kleine Sünder den Hintern einzieht bzw. vom Frontalangriff absieht. Die Fohlen lernen so, daß Ausschlagen in Anwesenheit von Menschen böse Folgen hat. (Zum Beispiel dulden wir auch keine Streitereien unter den Pferden im Beisein von Menschen!) Unsere Fohlen schlagen auch beim

späteren Einfahren nicht, wenn ihnen Scheit oder Stränge an die Beine kommen. Sie weichen durch Senken der Kruppe und vermehrtes Untertreten aus. Nicht als Untugend und also als »frech« ist übrigens das leichte Zwicken mit den Zangen (Vorderzähnen) zu bezeichnen. Dies ist nur das Sozialspiel »Fellkraulen«, mit dem unser Fohlen auf das »Kratzen« des Menschen eingeht. Da jedoch hierbei nur gerade die Haut angehoben und gezwickt wird, löst dies bei dem dünnhäutigen menschlichen Fellkraulpartner leider unangenehme Gefühle aus. Weist man das Fohlen hier jedoch – unter Umständen noch grob – ab, wird das als »ich kann dich nicht leiden« interpretiert. Am besten hält man dem Fohlen die flache Innenseite der Hand während des Kraulens hin und massiert damit die Oberlippe ein wenig. Bald wird das Fohlen lernen, mit geschlossenen Zähnen und der Oberlippe fellzukraulen. Eine Lodenjacke oder kräftige, engsitzende Jeans schützen uns Dünnhäuter so gut, daß wir dem jungen Fohlen ruhig auch manchmal die »Kruppe« zum gegenseitigen Fellkraulen anbieten können. Wird das Fohlen älter, hat es dann meist begriffen, daß der Mensch empfindlich ist und krault meist in der Luft, sozusagen pantomimisch, während es gekrault oder bereits geputzt wird, was ihm das gleiche Vergnügen bereitet.

Deutlich »frech« ist jedoch das »Beißen«, das man an dem weiter geöffneten Maul und den zumeist leicht zurückgelegten Ohren oder aber bei noch nach vorne gerichteten Ohren am frechen Gesichtsausdruck (Spiel- und Raufgesicht) erkennen kann.

Wenn es ein noch wenig ausgeprägtes Beißen ist, genügt meist ein bestimmtes Wegschieben des Pferdekopfes mit der Hand, sobald das Fohlen anfängt, grob zu werden. Mit der Hand jedoch nach Gesicht oder Maul zu schlagen, empfiehlt sich nicht, da so behandelte Fohlen oft handscheu werden und sich nicht gerne einfangen und aufhalftern lassen.

Da es sich bei diesem aggressiven Zwicken bzw. Beißen zumeist um eine Hengstmanier handelt (Vorstadium zum sog. Treiben, das der Hengst mit nicht deutlich paarungswilligen Stuten durchführt), sind Ratschläge sowie Vorbeugungsmöglichkeiten unter »das hengstige Fohlen« besprochen.

Das hengstige Fohlen

Es gibt Hengste, die ihr Leben lang – auch als Deckhengste – keinerlei Hengstmanieren zeigen. Andererseits gibt es sogar Stutfohlen, die unter gewissen Voraussetzungen – besonderer Milchreichtum der Stute, keine Spielgefährten – Hengstmanieren zeigen. Auch Stuten – besonders solche mit den »männlichen« Hakenzähnen – sind in ihrem Verhalten vor allem fremden Pferden gegenüber häufig hengstig.

Was das hengstige Fohlen so unangenehm macht, ist die Tatsache, daß es seine Hengstallüren gerne am Menschen austobt.

Zu den Hengstmanieren zählt das Aufsteigen (= Kampf) und besonders das Aufspringen (= Begattung) sowie das Beißen (= Treiben der Stute vor der Begattung sowie Kampf unter Hengsten).

Diese Spiele sind arterhaltend im Sinne der Evolution und daher vor allem für den späteren Deckhengst auch wichtig, ja sogar notwendig (z. B. Einüben des Begattungsvorganges).

Sie sollten daher auch nicht künstlich unterdrückt werden (wie z. B. bei Weide-Jungbullen mit Medikamenten), sondern der Mensch sollte als erstes und wichtigstes diese Triebe in die richtigen Bahnen lenken. Das heißt, das Hengstfohlen sollte so früh wie möglich mit anderen Pferden, darunter am besten gleichgeschlechtliche Fohlen, in ständigem Sozialkontakt leben. Wenn sich das Fohlen beliebig mit anderen Pferden »austoben« kann (= sausen, raufen, bedecken), so ist dies die sicherste Gewähr, daß es dem Menschen gegenüber aufmerksam und brav ist.

Ein unausgelastetes, gut gefüttertes, womöglich an Bewegungsmangel leidendes (Boxen-)Fohlen wäre wirklich krank, wenn es nicht spielen möchte. Bloß sind Hengstspiele für den Menschen nicht gerade zuträglich.

Läuft das Hengstfohlen in der Herde und ist immer noch lästig, hängt auch ständig auf den Stuten und »bohrt an ihnen rum«, so ist es entweder das einzige »mannbare« Tier der Herde, oder aber das Fohlen der Chefstute, d. h. der Ranghöchsten. Fohlen haben den gleichen Rang wie ihre Mutter. Dieses Hengstfohlen wird also von keinem Tier der Herde gemaßregelt und ist folglich »saufrech«. Dagegen gäbe es nur eine Abhilfe – diese Möglichkeit hat leider nicht jeder – nämlich den lieben Papa, sprich den Deckhengst, zumindest zeitweise in der Herde mitlaufen zu lassen. Auch wenn der Hengst nett zu den Fohlen ist und ihnen nichts tut, sind sie von seiner Aura so beeindruckt, daß sie die Stuten in Ruhe lassen. Zu Hengstspielen treten sie gewöhnlich (vor allem, wenn sie schon älter sind) einzeln gegen den Papa an und sind im übrigen ganz außergewöhnlich gesittet und wohlerzogen.

Leider fangen die meisten Hengste an, Fohlen ab etwa einem halben Jahr zu schikanieren.

Will man den Hengst nicht aus der Herde tun, so ist dies der richtige Zeitpunkt, die Fohlen abzusetzen und nach Geschlechtern getrennt, beigefüttert und evtl. in der Nacht aufgestallt zu halten. Die Hengstfohlen können nun auch in Gesellschaft älterer Junghengste aufwachsen, jedoch sollte der Gewichts- und damit zumeist auch der Altersunterschied nicht allzu kraß sein, damit das kleinere beim unvermeidlichen Aufspringen durch die größeren Fohlen nicht verletzt wird. Ein als »Oma« eingesetzter älterer Wallach bringt auch dem »Chefhengstfohlen« Manieren bei.

Sollte das Fohlen, nachdem Sie alle Ihnen möglichen Maßnahmen getroffen haben, immer noch Hengstmanieren zeigen, so behandeln Sie es wie folgt:

Müssen Sie den Junghengst unbedingt frei mitlaufen lassen, so behalten Sie ihn ständig gut im Auge. Mit einer Gerte, einer zweiten Führleine, einem übrigen Halfter oder einem ähnlichen Gegenstand halten Sie ihn in sicherem Abstand, indem Sie damit schlängelnde Bewegungen in Richtung auf seinen Kopf und seine Schulter zu ausführen.

In allen übrigen Situationen nehmen Sie ihm über einen längeren Zeitraum – mehrere Monate lang – konsequent jede Möglichkeit, dem Menschen seine Hengstgefühle zu beweisen.

Verrichtet man auf der Weide oder im Stall irgendwelche Arbeiten, so halftert man den Junghengst auf und bindet ihn während dieser Zeit an. So kann er niemand beißen oder bespringen (z. B. auch beim Putzen). Daß man ihn nicht allein am Zaun angebunden stehen lassen kann, während die ganze Herde weiterwandert, darf natürlich nicht übersehen werden.

Führen sollten Sie den Junghengst immer mit ausgestrecktem Arm als Vorbeuge gegen plötzliches Aufspringen. Vor allem darf er nie hinter Sie (und Ihre möglicherweise verlockende Kruppe) geraten. Ihre Position ist auf Schulterhöhe. Neigt er dazu, während des Führens nach der Hand oder dem Arm zu beißen, so legen Sie ihm eine dicke Gummitrense ein. Auf dieser kauend, ist der Junghengst meist genügend abgelenkt; beißt er trotzdem, wirkt der Biß

Aufmüpfige Junghengste führt man mit der Führkette und mit ausgestrecktem Arm.

nicht so stark quetschend. Die Führkette wird in die Gummitrense jedoch nicht eingehängt – geführt wird immer wie nachstehend beschrieben.

Zum Führen des Junghengstes benutzt man eine lange Führleine, deren Kette (auf ausreichende Länge beim Kauf achten!) durch den linken Ring des Stallhalfters über den Nasenrücken, auch durch den rechten Ring zum oberen Ring führt und in diesen eingehängt wird.

Mit der langen Führleine sind Sie nicht gezwungen, loszulassen, wenn der Junghengst steigt. Es hat keinen Sinn, sich an das steigende Pferd dranzuhängen – runter kommt es sowieso irgendwann einmal wieder! Achten Sie nur darauf, seitlich vom Pferd zu stehen, wenn es wieder landet, damit Sie ihm nicht un-

58

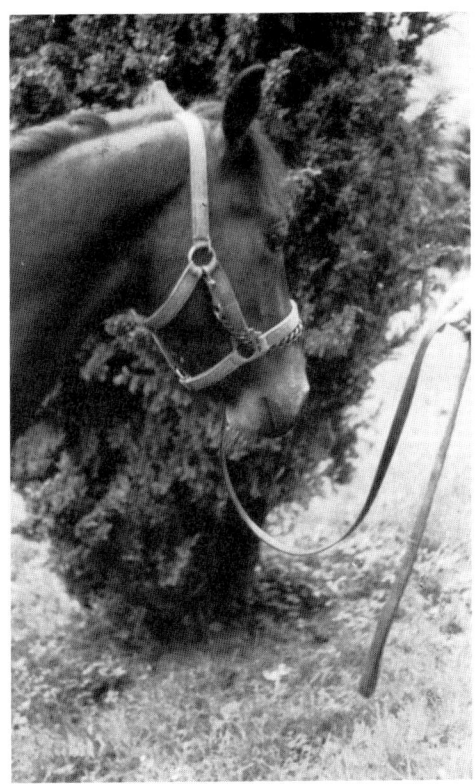
So wird die Führkette richtig eingehängt.

lustigen Streiche fällig ist, beugt man mit einer Parade und einem strengen »Nein!« vor.

Hat sich nach einem halben Jahr solch konsequenter Erziehung und Haltung das Benehmen Ihres Junghengstes nicht gebessert, kann man eigentlich nur eine frühzeitige Kastration empfehlen. Auch nach dieser haben Sie jedoch nicht sofort einen tugendsamen Eunuchen im Stall und auf der Weide. Der Kleine wird immer ein wenig ein Lauser bleiben – denn wenn er kein übermütiges Naturell hätte, dann hätt' er's auch als Hengst nicht gar so toll getrieben!

Außerdem wird's ihm eine gewisse Zeit noch so gehen wie den alten Opas in dem Witz: da war doch noch was...

Das überängstliche Fohlen

Ein überängstliches Fohlen verlangt wesentlich mehr Arbeit und Zuwendung als das frechste und schwierigste Fohlen. Je nach der Ursache seiner Angst – oder Scheu – kann es sein, daß Sie ein lebenslang »schwieriges« Pferd im Stall haben. Möglicherweise ist es nur durch stärkste persönliche Bindung und über den Aufbau eines unbedingten persönlichen Vertrauensverhältnisses zu einem Gebrauchspferd zu erziehen – und bleibt dann lebenslang ein Ein-Mann-Pferd. Oder – wie es manchmal etwas verächtlich heißt: Ein Weiber-Gaul, da solche Pferde sich oft leichter an weibliche Wesen zu gewöhnen scheinen, während sie konfrontiert mit aggressiver Männlichkeit häufig zu Angst-Schlägern oder Angst-Beißern werden.

Die Behandlung eines solchen Pferdes setzt ein Naturell voraus, das man entweder hat oder nicht hat: Man muß so ruhig (auch innerlich!) und gelassen wie nur irgendmöglich sein und zugleich von vertrauenserweckender Festigkeit und Bestimmtheit. Da gerade diese »nervigen

ter die Hufe geraten. Rechnen Sie damit, daß es möglicherweise stürzen könnte (passiert jedoch selten, wenn Sie es nicht selbst durch Dranhängen oder Ziehen aus dem Gleichgewicht bringen). Mit der langen Leine müssen Sie bei einigem Geschick auch das gestürzte Pferd nicht loslassen. Um weiteres Steigen zu vermeiden, muß man unbedingt sogleich zügig wieder weiterführen! Mit einem Knuff, einer Parade sowie durch die ärgerliche Stimme soll man den Junghengst jedoch auf seinen Fehler hinweisen.

Losstürmen und auch Steigen gewöhnt man dem Junghengst durch kurze Paraden (= Zupfen) und nicht durch stures Gegenhalten ab! Wenn Sie Ihrem Lauser ansehen, daß gleich wieder einer seiner

Pferde« überaus sensibel/sensitiv sind, reagieren sie wie ein Seismograph auf jede Änderung im Nervenkostüm ihres Besitzers. Hat Ihr Pferd jedoch erst einmal entdeckt, daß Sie ein wahrer Fels in der Brandung sind – Inbegriff der unerschütterlichen Sicherheit – gibt es möglicherweise eine überaus glückliche Zweierbeziehung, da sich das Pferd dann geradezu blind auf Sie verläßt. Und ehrlich gesagt – nichts kitzelt das Selbstbewußtsein mehr als ein schwieriges Pferd, das nur Ihnen allein gehorcht – dieser Wunschtraum schlummert doch wohl in jedem von uns, seit dem ersten Karl May, den wir mit heißen Wangen verschlungen haben...

Trotzdem ist nichts unangenehmer als ein Panik-Pferd.

Aber nur Mut! Es kann nämlich durchaus sein, daß Ihr ängstliches Fohlen sich doch noch als durchaus normales Pferd entpuppt – also werfen Sie nicht gleich die Flinte ins Korn – erforschen Sie erst einmal die möglichen Ursachen für die Ängstlichkeit Ihres Fohlens.

Durch mangelnde Gesundheit verursachte Ängstlichkeit

Jegliche Erkrankung stellt für ein Tier eine Streßsituation dar, ist also schlecht für die »Nerven«. Im Gegensatz zum Menschen, dem die Krankheit oft Pflege, Ruhe, Mitleid, sozusagen Rückkehr in Mutters Schoß verheißt und der ein bißchen Kranksein manchmal geradezu genießen kann, ist jegliche Krankheit für ein Herdentier lebensbedrohend. Da ein krankes Tier Raubtiere anzieht, wird es von der Herde verstoßen.

Ist die Krankheit schwerer Natur – die Aussicht, Raubtieren zu entkommen also sehr gering – fällt das Pferd in Apathie und läßt sich dadurch z. B. leicht vom Tierarzt behandeln. Es wehrt sich ja nicht mehr und hat sich sozusagen schon in sein Schicksal ergeben.

Bei leichteren Erkrankungen tritt jedoch das Gegenteil ein: Das Pferd aktiviert seinen Fluchtreflex und ist ständig wie auf dem Sprung, um seinem Los – das beim Wildpferd jetzt gefressen werden hieße – doch noch zu entgehen. Es steht jetzt also ständig unter Streß. Bei Streß wird z. B. vermehrt Magnesium benötigt – Magnesiummangel aber ruft nun auch wieder Ängstlichkeit und Muskelverspannungen hervor – hier beißt sich die Katze schon in den Schwanz. Auch nach bereits überstandener Krankheit, die vielleicht gar nicht bemerkt oder ernstgenommen wurde, bleibt durch einen unausgewogenen Stoffwechsel häufig eine gewisse Ängstlichkeit zurück.

Ein geschwächtes Tier ist auch anfälliger gegen Wurmbefall – Würmer verbrauchen aber wertvolle Bestandteile der Nahrung, Blutverluste treten auf –, die Mangelerscheinungen verstärken sich.

Unsere Hauptaufgabe wird also sein, dafür zu sorgen, daß der Stoffwechsel des Pferdes nicht gestört und möglichst wenig belastet wird.

Beim Muttertier sind durch Mangelerscheinungen hervorgerufene Stoffwechselstörungen überwiegend primärer Natur. Dem hohen Verbrauch der trächtigen oder laktierenden Stute an Mineralstoffen, Spurenelementen und Vitaminen, die z. T. auch das Mineralstoffgleichgewicht regeln, wird häufig nicht Rechnung getragen.

Beim Fohlen muß unser Hauptaugenmerk jedoch den sekundären Mangelzuständen durch Wurmbefall und der zusätzlichen Belastung durch die giftigen Stoffwechselprodukte der Parasiten gelten.

Wer seine Fohlen aufmerksam beobachtet, stellt nicht nur ein deutlich verstärktes Wachstum nach jeder Entwurmung fest. Auch ein deutlich mutigeres Verhalten läßt sich nach 10 bis 14 Tagen, wenn die giftigen Stoffwechselprodukte der Parasiten wieder aus dem Pferdekörper ausgeschieden sind, ebenfalls nicht übersehen.

Entwurmt man nicht rechtzeitig gegen den Zwergfadenwurm, kommt es bei stärkerem Eindringen der Larven zu leichtem Husten und nachfolgend dem Durchfall, der fälschlicherweise meist nur mit der Rosse der Mutter in Verbindung gebracht wird, gleichzeitig ändert sich auch das Verhalten des Fohlens.

Das Fohlen, das ja zusätzlich auch an Bauchschmerzen leidet, ist wesentlich verspannter und neigt dazu, sich gegen das Aufheben der Hinterbeine zu wehren. Bestraft man es – was das Fohlen bis jetzt normalerweise mit Gleichmut ertragen hat – so gerät es in Panik, versucht, sich mit allen Mitteln zu befreien, und schwitzt vor Angst.

Hier kann man nur schleunigst die Wurmkur nachholen, wobei wegen des schon bestehenden Durchfalls und der dadurch verringerten Aufnahme des Wirkstoffs die Dosierung etwas erhöht werden sollte. Bereits nach fünf Tagen ist die nächste Entwurmung durchzuführen. Das Fohlen leidet unter dem Wurmmittel sicher weniger als unter den Würmern! Diese ganze Zeit sollte man das Fohlen zu nichts zwingen. Nähert es sich freiwillig, kann man sich mit ihm beschäftigen. Man sollte es aber nicht unnötig ängstigen oder gar gewaltsam einfangen, sonst riskiert man, daß es mit Verstörtheit reagiert und lange Zeit verängstigt bleibt.

Als Resümee bleibt die dringende Empfehlung, Gesundheitsvorsorge zu betreiben durch:

1. Ausreichendes Angebot an einer guten und dem Grundfutter entsprechend zusammengesetzten Mineralstoff- und Spurenelementmischung, die außer bei ständigem vollen Weidegang vitaminisiert sein soll. Die Weiden sowie die Wiesen zur Heugewinnung sollten ausreichend mit Kalk sowie Magnesium versorgt sein (evtl. Bodenuntersuchung vornehmen lassen!).

2. Streng eingehaltene Wurmkuren – das bedeutet entweder dem Fohlen am 5., 12., 21. und 35. Tag ein Präparat gegen den Zwergfadenwurm einzugeben, oder noch besser, die Mutterstute am Tage der Geburt (± 24 Stdn) mit dem Wirkstoff Ivermektin zu entwurmen, damit das Fohlen keine Larven mit der Biestmilch aufnehmen muß. Das Fohlen ist dann bis zur Vollendung des ersten Lebensjahres alle weiteren sechs Wochen zu entwurmen, wobei auf die richtige Dosierung gegen den Spulwurm, der Fohlen mit Sicherheit befällt, zu achten ist. Ab dem zweiten Lebensjahr können die Entwurmungen alle zwei Monate durchgeführt werden. Je größer die Bestandsdichte, desto größer ist üblicherweise die Wurmlast! Vor zu erwartenden größeren Belastungen sollte das Pferd frisch entwurmt werden (ca. 14 Tage vor dem Absetzen, dem Beginn des Einreitens usw.).

3. Bei nervösen Tieren sowie prophylaktisch während Zeiten erhöhter Belastungen und während der Aufstallungszeit soll Hefe oder ein hefehaltiges Pferdekorn oder ein Hefe und Leinsamen enthaltendes Pferdezusatzfutter gegeben werden (zur Behebung eines sekundär auftretenden Vitaminmangels, hervorgerufen durch Wurmbefall oder Antibiotikagaben). Hefe und Leinsamen haben überdies einen günstigen Einfluß auf die Verdauung und damit auf den Stoffwechsel. Eine besonders günstige Wirkung auf den Stoffwechsel kann man – besonders bei älteren Tieren und während der Aufstallungszeit – auch vom Obstessig erwarten.

Durch mangelnde Erfahrung verursachte Ängstlichkeit

Diese Art der Ängstlichkeit bemerken Sie häufig erst, wenn das Fohlen von der Mutter bzw. der Herde getrennt ist. Bisher hat es sozusagen das Denken den anderen überlassen und das Verhalten der Großen blindlings nachgeahmt. Nun muß es selbst entscheiden lernen, was es tun muß und ist häufig dabei überfordert. Je nach Temperament rennt es nun blindlings drauflos, wenn es plötzlich von der Angst überwältigt wird, oder es bleibt stur stehen und ist weder mit Gewalt noch mit guten Worten zu bewegen, z. B. einen fremden Stall zu betreten oder an einem ihm Furcht einflößenden Gegenstand vorbeizugehen.

Dazu kommt, wenn es erstmals allein – d. h. ohne Herde – ist, eine gewisse Panik, die durchaus auch sonst »vernünftige« Pferde befällt und in ihrer milderen, jedoch gern chronischen Form »Kleben« genannt wird. Dieses Kleben nimmt, abstammungsgeschichtlich bedingt, bei den unterschiedlichen Pferdetypen unterschiedlich krasse Formen an. Am wenigsten neigen die ramsköpfigen Großpferdetypen dazu, die aus diesem Grund auch bevorzugt für militärische Zwecke gezüchtet wurden. Ein Melde- oder Kundschaftsreiter hätte es auch schwer mit einem »Kleber«, der laut trompetend zu seiner Herde zurückstrebt!

Bei allen Ponyblut führenden Pferden muß man die durch Kleben verursachten Angstzustände, die z. B. das Wegreiten vom Hof bzw. das Einzelreiten erschweren, durch Gewöhnen und konsequentes Üben langsam abbauen.

Eine Urangst bei allen Pferden ist die vor Raubtieren bzw. Raubvögeln und allem, was sie aus Unerfahrenheit dafür halten können. Dabei genügen wenige in das Raubtierschema passende Ähnlichkeiten, um in dem Fluchttier Pferd den lebenswichtigen Fluchtreflex auszulösen.

Dies trifft in verstärktem Maße für die der freien Steppe entstammenden Pferdetypen (z. B. Araberabkömmlinge) zu. In der Steppe hilft ein schneller Vorsprung häufig, den Räuber zu entmutigen, und die bei der Flucht entwickelte Geschwindigkeit bot bessere Überlebenschancen.

Anders verhalten sich normalerweise Pferde oder Ponies, deren Vorfahren sich im Gebirge oder in Sumpflandschaften aufgehalten haben. Blinde Flucht hätte für ihre Vorfahren Abstürzen oder auch Versinken im Moor bedeutet. Durch Selektion blieben die besonnenen, starken Pferde übrig, die mit »Köpfchen« flohen und im gefährlichen Gelände sich eher zum Kampf stellten als sich sinnlos ins Verderben zu stürzen.

Bleibt Ihr Fohlen also stur stehen, liegt die Vermutung nahe, daß es diesem Pferdetyp ähnlich ist. Daß es nicht aus Mutwilligkeit auf stur schaltet, erkennt man häufig daran, daß es nach einiger Zeit zu schwitzen beginnt. Da dieser Typ sich durch Kampfstärke auszeichnet, kann sich das Fohlen bei ungenügender Ausbildung gegen ein Vorwärtstreiben mit plötzlichem Ausschlagen wehren (gleichfalls, wenn es sich in die Enge getrieben fühlt). Da für diesen Pferdetyp jedoch Intelligenz, Besonnenheit und Mut eine Selektionsvoraussetzung war, sind Ängste mit Geduld und Ausdauer sicher zu beseitigen.

Unsere heutigen Hauspferde sind durch die Jahrtausende, die der Mensch an ihnen herumgezüchtet hat, fast samt und sonders Mischtypen, ihr Verhalten läßt häufig die Schwächen wie auch die Vorzüge mehrerer Pferdetypen erkennen. Richten Sie sich also darauf ein, daß auch ein »stetiges« Pferd einmal die Flucht nach vorne ergreifen kann!

Besonders fällt dabei auf, daß Veränderungen in der den Pferden vertrauten Umgebung am leichtesten dazu geeignet sind, panische Flucht hervorzurufen. Das ist leicht erklärlich: Ein Baum oder Strauch kommt nicht »über Nacht« plötzlich an einen anderen Ort. Das muß ein Lebewesen sein, folgert das Pferd, potentiell also ein Raubtier – und ist bereits auf und davon, laut schnaubend, um die Herde ebenfalls zur rettenden Flucht zu animieren. Haben Sie den Grund für die Panik entdeckt – manchmal gelingt es Ihnen nicht, da Ihre Phantasie eben nicht dem in Jahrmillionen entstandenen Instinktmuster des Pferdes gewachsen ist – so ziehen Sie Ihre Lehren daraus. War die Wurzel des Übels z. B. ein Zelt, das von Campern neben dem Weg zur Koppel aufgestellt wurde, so bleibt dem Pferd sowohl diese Stelle wie auch längere Zeit jedes Zelt bzw. jeder zeltähnliche Gegenstand suspekt. Auch für die gewarnten Herdengenossen trägt beides sozusagen ein Kainszeichen.

Es liegt an Ihnen, Ihr Pferd an allerlei auftretende Gefahren regelrecht zu gewöhnen. Kann es sich wiederholt durch die Flucht der Angst entziehen, entwickelt sich möglicherweise ein »Tick«, das Pferd ist nicht mehr aus Unerfahrenheit ängstlich, sondern im Gegenteil: aus gewonnener Erfahrung ängstlich geworden. Wenn das Pferd mit Ihnen zusammen jedoch schon öfter unheildrohenden Situationen heil entgangen ist, wird es schließlich glauben, in Ihrem Schutz könne ihm nichts passieren. Es wird – vorgewarnt durch ein »Paß auf!« – aufmerksamer schauen und lernen, nicht blind davonzustürmen, sondern sich vorsichtig zu bewegen und, konzentriert auf seinen Menschen, Gefahren bedachtsam zu begegnen. Das Pferd ist also in gefahrenträchtigen Situationen »gut an die Hilfen zu stellen« und auch häufig ungewohnten Situationen auszusetzen, um den Gewöhnungsfaktor ins Spiel zu bringen – nur für den Fall, daß wir wieder mal »geschlafen« haben und das Pferd vor uns die Gefahr erspäht...

Verlangen Sie ruhig auch immer mehr von Ihrem Pferd. Wir sind z. B. so gemein, ein Pferd, das trotz »Paß auf!« bei Glatteis rutscht, auch noch auszuschimpfen. Das Seltsame ist, je mehr man von seinem Pferd verlangt, um so mehr leistet es auch. Aber Gewöhnung, also regelrechtes Training muß bei den allermeisten Pferden – bis auf die gußeisernen, die sich dann aber auch aus Schenkel und Gerte nichts machen – doch sein. Trainieren Sie also Ihr Fohlen – anfangs in Begleitung eines möglichst ruhigen, erfahrenen Pferdes, später allein. Gewöhnen Sie es dabei an Autos, Schlepper, Eisenbahnen, flatternde Siloplanen, Wegkreuze, Baustellen, krachende Geräusche, zischende Fahrräder, Beregnungsanlagen. Stellen Sie bei Ihrem Training eine stetige leichte Besserung im Verhalten Ihres Fohlens fest, so sind Sie auf dem richtigen Weg.

Ihr Fohlen ist nicht überängstlich, Sie brauchen nur Geduld und Ausdauer.

Denken Sie an das Training der Polizeipferde, die tagelang mit Schußgeräuschen und Flatterplanen sozusagen mit Reizen regelrecht überflutet werden, bis sie endlich ganz stumpf und ruhig werden und gar nicht mehr auf all das Schreckliche reagieren. Tagelang Todesangst erleiden geht nun mal nicht. Der Körper hilft sich da selbst und schaltet den Streßmechanismus einfach ab. Die Polizeipferde ziehen ihre Lehre daraus: Wenn wir das überleben können, überleben wir alles andere auch! Sie zeichnen sich durch große Ruhe aus und können sogar bei Demonstrationen erfolgreich eingesetzt werden, obwohl es ihnen dabei gelegentlich wirklich an den Kragen geht.

Die anerzogene Ängstlichkeit

Die anerzogene Ängstlichkeit tritt in zwei Formen auf. Die eine Form ist die Tick-Ängstlichkeit – nachstehend behandelt –, die andere ist eine allgemeine Ängstlichkeit und Nervosität, hervorgerufen durch den ständigen Umgang mit überängstlichen Lebewesen, von denen sich das Pferd leicht anstecken läßt oder die es schlicht und einfach nachahmt. (Besitzer!)

In erster Linie wird das Verhalten des Fohlens jedoch von seiner Mutter beeinflußt, die es in den ersten Lebenswochen ständig nachahmt. Das Fohlen muß sein Verhalten zum Teil von der Mutter regelrecht erlernen (deutlich zu sehen bei den ersten Versuchen, festes Futter aufzunehmen) und profitiert durch dieses Nachahmen von dem Erfahrungsschatz der Mutter. Ist die übernervöse Mutter jedoch ständig in Alarmbereitschaft, färbt dieses Verhalten stark auf das Fohlen ab. Sämtliche Fehlreaktionen werden nachgeahmt und regelrecht eingelernt.

Ist diese Mutterstute in der Herde rangniedrig, so färbt möglicherweise beim heranwachsenden Fohlen das gelassene Verhalten der anderen, ruhigeren Herdenmitglieder günstig auf das Fohlen ab. Auch die Mutterstute wird sich – wenngleich sie es hin und wieder doch noch schafft, die ganze Herde wegen einer eingebildeten Gefahr in Flucht zu versetzen – im großen und ganzen an den Ranghohen ein gutes Beispiel nehmen und im Schutz der Herde ruhiger werden. Gefährlich wird es jedoch, wenn die übernervöse Stute eine ranghohe Stelle einnimmt – und zwar nicht nur für ihr Fohlen, sondern für die ganze Herde. Ranghohe Tiere, die zur Panik neigen, halten die ganze Herde in ständiger Alarmbereitschaft. Das Verhalten der ganzen Herde wird ständig nervöser, bei der geringsten Abweichung vom Normalen geht bereits »die Post ab«.

Zum Wohle der Herde muß man in diesem Fall die Stute mit ihrem Fohlen aus der Herde entfernen. Hat man eine ruhige »Tante«, so gibt man diese der ängstlichen Stute bei und entfernt, sobald der Entwicklungszustand des Fohlens das Absetzen erlaubt, die Mutter. Angeleitet von der ruhigen Tante wird das Fohlen das erlernte nervöse Verhalten nach und nach ablegen.

Aus dem gleichen Grund ist es sehr empfehlenswert, eine Fohlen- oder Jungtierherde von einer »Oma« oder »Tante« (dies kann gern auch ein alter ruhiger Wallach sein) anführen zu lassen. Das gute Beispiel des »Chefs« ist die erfolgreichste und einfachste Erziehungsmethode.

Ein nervenschwaches Tier hingegen sollte niemals eine größere Herde anführen. Solche Tiere sollten nur einen, und zwar einen absolut gußeisernen, Kompagnon erhalten. Findet sich kein geeignetes Pferd, so probieren Sie es lieber mit dem Ziegenbock, bevor Sie sich Ihre anderen Pferde anstecken lassen.

Wenn die Überängstlichkeit der Mutterstute erworben ist, kann man, bei sonstigen großen Vorzügen, die Stute in Anpaarung mit sehr wesensfesten Hengsten in der Zucht belassen. Kann angeborene Ängstlichkeit nicht ausgeschlossen werden, sollte wegen der großen Erblichkeit dieses Fehlers im allgemeinen jedoch die Stute aus der Zucht genommen werden. Dies sollte man besonders beachten, wenn die Zuchtprodukte als Kinderpferde oder Freizeitpferde Verwendung finden sollen!

Handelt es sich um besonders wertvolle Tiere – z. B. um hervorragende Rennpferde, die zur Hysterie neigen – so sollte man dem Fohlen einen unbelasteten Start ins Leben bieten und es einer Ammenstute – möglichst Kaltblut oder Robustpony – von großer Wesensfestigkeit und ausgestattet mit den allerbesten Nerven unterschieben.

Zeigt Ihr Fohlen oder Pferd nicht ständig Ängstlichkeit oder Nervosität, sondern explodiert nur in immer den gleichen Situationen und auf die gleiche Art und Weise, so hat es einen Tick. Der Tick ist immer erworben. Dieses Tier ist sozusagen »verdorben«. Und wie das Sprichwort sagt, kann man an einem Pferd in fünf Minuten verderben, was man in fünf Jahren nicht wieder in Ordnung bringen kann.

Der Tick beschränkt sich auf einzelne, jedoch immer gleiche Situationen. Ihm liegt ein Schockerlebnis zugrunde. Auslöser war irgendein schmerzhaftes oder Todesangst auslösendes Erlebnis. Dieser Tick läuft zwangsweise und schematisch, sozusagen vollautomatisch ab und ist beim älteren Pferd sehr schwer zu bekämpfen. Meist muß man lernen, mit dem Tick zu leben. Der Grund dafür ist, daß man – bedingt durch die große Masse des Pferdes – physisch einfach außerstande ist, das Pferd an dem Ort und bei dem Grund seiner Panik so lange festzuhalten, bis es wieder »klar im Kopf« ist. Folglich ist dieser Tick auch noch logisch für das Pferd! Er hat es ja erfolgreich aus der Lebensgefahr gerettet!

Günstiger sind die Chancen, ein Fohlen von seinem Tick zu befreien. Nehmen wir als Beispiel das panikartige Losreißen beim Anbinden. Hat ein ausgewachsenes Pferd sich bereits mehrmals in Panik losgerissen, wird es fast unmöglich, es sicher anzubinden. Greift man zu Stierketten oder ähnlichem, riskiert man Genickbrüche oder – durch schweren Sturz – Beckenbrüche.

Besser sind da die Aussichten beim doch noch wesentlich leichteren Fohlen. Ein zweiter Mann sollte beim Anbinden bereits hinter dem Fohlen stehen. Läßt sich das Fohlen nach hinten fallen, kann er sich dagegenstemmen, um das (stabile!) Halfter und den (stabilen!) Strick etwas zu entlasten. Bei einem ausgewachsenen Pferd ist das natürlich zwecklos, da

die Masse des Menschen völlig unzureichend wäre, außerdem würde man bei dem zu erwartenden Überschlagen des Pferdes das Leben riskieren. Wichtig ist, daß beim Fohlen auf keinen Fall das Halfter reißt (evtl. Kombination Halsriemen/Halfter herstellen). Hingegen kann man ohne weiteres den Panikhaken öffnen, falls Erdrosseln droht oder das Fohlen am Boden gelandet ist und durch den gespannten Strick am Aufstehen gehindert wird.

Unbedingt muß jedoch eine Flucht verhindert werden und das Fohlen sofort wieder angebunden werden. Nach einer gewissen Zeit wird unser Fohlen feststellen, daß es, trotz immer noch bestehender Tick-Situation, ganz entgegen seiner Erwartung doch noch am Leben ist und sich mit der Situation abfindet. Auch die nächsten Male sollte man Vorsichtsmaßnahmen ergreifen, falls der Tick wieder ausgelöst werden sollte. Dennoch sind die Chancen gut, den Tick-Teufelskreis zu durchbrechen, wenn es erst einmal gelungen ist, das Pferd so lange der auslösenden Situation auszusetzen, bis es zur Besinnung und zum ruhigen Überlegen kommt.

Beim ausgewachsenen, schweren Pferd bleibt meist nur der Griff zu der Bremse bzw. dem Beruhigungsmittel, sofern der Tick in einer dafür geeigneten Situation auftritt (wie beim Hufbeschlag, Tierarztbesuch o. ä.). Auch dann dauert es oft mehrere Jahre, bis auch im unsedierten Zustand keine Rückfälle mehr auftreten. Äußert sich der Tick jedoch z. B. in panischem Losreißen an der Hand bei geringen Anlässen, z. B. ausgelöst von einem auffliegenden Stück Papier, kann man nur versuchen mit entsprechender Zäumung, die die Nase nach unten bringt (z. B. Kette über dem Nasenrücken) und entsprechender Leinenlänge, das Pferd zu halten und in eine Kreisbahn zu bekommen.

Eine scharfe Zäumung verursacht dem Pferd einen jähen Schmerz im Maul, der die Panik häufig noch verstärkt. Notwendig ist sofortiges Weichwerden mit der Hand, sobald das Pferd im geringsten nachgibt, um nicht durch die harte Hand erneut Panik zu verursachen. Geht das Pferd beim Reiten aus kleinsten Anlässen durch, wird es auf Gummitrense gezäumt und erhält Pullerriemchen auf dem Nasenrücken. Auch sonstige Zäumungen, die überwiegend auf den Nasenrücken einwirken und geeignet sind, den Kopf wieder nach unten zu bringen, können versucht werden. Dann wünschen wir Pferd und Reiter noch viel Platz, um auf eine Volte zu kommen und hoffen, daß das Pferd wieder bei Sinnen ist, bevor ihm ein Hindernis in die Quere kommt. Da durchgehende Pferde vor dem Wagen noch ein weit größeres Risiko darstellen, sollte ihr Fohlen nur dann eingefahren werden, wenn sich alle Zweifel an seinem Charakter vollständig gelegt haben. Ein Pferd, das gelegentlich schwache Nerven gezeigt hat, sollte nur von einem absoluten Experten zum Fahren ausgebildet werden. Gerade Unfälle, verursacht beim unsachgemäßen Einfahren, verderben das Pferd mit hoher Wahrscheinlichkeit. Auch ein sonst nervenstarkes Pferd kann schwach werden, wenn es sich eine Viertelstunde bemüht hat, erst dreiviertel eingespannt, den ihm beim Durchgehen hartnäckig verfolgenden, natürlich umgestürzten Wagen Stückchen für Stückchen samt den einzelnen Geschirrteilen loszuwerden.

Echte mangelnde Wesensfestigkeit
Dies ist der gefürchtetste Fall mit der schlechtesten Zukunftsperspektive.
Haben bisher alle Mittel keine Besserung gebracht, müssen Sie evtl. dem Unangenehmen ins Auge sehen. Nachdem dieser echte Mangel leider sehr stark erblich ist, brauchen Sie nicht weit suchen gehen, um Ihre Diagnose bestätigt zu wissen: Wenn nicht nur die Mutter, sondern auch der Vater des Fohlens »Spinner« sind, haben Sie mit an Sicherheit grenzender Wahrscheinlichkeit ebenfalls einen echten Spinner im Stall.
Übereilen Sie sich aber auch hierbei nicht mit Ihrem Urteil: Viel »Blut« läßt ein Pferd bisweilen explosiv und unberechenbar erscheinen – dabei handelt es sich vielleicht um einen nervigen Typ mit dem Kämpferherzen und Mut eines Löwen! Außerdem gibt es nervöse, aufgeregte Tiere, die im Stall und an der Hand (vor allem nach längeren Stehzeiten) einen schlechten Eindruck machen, sich aber bei der Arbeit schnell beruhigen und dann besonders leistungsbereit zeigen. Dies sind gewiß keine Tiere für den unerfahrenen Reiter, da sie sich leicht überfordern lassen und dann dämpfig oder mit kaputten Beinen enden. Aber es sind doch Pferde, die man als Eltern für Leistungspferde (Vielseitigkeit, Rennen) braucht, da sie jederzeit ihr Äußerstes geben.
Eine echte »mangelnde Wesensfestigkeit« liegt hingegen vor, wenn bei durchaus normalen, seinem Ausbildungsstand entsprechenden Anforderungen, das Pferd in sinnlose Panik ausbricht und sich selbst sowie andere dadurch erheblich gefährdet. Handelt es so nur in einzelnen, immer gleichen Situationen, so handelt es sich möglicherweise um den erworbenen Tick in stärkerer Ausprägung. Tritt jedoch panisches, gefährliches Scheuen, panisches Durchgehen oder Toben gehäuft oder in den unterschiedlichsten Situationen auf, so geben Sie bitte um Himmelswillen den Gedanken auf, das Tier wenigstens in die Zucht zu stecken, wenn es schon sonst nichts taugt!
Klipp und klar gesagt: Dieser Mangel vererbt sich so stark, daß eine Zucht mit solchen Tieren unverantwortlich ist.

Und wenn das Unglück schon geschehen ist und Sie das Fohlen zweier »verrückter« Eltern im Stall stehen haben, so prüfen Sie Ihr Gewissen: Sind Sie in der Lage und auch gewillt, das Tier bis an sein Lebensende zu behalten? Wenn nein, dann gibt es für das Fohlen nur einen Käufer, nämlich den Pferdemetzger, der das Fohlen auf Ihrem Hof erschießt.

So hart dies auch klingt: Man kann Ihnen keinen besseren Rat geben. Dies ist nämlich das typische »Händlerpferd«.

Vor jedem Markt, vor jedem Besuch eines Kunden eine Beruhigungsspritze – zwanzigmal im Jahr verkauft, jedesmal verrückter geworden. Es gibt verletzte oder gar getötete Menschen durch Überschlagen, Auskeilen, Überrennen oder Durchgehen mit Sturz des Reiters oder Aufprallen auf ein Hindernis. Ein Pferd in Panik rennt auch an eine Hausmauer! Irgendwann einmal verletzt sich das Pferd selbst einmal so schwer, daß dann doch die Kugel diesem Teufelskreis ein Ende macht. Oder es findet sich ein Barmherziger, der auf die paar hundert Mark Mehrerlös verzichtet und das Pferd unter Aufsicht der Schlachtung zuführt. Wenn er allerdings bei der Tötung nicht dabeibleibt, kann es sein, daß das Pferd am nächsten Tag wieder beim Händler steht...

Ersparen Sie Ihrem Fohlen diesen Leidensweg. Gönnen Sie ihm noch eine schöne Kinderzeit auf der Koppel, fernab von den Menschen und den Schrecken, die diese Welt im Übermaß für es birgt. Und dann handeln Sie nach der Devise: lieber ein Ende mit Schrecken als ein Schrecken ohne Ende und lassen Sie es erschießen.

Es sei denn, Sie pflegen es wie ein behindertes Kind. Denken Sie aber daran: Das Fohlen gefährdet nicht nur sich selbst und Sie und Ihre Familie mit seiner stetig wachsenden Masse und seinem Gewicht – auch der Hufschmied und der Tierarzt müssen mit dem Tier umgehen. Es ist nicht nur Ihr eigenes Risiko!

Und vor allem – auch wenn das Pferd noch so schön ist und noch so gute Papiere hat – keine Nachkommen ziehen!!!

Der zugekaufte Absetzer

Die ersten Tage

Das zugekaufte Fohlen ist während der ersten Tage mit viel Ruhe und Vorsicht zu behandeln.

Man muß damit rechnen, daß es buchstäblich »aus dem Häuschen« ist – buchstäblich ist ja auch Mutter, Herde und Umgebung auf einmal weg!

Das innere Sicherheitssystem läßt schrill die Alarmglocken läuten: Nur wenn das Fohlen ganz, ganz schnell wieder in den Schutz seiner Herde gelangt, kann es sich vor Wölfen usw. retten! Sie erinnern sich: die Urzeit...

Günstig ist es, wenn die Mutter das Fohlen noch auf den neuen Betrieb begleitet und mit ihm durch Stall und Auslauf geführt wird. So lernt das Fohlen seine neue Umgebung noch mit klarem Kopf kennen und fühlt sich in diesem Gelände schon etwas sicherer.

Günstig ist natürlich auch, wenn zwei Fohlen gleichzeitig gekauft und gemeinsam antransportiert werden: Beide haben ja nun schon eine Herde und fühlen sich in ihrem Schutz sicherer. Man kann sie auch als »kleine Herde« behandeln – zusammen in eine Laufbox stellen, eingewöhnen und dann der größeren Herde eingliedern

Haben Sie gar kein weiteres Pferd, sollten Sie immer zwei Fohlen zusammen aufziehen. Haben Sie erst eines gekauft, so lassen Sie es beim Züchter, bis Sie ein zweites (nicht unbedingt gleicher Rasse, aber möglichst gleichen Geschlechts) erworben haben. Dann lassen Sie beide zusammen – oder wenigstens gleichzeitig – anliefern.

Die Bedeutung der Herde für das Pferd – und vor allem für das Fohlen – kann nicht genug betont werden!

Haben Sie ein einzelnes Fohlen »dazu« erworben, so kommt es für die ersten Tage in eine stabile Einzelbox, aus der es auch bei Panik nicht ausbrechen kann.

Auf einer Seite wird eine »Tante« als Kontaktpferd aufgestellt. Dies kann auch die Mutterstute sein, mitsamt dem Fohlen, dem es Gesellschaft leisten soll, auch ein bereits abgesetztes Fohlen oder ein entsprechendes Jungpferd.

Die Trennwand zu dem Eingewöhnungspartner muß so gebaut sein, daß den Pferden die Kontaktaufnahme ermöglicht wird. Dies wird durch Sichtabstände im oberen Teil (Vorsicht, Hufe oder Kopf dürfen nicht durchpassen! Gefahr des Festhängens!) oder dadurch ermöglicht, daß die Trennwand so niedrig ist, daß sie Kopfkontakt zuläßt.

In diesen ersten zwei bis drei Tagen bleiben die Tiere im Stall. Mit ein Grund ist – bei Fohlen, die am Markt gekauft werden, ein äußerst wichtiger sogar – die Inkubationszeit für Husten abzuwarten, um nicht die ganze Herde zu infizieren.

Der Hauptgrund ist jedoch – und dieser trifft auch für Ihre beiden »alleinigen« Fohlen zu – daß das Fohlen erst einmal ein Heimatgefühl entwickeln muß.

Geben Sie es gleich auf die Koppel, und es bricht Ihnen in der ersten Panik aus, so können Sie es, fremd wie Sie ihm noch sind, kaum einfangen. Und das Fohlen in den Stall, den es noch nie betreten hat, hineintreiben??? Wer das ohne »Führpferd« schafft, vor dem ziehe man den Hut! (Vielleicht sollte dieses spezielle Exemplar doch von einem Höhlenbewohner abstammen?)

Steht das Fohlen in der Box, so beschäftigen Sie sich in der ihm gewohnten Weise vorsichtig und ruhig mit ihm (anbinden, liebhaben, kraulen).

Das Nebenpferd sollte, um Eifersucht zu vermeiden, mit vorgelegtem Futter abgelenkt werden.

Zeigt sich das Fohlen sehr scheu und ängstlich, sollten Sie es zu nichts zwingen. In diesem Fall soll auch das (enganliegende) Halfter nicht abgenommen werden. Das Fohlen darf nicht gejagt werden, da sonst aus der Verängstigung heraus eine Fehlzündung mit den Hinterbeinen erfolgen kann – und tunlichst sollte man anfangs nichts heraufbeschwören, was nach aktivem Ungehorsam aussieht und daher bestraft werden müßte.

Daher nehmen Sie am besten bei recht verängstigten Tieren Kontakt von außerhalb der Boxentür auf. Öffnen Sie den oberen Türflügel und bieten dem Fohlen Futter aus dem Eimer an. Bald kommt das Fohlen, fängt zu fressen an und kann angebunden werden, worauf Sie sich ruhig und liebevoll – viel reden und kraulen – mit ihm beschäftigen können.

Haben Sie dagegen ein freches, zutrauliches oder gar verzogenes Exemplar erwischt, so können Sie natürlich gleich viel mehr mit dem Fohlen anfangen. Soweit es die nötige »Vorbildung« hat, können Sie es bereits auf dem vertrauten Gelände spazierenführen, Hufe auskratzen usw. Mit strengeren Erziehungsmaßnahmen sollte man aber auch in diesem Fall warten, bis das Fohlen heimisch geworden ist. Solange reicht meist auch eine Parade am Stallhalfter oder ein »Nein!« aus, da die Fohlen in dieser ungewohnten Situation doch immer einen gewissen Anfangsrespekt zeigen.

Führen auf die Weide

Nach etwa drei Tagen darf das Fohlen nun hinaus in den geräumigen, stabil eingezäunten Auslauf. Am besten ist es, den Partner vorneweg zu führen, möglichst weit in die Koppel hinein. Unser Neuling wird bis knapp hinter den Eingang der Koppel ebenfalls geführt und unter strikter Beachtung aller Vorsichtsmaßregeln gleichzeitig mit dem Kollegen losgelassen. Hier aus gegebenem Anlaß eine Schilderung, wie man Pferde (und ganz besonders stallmutige Jungtiere) in die Weide führt:

Das Führen des Jungpferdes auf die Koppel hat, richtig gemacht, hervorragende erzieherische Wirkung.

Ein wenig Geduld zu zeigen, fällt dem übermütigen Jungpferd mit wachsender Übung immer leichter.

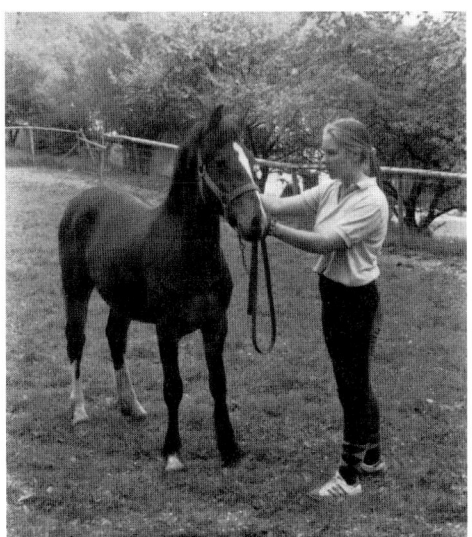

Die Kruppe des Fohlens muß so weit wie möglich vom Menschen weggedreht werden.

Nur so läßt sich vermeiden, daß der erste Freudenbuckler nicht zum Volltreffer wird!

69

Das Tier wird – wenn nötig mit vorbeugenden Paraden – so durch das Tor geführt, daß der Führende vor ihm die Weide betritt. Das Pferd wird nun herumgedreht – Kopf beim Menschen, Kruppe Richtung Weide – dann streift man ihm das Halfter ab, wobei die linke Hand noch bis zuletzt auf dem Nasenrücken liegenbleibt, um ein zu frühes Lospreschen mitsamt Halfter und Strick zu vermeiden. Diese Vorsichtsmaßnahmen ersparen bei den unvermeidlichen Temperamentsausbrüchen die nähere Bekanntschaft mit den Pferdehufen. Pferde fühlen sich auf der Weide in Ferienstimmung und lassen gern den gewohnten Respekt missen.

Bei nervigen Pferden sollte man deshalb mit dem Abhalftern noch ein wenig warten – beruhigend zureden, ruhig ein wenig tänzeln lassen – sonst geht das Lospreschen irgendwann in ein Losreißen von der Hand über.

Ihrem neuerworbenen Fohlen sollten Sie das Halfter noch am Kopf lassen, bis Sie sicher sind, daß es sich jederzeit aufhalftern läßt. Das Gewöhnungspferd behält beim ersten gemeinsamen Auslauf zur Vorsicht ebenfalls das Halfter auf.

Die Pferde »beschnuppern« sich nun auf der Koppel, wobei das neue unter Umständen ein wenig Federn lassen muß.

Ist der Auslauf aber groß genug und hat keine gefährlichen Ecken, in denen das Fohlen »festgenagelt« werden könnte, so kann nicht viel passieren. (Beschlagen sollte das Begleitpferd natürlich nicht sein.) Zur Vorsicht steht man noch mit der langen Peitsche bereit.

Steht auf der Koppel genügend Futter zur Verfügung – Gras, oder mehrere getrennte Haufen duftendes Heu – so beruhigen sich die Gemüter bald. Fressen ist wichtiger als streiten!

Beim Hereinholen ist anfangs auch Vorsicht walten zu lassen: Das Heimpferd wird seine Stammrechte noch mit Hufen und Zähnen verteidigen!

Eingliederung in die Herde

Hat die »Tante« den Neuankömmling akzeptiert, so können beide zusammen wieder in die Herde eingegliedert werden. Das neue Fohlen hat nun eine mobile Schutzwand, hinter der es sich verstecken kann. Auf den Futterbedarf des bereits abgesetzten Fohlens ist zu achten.

Die weitere Erziehung

Die weitere Erziehung des neuen Fohlens kann wie bei Ihren selbstgezogenen Jungtieren erfolgen – soweit es vom Vorbesitzer ausreichende Grundlagen mitbringt. Meist werden Sie sich dem Neuankömmling jedoch noch etwas intensiver widmen müssen, bis das Vertrauensverhältnis voll hergestellt ist.

Kommt das Fohlen aber noch unerzogen – oder bereits mit echten Mucken – zu Ihnen, so muß es erst völlig von Grund auf erzogen werden. Sie können es jedoch in diesem Alter nicht mehr so burschikos behandeln wie Ihr Neugeborenes. Aus dem Alter, in dem es sich leicht beeindrucken ließ, ist ein Absetzer nämlich schon längst heraus! So können Sie zum Beispiel, wenn das Fohlen zum Ausschlagen neigt, es nicht mehr mit dem Plastikeimer bewaffnet durch die Laufbox jagen! In einer großen Box ist das Fohlen in diesem Alter viel zu schlau, als daß Sie mehr als einen Treffer landen könnten. Dann erwischen Sie es nicht mehr – und das Fohlen hat ein Erfolgserlebnis! Würden Sie die Eimermethode mit Ihrem Neuankömmling in einer gewöhnlichen Box (etwa 3 x 4 m groß) ausprobieren, würde es sich, in die Enge getrieben, ernsthaft wehren – deshalb muß dies als viel zu gefährlich abgelehnt werden. Das Fohlen anbinden und es dann bestrafen oder gar verdreschen wäre die unverzeihlichste Sünde, die Sie in der Pferdeerziehung überhaupt begehen könnten: Ein angebundenes Pferd, das nicht fliehen kann, darf nur ermahnt werden. Ein Knuff, ein Anschnauzen, alles kurz und sachlich, ist erlaubt. Aber angebunden prügeln, damit erzieht man Verbrecher. Hat das Pferd eine Fluchtmöglichkeit, wird es so gut wie immer fliehen. Aber in die Enge getrieben wird es – je nach Abstammung von den verschiedenen Urpferdetypen – bei Vorherrschen von Typ I, II und III geradezu zum Schläger erzogen. Herrscht Typ IV vor, wird es mit Sicherheit zum Panikpferd und je nach zusätzlicher Blutbeimischung zum Panikpferd, das in seinen lichten Momenten auch noch schlägt.

Macht dieser Neuankömmling Probleme, so sollten Sie die Differenzen nicht gerade heraufbeschwören.

Sie müssen sich natürlich nicht alles gefallen lassen – schlägt das »süße Kleine« auf der Koppel gezielt nach Ihnen aus, so sollten Sie immer die Peitsche dabeihaben und auch kräftig dazu benützen, sich den Übeltäter vom Leibe zu halten. Pferde untereinander sind ja auch nicht gerade zimperlich. Wenn Sie jedoch auch noch mit der Peitsche hinter ihm herrennen, so müssen Sie es auch treffen, sonst hat es ja gewonnen, und das ist strikt zu vermeiden.

Lustige Bocksprünge sind natürlich kein gezieltes Ausschlagen, aber man sollte schon darauf achten, daß Pferde solche Spiele in gebührendem Abstand von den Menschen spielen.

Das Fohlen muß natürlich, bevor man es endgültig in die Freiheit der Weide oder in die Anonymität der Herde entläßt, eine gewisse Grundausbildung haben. Beine aufheben und Führen muß schon gelernt sein. Zuerst sollte man sich vergewissern, daß das Fohlen mit dem Anbinden gut vertraut ist. Sollte dies nicht der Fall sein, so wird, mit vorgelegtem Futter, gutem Halfter, Panikhaken, zusätzlicher

Führleine, gut geübt. Hinter das Fohlen zu treten ist in diesem Alter (Gewicht!) und besonders bei nicht einwandfreiem Charakter nicht mehr unbedingt zu empfehlen. Bei gutem Halfter (evtl. Kombination aus Halsriemen und Halfter herstellen), kann man das Fohlen ruhig ein bißchen zappeln lassen. Guter, nicht zu harter und auf keinen Fall rutschiger Boden (am besten Matratzenstreu) ist jedoch unbedingt notwendig. Landet das Fohlen auf dem Boden, öffnet man den Panikhaken und hält das Fohlen an der Führkette. Aufgestanden, wird es sofort wieder angebunden.

Sitzt das Anbinden, so hebt man dem nicht zu lang angebundenen Fohlen die Beine auf.

Hat man Zeit, Geduld und das Fohlen einen guten Charakter, so wendet man keinen Zwang an. Locker hochheben und gleich »ab«kommandieren, sobald das Fohlen unruhig wird – dies täglich mehrmals geübt und jeden Fortschritt überschwenglich gelobt, führt in gewisser Zeit zum guten Erfolg.

Muß es schneller gehen oder das Fohlen ist recht kratzbürstig, so holen Sie sich einen Helfer, der Ihnen dabei hilft, das Fohlen in seiner Bewegungsfreiheit einzuschränken. Während er das angebundene Fohlen an die Boxenwand drückt und eventuell den Schweif hochhält, heben Sie möglichst ruhig und auf jeden Fall ohne loszulassen, das jeweilige Bein einige Minuten lang auf. Ein Umklammern der Fessel mit den Daumen ist nicht zu empfehlen. Bei zappelnden, insbesondere kitzligen Fohlen empfiehlt sich eher, die jeweiligen Beinsehnen abzuklemmen. Tricks und Handgriffe dieser Art zeigt Ihnen sicher gern Ihr Hufschmied.

Das Fohlen darf auf keinen Fall zu hoch aufgehoben werden – es muß gleichmäßig auf den übrigen drei Beinen stehen. Achten Sie vor allem beim Aufheben der

Hinterbeine darauf, daß die Kruppe waagerecht bleibt. Ruhiges Sprechen – loben, aber auch mal tadeln oder trösten, soll den ganzen Vorgang unterstützen.

Diese Prozedur täglich einmal über ca. eine Woche lang ausgeführt, und das Fohlen hat es gelernt, das Beineaufheben als unabänderlichen Bestandteil seines Lebens hinzunehmen.

Nun bleibt noch das Führen – aber das hat das Fohlen nun sicher schon in dieser Woche gelernt – nachgeführt hinter der »Tante« war das ja auch kein Problem.

Mehr schiebend als ziehend können auch

Transport von Mutter und Fohlen

Verladen

Das Verladen von Mutterstuten mit Fohlen ist keine Kunst: Einige einfache Kniffe und zwei Personen reichen, jede Mutterstute zu verladen. Die starke Mutter-Kind-Beziehung bei Pferden erleichtert die Arbeit wesentlich. Wir laden geradezu gerne Fohlenstuten auf, nach den Erfahrungen, die wir z. B. mit noch rossigen Güststuten machen mußten, die vom Deckhengst noch nicht lassen wollten... Manche dieser Damen mußten schon vier (starke!) Männer hoch in den Wagen ziehen – also nicht der Widerspenstigen Zähmung, sondern der Widerspenstigen Ziehung! Es gibt Stuten, die man auch zu viert fast nicht verladen kann. Um zum nächsten »Rendezvous« zu kommen, brauchen sie dagegen keine Mannschaft: da geht's so schnell, daß sie alle Helfer überholen und diese nur noch verdutzt die Hängerklappe schließen müssen...

Nun zu Mutter und Kind:
Nutzen Sie die Tatsache, daß 90% der Fohlen ihrer Mutter freiwillig in den Hänger folgen! Sie müssen nur dafür sorgen, daß das Fohlen merkt, wohin seine Mutter verschwindet. Sonst gerät nämlich das Kleine in Panik, stößt hohe, schrille Hilfeschreie aus und rennt in Höchstgeschwindigkeit auf der Suche nach seiner Mutter durch die Gegend. Wenn die fohlennärrische Mutter dann im von ihren Verzweiflungssprüngen schwankenden Hänger »Alarm! Alarm!« ruft, so ist dieser Hänger gewiß der letzte Gegenstand, dem sich das Fohlen nähert! Uns passierte dieses Mißgeschick nur einmal – und da mußten wir zur Strafe gleich das Fohlen aus dem Bach fischen. Passiert Ihnen so etwas: gleich wieder runter mit der Stute von dem Hänger, wenn das Fohlen ausflippt!

Zur Vorbeuge stellen wir jetzt den Hänger mit einer Seite an eine Wand (ganz ideal ist eine Durchfahrt, wobei die Tore bis zum Hänger geschlossen werden), um ein Vorbeilaufen des Fohlens wenigstens auf einer Hängerseite zu verhindern. Der Helfer blockt die freie Außenseite des Hängers ab, während die Stute betont langsam in den Hänger geführt

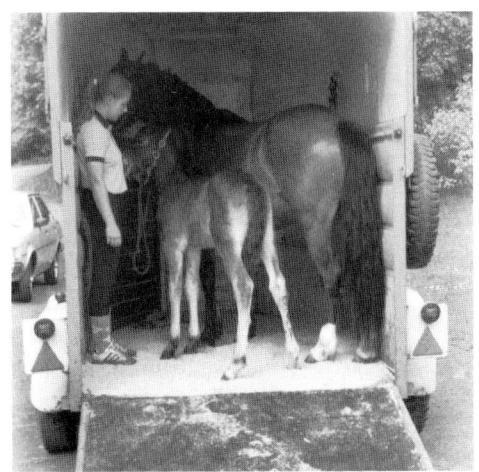
Kinder ein Fohlen verladen.

Ganz Vorsichtige verwenden ein Aufsatzgitter.

wird. Mit den Hufen und den Nüstern die Hängerklappe prüfend, steigt das Fohlen von selbst ein. Nicht dabei ablenken!

Ein Fohlen, das schlecht nachläuft, sowie ein sehr übermütiges, das erst Spielstunde machen will, hindert der Helfer mittels Festhaltegriff am Davonlaufen und geht mit ihm, möglichst ohne Zwang auszuüben, unmittelbar hinter der Mutter auf den Hänger.

Ist das Fohlen bereits recht kräftig, so legen wir ihm Halfter und Strick an. Fohlen, die das Führen noch nicht gewöhnt sind, legen wir erst unmittelbar vor der Hängerklappe »an die Leine«. So erspart man sich unnötige Kraftproben. Nun braucht man nur darauf zu achten, daß der Kopf des Fohlens in Flankenhöhe der Mutter bleibt, während man mit der rechten Hand das Fohlen an der Kruppe etwas antreibt – und marschiert ganz gemütlich im Gleichtakt Marsch mit der geführten Stute auf den Hänger.

Ist es jedoch die Stute, die partout nicht auf den Hänger will, dann kehren wir eben den Spieß um: Fohlen voran, Stute läuft nach! Dazu brauchen Sie nun den Fohlen-Super-Verladegriff. Dieser bringt natürlich auch die 10% Fohlen, die ihrer Mutter nicht freiwillig folgen, in den Hän-

ger. Zwei Personen verschränken unter der Schweifrübe des Fohlens die Hände zum festen Griff. Mit den beiden freien Händen wird das Fohlen gestützt und dirigiert, während es mit sanfter Gewalt in den Hänger geschoben wird. Bereits sehr großen Fohlen legt man ein Halfter mit zwei Stricken an, mit denen man »lenken« kann. Den – recht langen – Führstrick der Mutter behält man bei dieser »Schiebung« in der Hand, die Stute wird fast immer willig nachfolgen. Hat Ihre Stute ein recht kratzbürstiges Temperament, so binden Sie sie zur Vorsicht lieber mit Sicht in den Hänger in unmittelbarer Nähe gut an. Während der Helfer das Fohlen im Hänger gut festhält, holen Sie dann die Stute nach.

Gehört Ihre Stute nicht zu jenen – sicher mindestens 95% – mütterlichen Stuten, die alle Angst vor dem Hänger vergessen, um bei ihrem Fohlen zu sein – so liegt der Verdacht nahe, daß sie gar keine Angst vor dem Hänger hat! Fast mit Sicherheit gehört sie zu jenen Pferden, bei denen ein zärtliches Winken mit der Peitsche Wunder wirkt.

Ansonsten gelten die allgemeinen Regeln für das Verladen: Sich Zeit nehmen, ruhig sein, nach dem Aufladen nicht gleich losfahren (d. h. die Gedankenverbindung »aufladen = unangenehme Fahrt« zu unterbrechen). Das beste ist, Sie lassen die Pferde auf dem Hänger zur Belohnung erst ein wenig fressen.

Nun einige – sehr beherzigenswerte – Tips.

Die Trennwand

Am besten fahren Sie Stute und Fohlen ohne Trennwand. Die Trennwand erschwert sowohl das Aufladen wie auch das Ausbalancieren während der Fahrt. Ohne Trennwand kann das Fohlen zum Abladen umgedreht werden und braucht nicht rückwärts über die Rampe hinabgeschoben werden – was sehr viel schwieriger als das Hinaufschieben ist! Das bei den meisten Pferdehängern mögliche Entladen über eine Frontrampe ist bei älteren Hängern häufig so umständlich, daß man im Laufe der Jahre die Existenz dieser Rampe ganz vergessen hat.

Ihr Hänger muß nach Entfernung der Trennwand jedoch unbedingt noch über eine Bruststütze für die Pferde verfügen. Zur Not fertigt Ihnen der Schmied eine Stange an. Ohne Bruststütze gibt's bei einer Notbremsung wunde Nasen oder Schlimmeres. Bei einer steilen Bergabfahrt hat schon so manches rutschende Pferd im Hänger Rodeo gespielt und sich und das ganze Gespann umgeschmissen.

Die Trennwand kommt bei uns im allgemeinen nur in den Hänger, wenn Tiere, die sich nicht kennen, zusammen transportiert werden müssen.

Anbinden oder Freilaufen

Zumindest im gezogenen Transporter sollten Tiere grundsätzlich nicht freilaufen, um keine größeren Schwankungen zu verursachen. Ausnahme: kleinere Fohlen, deren Mutterstute jedoch gut an-

gebunden sein muß. Ein Hinausspringen des kleinen Fohlens von der Mutter weg braucht eigentlich nicht befürchtet zu werden. Besonders Vorsichtige verwenden ein Gitter, das auf die Verladeklappe aufsteckbar ist.

Angebunden wird grundsätzlich mit zwei Stricken, von denen der eine unter, der andere über der Bruststütze durchgeführt wird. Dies verhindert ein Aufsteigen des Pferdes mit der Gefahr des Hängenbleibens sowie ein Untendurchkriechen oder -fressen mit der Gefahr des Genickbruchs bei Unfall bzw. das Einhauen oder Eintreten in Strick oder Heunetz. Die Anbindung soll so straff sein, daß ein Rückwärtstreten um mehr als einen Schritt unmöglich ist, der Kopf aber noch frei bewegt werden kann.

Erster Transport

Der erste Transport eines Pferdes sollte grundsätzlich mit Begleitpferd (am besten natürlich mit der Mutter) durchgeführt werden. Handeln Sie immer – sowohl als Käufer als auch als Verkäufer – Lieferung frei Hof aus. Die Mutter soll das Fohlen auf dem Transport und beim ersten Rundgang im neuen Betrieb begleiten.

Was man eigentlich nicht zu erwähnen braucht

Gefahren wird äußerst vorsichtig, Kurven werden langsam angegangen, beschleunigt und abgebremst wird behutsam – und doppelt behutsam, wenn das Fohlen frei läuft.

Daß man gelegentlich anhält und nach den Tieren schaut – besonders, wenn die Pferde eingedeckt transportiert werden, was gern zu Komplikationen führt – sollte eine Selbstverständlichkeit sein.

Mitfahren eines Menschen im Pferdehänger ist – auch bei kranken Tieren! – streng verboten!

Die Gesundheit des Fohlens und der Mutter

Vorbeuge

Die Lebenskraft des Fohlens

Die Anlagen für die Gesundheit des Fohlens, sein »richtiges« Funktionieren, seine Vollkommenheit als lebendiges und lebenstüchtiges Geschöpf, sind schon lange vor seiner Geburt da. In den Genen seiner Eltern liegt die Quintessenz aus Millionen von Jahren ausschließlicher Selektion auf diese Lebenstüchtigkeit vor. Ständige leichte Variationen und Veränderungen des Erbgutes bis hin zur Mutation sind notwendige Eigenschaften des Erbgutes jedes Lebens. So kann sich ein Teil der Art veränderten Umweltanforderungen anpassen, und die Art stirbt nicht aus.

Allzu kühne Experimente von Mutter Natur überleben dabei meist die ersten Wochen der Trächtigkeit nicht.

Eine gewisse Härte in der Haltung und Selektion der Mutterstuten ist dabei nicht unangebracht. Allzu gut umsorgte Mutterstuten (siehe Vollblut) tragen darum auch gelegentlich Mißgeburten sowie Zwillingsfohlen aus. Die meisten Trächtigkeiten beim Pferd beginnen mit zwei befruchteten Eiern. Normalerweise wird die gesündere, lebenskräftigere Anlage ausgetragen und die schwächere resorbiert.

Viele Lebewesen versuchen, die Art durch eine möglichst große Nachkommenzahl zu erhalten (z. B. Pflanzen, Fische, Schweine, Geflügel). Bei diesen kann dann die natürliche Auslese aus einer Vielzahl von Nachkommen stattfinden. Auch die züchterische Auslese wird erleichtert und bringt schnellere Fortschritte, wenn aus vielen, in schneller Generationsfolge entstandenen Nachkommen selektiert werden kann.

Das Pferd geht jedoch einen ganz anderen Weg: Es bringt möglichst wenige (in Hungerszeiten nur alle zwei Jahre eins), dafür aber sehr weit entwickelte, überlebensfähige und möglichst lebenstüchtige Junge zur Welt.

Wenn in Ihrem Stall ein Fohlen geboren wird, können Sie also zumeist sicher sein, ein nahezu vollkommen lebenstüchtiges Exemplar zu haben. Selbst das Frühlähmefohlen ist kein gegenteiliger Beweis: Ein schwaches Fohlen wäre nämlich bereits im Mutterleib gestorben und abortiert worden.

Bei uns kamen zweimal nach Ablauf von genau zehn Monaten Tragezeit (dem absoluten Minimum für ein lebensfähiges Fohlen) schwer lähmekranke Fohlen zur Welt. Ein exaktes Timing, denn wenige Tage später wären sie abgestorben gewesen. Beide Fohlen gesundeten problemlos nach der Antibiotikabehandlung und erwiesen sich als ganz ungewöhnlich temperamentvolle und lebenssprühende Tiere.

Gefährdung der Gesundheit

Diese Gesundheit, die das neugeborene Fohlen mitbringt, ist nun aber kein lebenslanger Vorrat!

Wir haben unserem Hauspferd den Lebensraum und damit jegliche Möglichkeit der Selbstversorgung und Selbstheilung genommen (z. B. Aufsuchen von Mineralsalzlecken, Aufnahme von Heilpflanzen, Nagen an Wurzelgeflechten und Rinden zur natürlichen Bakterienbekämpfung, Aufnahme von Wurmfarnen und Knollengewächsen zur natürlichen Wurmbekämpfung).

Sozusagen als Ausgleich müssen die Stallpferde fressen, was sie vorgesetzt bekommen – nicht was ihr Körper braucht. Als Würze bekommen sie ein massives Wurmlarvenangebot.

Atmen müssen sie statt Sauerstoff: Kohlendioxid (die verbrauchte Luft), Ammoniak (reizt erheblich die Schleimhäute) und das Fäulnisprodukt Schwefelwasserstoff (schränkt durch Senkung des Hämoglobingehaltes die Sauerstoffkapazität des Blutes stark ein).

Das Fernwanderwild Pferd hat zudem seinen Kreislauf und Stoffwechsel in Jahrmillionen auf ständige, langsame Fortbewegung (Weiden, Aufsuchen von Wasserstellen, Suche nach neuen Futtergebieten) optimal eingestellt. Dies gilt schon für die verhältnismäßig ruhigen Pferdetypen I und II, vermehrt noch für die den Trockengebieten entstammenden Typen III und IV (s. Abstammung). In Trockengebieten wild lebende Herden legen noch heute gewaltige Strecken täglich – zum Teil über 100 Kilometer – zurück, wenn sie zwischen Wasserlöchern und spärlichen Weideplätzen hin- und herpendeln.

Entzug der artgerechten Bewegung führt zu schweren Stoffwechselschäden mit Auswirkungen auf alle Bereiche der Gesundheit.

Hauspferde könnten sich problemlos selbst pflegen und gesunderhalten – wenn der Mensch sie

Wiederum sozusagen »als Ausgleich« verlangt der Mensch vom Pferd auch noch zusätzliche Leistungen – wie z. B. mit 80 kg auf dem Rücken über eine zwei Meter hohe Mauer zu springen oder eine »rasende Flucht« über drei Kilometer mit Sulky und Overcheck im Trab zu gewinnen!

Es sollte jedem Pferdehalter einleuchten, daß er nicht laufend die Gesundheit seines Fohlens unterminieren und dann von ihm ein langes, erfolgreiches Leben erwarten kann!

Das Spitzensport- oder Rennpferd wird ohnehin den Großteil seines aktiven Lebens in der Box verbringen müssen. (Aber gerade erfolgreiche Rennpferde erhalten optimalste Betreuung und Fütterung, gerade sie werden bei »Unpäßlichkeiten« für Monate zur Erholung auf die Weide geschickt und schonend aufgebaut und schonend eingesetzt!)

Um so wichtiger aber ist eine optimale Aufzucht. Auch für »gewöhnliche« Reit-, Freizeit-, Zucht- oder Arbeitspferde ist

nicht einsperren würde! Bei artgerechter Aufzucht tun die Pferde das, was ihr Körper braucht.

eine optimale Aufzucht und weitere Haltung nicht etwa nur aus tierschützerischen Gründen zu fordern, sondern auch aus finanzieller Sicht (keine Krankheitskosten und Ausfallzeiten, lange Gebrauchsdauer, hohe Leistung!) das einzig Wahre.

Richten wir uns bei Aufzucht und Haltung möglichst nahe an die Bedingungen, unter denen das Pferd in Jahrmillionen selektiert wurde, so hat das Pferd gute Chancen, gesund alt zu werden.

Zusätzlich sind die zwangsläufig trotzdem entstehenden Mängel vorbeugend abzudecken (Wurmmittel, Hufpflege, Mineralfutter), und eine stetige genaue Beobachtung der Tiere ist angebracht. Das Auge des Herrn erspart hier oft den Tierarzt! Gedankenlosigkeit, Interesselosigkeit und Bequemlichkeit richten in der Tierhaltung mindestens genauso viel Schaden an wie mangelndes Fachwissen. Kritiklose Tierliebe, die sich in ständiger Überfütterung äußert (weil es ständig bettelt), ist natürlich auch verkehrt!

Vorbeugende Maßnahmen zur Erhaltung der Gesundheit des Pferdes

Haltung, möglichst nahe angelehnt an die Verhältnisse beim Wildpferd
Ständige Bewegungsmöglichkeit.
Frische Luft (keine verbrauchte – Kohlendioxid – oder geschwängertes Ammoniak oder Schwefelwasserstoff –).
Tageslicht (möglichst nicht gefiltert von Glas, das die keimtötenden UV-Strahlen abhält!).
Gesunder, großer, genügend heller, zugfreier und trockener Stall (keine »Betonsärge«). Während der Stallhaltungszeit dauerndes Training des Thermoregulationsvermögens durch ständige, kleine Temperaturschwankungen, möglichst im Rhythmus der Außentemperaturen (kältere Nacht).
Gesunde, große, möglichst wurmlarvenfreie und nicht zu üppige Weiden.
Last but not least – möglichst ständiger Sozialkontakt zu anderen Pferden! Oder glauben Sie im Ernst, daß das Einzelfohlen, das da wie eine Trauerweide im Auslauf rumsteht, auch nur körperlich topfit ist? Von seelischer und charakterlicher Gesundheit gar nicht zu sprechen!

Fütterung, möglichst nahe angelehnt an die Verhältnisse beim Wildpferd
Futter von einwandfreier Qualität, das alle Bedürfnisse abdeckt und aufgeteilt auf möglichst viele Freßzeiten angeboten wird.
Sauberes Wasser zur freien Aufnahme – oder mehrmaliges tägliches Anbieten mit dem Eimer.
Täglicher Ausgleich des Defizits an Mineralien und Spurenelementen (das Fohlen wächst ja auch täglich!).
Während des Winters sinkende Vitamingehalte des Heus (Carotin, Vitamin D) durch vitaminreiche Futtermittel (Karotten, Luzernecobs) oder vitaminisierte Mineralfutter ausgleichen.

Zu Streßzeiten/Infektionszeiten Vitaminstoß geben.
In Steh- oder Krankenzeiten Kraftfutterentzug, mager füttern!
Im vorherigen Punkt sowie bei allen »trockenen« Rationen dürfen diätische Futtermittel in der Ration nicht fehlen (Rüben, Leinsamen, Hefe, Obstessig o. ä.).
Näheres über Fütterung siehe Kapitel »Fütterung«

Vorbeugende, regelmäßige Hufpflege
Das Pferd hat in »Gefangenschaft«, zumal in Stallhaft, zu wenig regelmäßige Bewegung. Dies führt zu Minderdurchblutung des Hufs sowie zu unzureichendem Abrieb. Auch die feuchtigkeitsspendende Wirkung des taunassen Grases fehlt während der Stallzeit. Dafür zersetzen Fäulnisprodukte, die in unsauberer Einstreu entstehen, Hufhorn und Strahl. Der gelegentlich benutzte Hufkratzer stößt den Dreck meist nur tiefer in die Strahlfurchen. Sauberhaltung der Hufe mit Wasser und Bürste sowie anschließendes Fetten mit gutem Huffett, wobei der Kronrand nicht vergessen werden soll, ist die beste Methode. Bitte nie auf trockenes Horn fetten, sonst trocknet der Huf aus! Diese Pflege und viel Bewegung erhalten auch beim Stallpferd die Hufe gesund.
Das Fohlen kommt mit weichem Zottenhorn – zum Schutze der Geburtswege seiner Mutter – an den Hufen auf die Welt. Dies läuft sich von selbst ab.
War die Lage des Fohlens im Mutterleib sehr beengt, was vor allem bei sehr großen Fohlen aus sehr »straffen« Müttern der Fall ist, so zeigt es meist Stellungsanomalien, es ist sozusagen »verlegen«. Erhält das Fohlen nach der Geburt täglich ausreichend Bewegung, sind diese Anomalien nach etwa vier Wochen verschwunden. Ist dies nicht der Fall, soll das Fohlen einem guten – möglichst auf Fohlen spezialisierten – Hufschmied vorgeführt werden.
Als Beispiel sei der starke Bockhuf genannt. Bei dieser Fehlstellung sind die Trachten des Hufes oft genauso hoch wie die Zehenwand. Ein nahezu quadratischer Huf ist entstanden. Die Fessel ist zur Kompensation durchtrittig, wobei die Bänder sehr stark gedehnt werden. Der Schmied wird auf die Zehe ein leichtes Halbmondeisen aufbringen (evtl. kleben) und vorsichtig ein wenig Trachtenhorn wegnehmen. Durch den Abrieb bei der täglichen (reichlichen) Bewegung bringt sich nun der Huf selbst in Form.
Weicher Boden korrigiert übrigens die zu kurze Zehe, harter Boden die zu lange Zehe in gewissen Grenzen selbst.
Größere Fehlstellungen lassen sich beim Fohlen noch bessern. Beim ausgewachsenen Pferd sollte man die Hände vom »Korrigieren« lassen und den Huf passend zum Fesselstand ausschneiden.
Beim einigermaßen normalgestellten Fohlen soll der Huf in Ruhe gelassen

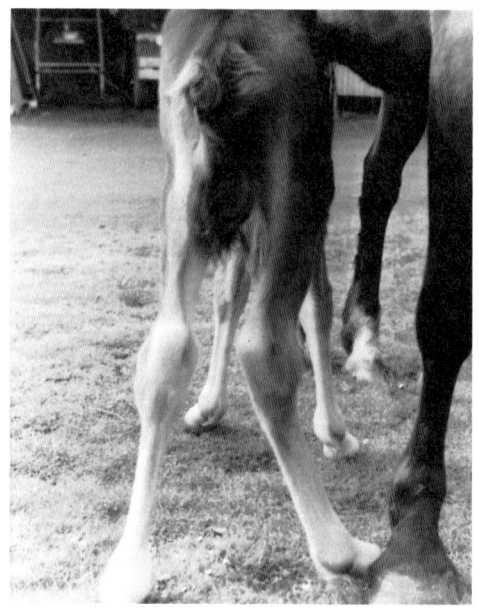

Die Fehlstellung dieses 2 Tage alten Fohlens behob sich durch viel Bewegung fast vollständig.

werden, bis der »Neugeborenenhuf« (helleres Horn, weichere Konsistenz) ganz herausgewachsen ist (dauert ca. vier bis sechs Monate). Muß in dieser Zeit an den Hufen herumgeschnitten werden, muß die Sohle streng in Ruhe gelassen werden – sonst riskieren Sie bei dem recht unstabilen Fohlenhuf einen Trachtenzwang. Ist das Fohlen ein halbes Jahr alt, sollen mit dem Schmied regelmäßige Termine ausgemacht werden. Bildet sich durch zu wenig Bewegung zwischen den Schmiedeterminen viel überschüssiges Horn, so sollten Sie es mit einer Raspel (es gibt auch Einhandraspeln) einmal pro Woche wegnehmen. Noch ein Wort zum Thema »Hufschmied«: Ein Schmied, der nur an beschlagene Pferde gewöhnt ist, nimmt gewöhnlich zuviel Sohlenhorn und zuviel vom Strahl weg, was zu Instabilität im Huf führt. Sohle und Strahl sind »Reifen und Stoßdämpfer« des barfußgehenden Pferdes – alles gesunde Material bleibt dran! Das erste Ausschneiden durch den Hufschmied sollte möglichst in der dem Fohlen vertrauten Umgebung stattfinden. Am besten wird die Mutter daneben angebunden. Bei bereits abgesetzten Fohlen sowie Jungpferden empfiehlt es sich, die Tiere zu zweit an einen vertrauten Platz zu bringen und dort auszuschneiden. Fohlen, die das Anbinden noch nicht bestens gewöhnt sind, müssen frei stehen. Der Helfer am Kopf ist für sie obligatorisch, für alle anderen jungen oder nervösen Tiere sehr hilfreich (gutes Zureden). Die Kette der Führleine im Maul beruhigt nervöse Tiere, sie können darauf herumbeißen und sich so abreagieren. Paraden werden jedoch nur auf das Stallhalfter gegeben. Und dann heißt die Devise – nur immer hübsch langsam mit den jungen Pferden! Ruhe ist das beste Beruhigungsmittel – und aufgeregt sind die meisten Fohlen, wenn plötzlich »fremde Leute« etwas von ihnen wollen.

Wurmbekämpfung

Die Wurmkur

Hier stehen im Vordergrund die sogenannten Wurmkuren, mit denen geschlechtsreife Rundwürmer im Pferdekörper entweder vergiftet oder ausgehungert werden. Larvenstadien werden nicht oder nur unvollkommen bekämpft. Gelegentlichen Veröffentlichungen in Pferdezeitschriften, die auf Untersuchungen unabhängiger Institute beruhen, können Sie entnehmen, welchen Wirkungsgrad auf die einzelnen Wurmarten die verschiedenen Wirkstoffe haben. Abtötungsraten von 50% gelten als mäßig, erlauben dem Hersteller aber immer noch, die entsprechende Wurmart im Beipack seines Wurmmittels aufzuführen. Abtötungsraten von 80 bis 90% gelten als sehr gut.
Erscheint Ihnen der Erfolg der durchgeführten Wurmkuren als mäßig, so empfiehlt es sich, Kotproben zur Untersuchung an ein entsprechendes Institut (z. B. Tiergesundheitsdienst) einzusenden. Die Untersuchung ist in den meisten Bundesländern kostenlos und gibt Ihnen Gewißheit.

Sichtbarer Erfolg

Gerade bei Fohlen läßt sich der gute Erfolg (sowie die Stärke des Befalls) an Wachstumsrhythmus und Temperament erkennen.
Bei den empfohlenen Entwurmungen alle sechs Wochen kommt das Wachstum der Fohlen bei starkem Befall in den letzten beiden Wochen nahezu zum Stillstand – die Fohlen zeigen auch sehr wenig Spielfreude und Temperament. Wenige Tage nach der Entwurmung wachen die Fohlen regelrecht auf. Bereits etwa eine Woche nach der Wurmkur ist der Nachwuchs sichtbar und meßbar in stürmischer Entwicklung – Größenwachstum, Gewichtszunahme – begriffen.

Werden Wurmkuren zu lange hinausgezögert, leiden die Fohlen unter Mangelerscheinungen (Blutarmut usw.) und sind reizbar, nervös und ängstlich – mit auch eine Folge der giftigen Stoffwechselprodukte der Parasiten. Extrem verwurmte Fohlen zeigen mattes Haarkleid, Magerkeit, aufgetriebene »Wurmbäuche«, Teilnahmslosigkeit sowie »unerklärliche« Bewegungsstörungen wie Schwanken in der Hinterhand, intermittierendes (anfallsweise auftretendes) Hinken, wenn Blutgefäße verstopft sind.

Seltenere Endoparasiten

Gelegentlich vorkommende Bandwürmer sowie Leberegel werden von den gebräuchlichen Präparaten nicht erfaßt. Auf Leberegelverdacht (Überschwemmungswiesen) ist bei Einsendung der Kotproben hinzuweisen.

Spezialpräparate nach Kotprobenresultat vorsichtig anwenden, da sie nicht unbedingt harmlos sind. Gleichfalls nicht ganz bedenkenlos (evtl. in zwei getrennten Gaben morgens und abends zu verabreichen) sind Präparate, die gegen die Larve der Pferdedasselfliege (Gastrophilus) wirken. Nur wenn man beobachtet hat, daß die gelben Eier der Pferdedasselfliege an den Vorderröhren der Pferde (zumeist im August) abgelegt wurden, ist eine Behandlung ab Anfang Dezember mit einem Kombinationspräparat (gegen Rundwürmer und Gastrophilus) vorzunehmen.

Verabreichung und Dosierung

Wurmmittel kann man als Paste erhalten. Diese wird auf die Zunge möglichst weit hinten im Maul gegeben. Für junge Fohlen ist dies die beste Methode zur Verabreichung.

Älteren Tieren kann man wesentlich einfacher sogenannte Fütterungswurmmittel verabreichen. Diese ähneln in Aussehen und Geschmack dem Pferdekorn und werden von fast allen Pferden problemlos aufgenommen. Vorbeugend gegen die Aufnahme von Larven des Zwergfadenwurms ist die Mutterstute ± 24 Stunden um die Geburt mit dem Wirkstoff Ivermektin zu behandeln. Unterläßt man dies, so infiziert sich das Neugeborene über die Biestmilch und muß am 5., am 12. und am 21. Lebenstag entwurmt werden. Das Präparat muß gut wirksam gegen den mit der Muttermilch aufgenommenen Zwergfadenwurm (Strongoloides westeri) sein.

Erprobte Wirkstoffe sind Cambendazol, aber auch Tiabendazol.

Die nächste Entwurmung des Fohlens wird am 35. Lebenstag vorgenommen. Da sie letztmals gegen Zwergfadenwurm, aber auch schon gegen beginnenden Spulwurmbefall wirken soll, empfiehlt sich Cambendazol. Die Dosierung ist jeweils nach Angaben des Herstellers zu bemessen. Die Wirkstoffmenge richtet sich gewöhnlich nach dem Körpergewicht. Z. B. wiegt ein fünf Tage altes Fohlen aus Rassen mit einem Endgewicht von ca. 500 kg durchschnittlich 50 kg und nimmt bei guter Entwicklung täglich ca. ein Kilogramm zu. Die benötigte Menge an Wurmmittel ist winzig und der Preisaufwand lächerlich gering (ca. 1,50 DM, 5 Wochen alt 2,50 DM).

Danach wird alle sechs Wochen ein Breitbandmittel gegen Rundwürmer eingesetzt. Bewährt haben sich vor allem die Wirkstoffe Febantel, Cambendazol und Ivermektin.

Ab dem vollendeten ersten Lebensjahr kann der Zeitraum zwischen zwei Wurmkuren auf zwei Monate verlängert werden.

Gelegentlicher Wechsel des Wirkstoffes wird empfohlen (für mindestens ½ Jahr). Unnötig scheint dies bei Ivermektin, da bei diesem Wirkstoff bisher noch keine Resistenz aufgetreten ist.

Lebenszyklus

Der Lebenszyklus der Würmer besteht aus: Abgabe von Eiern durch geschlechtsreife Tiere, Aufnahme der daraus entstandenen Larven über das Maul, Entwicklung im Wirtskörper (der dabei geschädigt wird) zum geschlechtsreifen, eierlegenden Wurm.

Dieser Zyklus muß weitgehend unterbrochen werden. Die Entwurmung schafft dies nur unvollkommen.

Das »zweite Bein«
der Wurmbekämpfung

Sozusagen als »zweites Bein« gehört die Verminderung der Zahl aufgenommener Larven zur Wurmbekämpfung.

Die Larven werden von großer Hitze, großer Kälte und großer Trockenheit getötet. Erreichen sie längere Zeit ihren Wirt nicht, müssen sie verhungern.

In frischem Mist sind übrigens keine Larven, sondern erst Eier, die das Pferd ohne jede Ansteckungsgefahr aufnehmen kann.

Erst nach fünf bis sechs Tagen haben sich ansteckende Larvenformen gebildet. Diese Larven kriechen in feuchtem Milieu (nasse Stallwände, taufeuchtes Gras) dem Wirt geradezu maulgerecht entgegen.

Ist das Maul, das sie abweidet oder ableckt, ein Nichtwirt, so haben sie Pech gehabt: Sie werden einfach verdaut.

Also: Wechselbeweidung mit einem Wiederkäuer (z. B. Schaf).

Zusätzlich: »Weite« Weideführung mit mindestens einem Silage- oder Heuschnitt jährlich sowie gelegentlich einjährige Weideruhe (Heugewinnung), um die Larven »auszuhungern«.

Auf diese, sozusagen jungfräulichen Weiden kommen dann natürlich nur frischentwurmte Pferde – am besten die Mutterstuten mit den besonders wurmanfälligen jungen Fohlen.

Zur erfolgreichen Wurmbekämpfung gehört aber auch ein trockener, sauberer Stall, aus dem der Mist regelmäßig, mindestens aber alle zwei bis drei Tage entfernt wird.

Auch in Laufställen mit Tiefstreu soll die »Mistecke« regelmäßig gemistet werden.

Das stark verwurmte Fohlen

Ein Pferd ist nie ganz frei von Würmern. (Wenn die Kotuntersuchung dies besagt, so heißt das nur »frei von geschlechtsreifen – eierlegenden – Würmern«.)

Wichtig ist, den Befall so gering wie möglich zu halten. Gerade den Fohlen fehlt noch die natürliche Abwehrkraft.

Durch starken Wurmbefall kann es zu tödlichen Embolien (»Blutwürmer«) oder tödlichen Koliken kommen. Eine starke Gesundheitsschädigung, Kümmern usw. sind immer damit verbunden.

Stark verwurmten Fohlen ist das Wurmmittel auf zwei Gaben (morgens und abends) aufgeteilt zu verabreichen. Wiederholungen in dreiwöchigem Abstand.

Impfungen

Ein sehr junges Fohlen ist noch nicht in der Lage, einen ausreichenden Impfschutz aufzubauen. Anders als bei Menschen kann man also das Neugeborene noch nicht durch Impfungen schützen.

Fohlen werden daher meist erst ab dem 5. Lebensmonat mit in das Impfprogramm der älteren Pferde einbezogen.

Als wichtigste und für alle Pferde dringend empfohlene Impfung ist die Wundstarrkrampfimpfung (Tetanus) zu nennen.

Die Grundimmunisierung wird durch zwei Impfungen im Abstand von vier Wochen erreicht. Nach zwölf Monaten folgt eine Auffrischungsimpfung. Alle zwei – bei älteren Tieren alle drei Jahre – wird diese Auffrischung wiederholt.

Außerdem wird der Tierarzt bei jeder offenen Verletzung – vor allem bei Stichverletzungen – sowie bei Kastrationen, Operationen usw. eine Auffrischung vornehmen.

Eine weitere, sehr häufig vorgenommene Impfung ist die gegen Pferdeinfluenza – den sogenannten Husten.

Diese Impfung schützt zwar nicht völlig vor der Infektion, jedoch laufen die Erkrankungen bei geimpften Tieren in wesentlich leichterer Form ab. Je nach Seuchenlage und Ansteckungsgefahr ist diese Impfung sehr zu empfehlen. Hierbei muß darauf hingewiesen werden, daß bis zum Aufbau eines vollständigen Impfschutzes immer drei bis sechs Wochen vergehen. Wollen Sie also Ihren Dreijährigen zum Anlernen in den Reitstall geben, müssen Sie rechtzeitig vorher ans Impfen denken!

Influenza- und Tetanusimpfung können kostengünstig auch kombiniert verabreicht werden.

In Tollwutgebieten empfiehlt sich noch die Tollwutschutzimpfung. Ansteckungsgefahr besteht nicht nur auf der Weide (Füchse, Marder), sondern auch im Stall (Mäuse, Ratten).

Auch gegen ganz selten auftretende Krankheiten, z. B. Borna, gibt es Impfungen. Sollte ein Fall in Ihrer unmittelbaren Umgebung auftreten, wird Ihr Tierarzt Sie sicher darauf hinweisen, sonst sind solche Impfungen eher übertriebene Vorsichtsmaßnahmen.

Impfungen müssen immer vom Tierarzt ausgeführt werden. Lassen Sie sich von ihm für jedes Pferd einen Impfpaß ausstellen, in dem jede Auffrischung wieder eingetragen werden soll.

Auf den möglichen Impfschutz gegen den Virusabort soll noch hingewiesen werden. Dieser tut seine Wirkung jedoch nur, wenn auch das geimpfte Pferd nie mit ungeimpften zusammenkommt und wird daher meist nur in exklusiven – geschlossenen – Vollblutgestüten praktiziert.

Faktorenerkrankungen

Die meisten Krankheiten – nicht nur beim Pferd – lassen sich auf mehr als eine Ursache zurückführen. Daher der Begriff »Faktorenerkrankungen«.

Ein bißchen zu wenig Auslauf hier, ein bißchen verschimmeltes Futter da, nach wie vor erscheinen Ihnen Ihre Pferde topfit. Dann wird die Wurmkur Woche für Woche hinausgezögert. Sie bemerken immer noch nichts. Dann gibt's Tauwetter, die Ausläufe sind ein einziger Matsch und Sie lassen also die Pferde drin. Nun stürmt es auch noch, also werden die Ställe zugdicht gemacht. Nun waren die Pferde eine ganze Woche eingesperrt, und die Luft im Stall ist langsam zum Schneiden. Jetzt wird's Ihnen doch ein wenig mulmig und Sie beschließen: »Morgen schmeiße ich sie alle raus, und wenn's Bindfäden regnet«. Tatsächlich regnet es und der Wind pfeift kalt. Dennoch toben die Fohlen draußen stallmutig herum, daß der Dreck nur so spritzt. Nach einer Stunde wollen sie noch gar nicht rein. Nach einer weiteren Stunde probieren Sie es wieder – und tatsächlich stehen zwei Fohlen ohne zu spielen herum und gefallen Ihnen nicht so recht. In den nächsten Tagen »rotzen« diese beiden ein wenig. Die beiden haben sich erkältet, denken Sie und streichen für die nächste Woche wieder jeglichen Auslauf. Nun wächst schon ein wenig Gras. Sie stellen die Fohlen auf Grünfutter um und entwurmen sie nun endlich, damit die Sommerweide nicht mit Wurmeiern verseucht wird. Zwar rotzen die beiden Fohlen immer noch ein wenig, aber das Wetter ist gut, also werden alle Tiere auf die Sommerweide gebracht.

Zwei Tage darauf schlägt das Wetter um – Dauerregen, eiskalt, unter 10° Lufttemperatur. Irgendwie gefällt Ihnen die Art nicht, wie die Fohlen mit gekrümmten Rücken dastehen. Sie gehen auf die

Weide, um die Fohlen näher zu betrachten. Mein Gott – die zwei haben ja Drusebeulen! Und aus den Nasen rinnt ganz dick Eiter! Auch die anderen gucken nicht gerade so, als wollten sie Bäume ausreißen.

Sie holen alle wieder in den Stall und dazu den Tierarzt.

Zu diesem sagen Sie dann: Dieses Sauwetter, da mußten die Fohlen sich ja erkälten!

Nach wenigen Tagen haben alle Fohlen die Druse.

Dies war eine lange Geschichte. Und es wird auch eine lange und teure Krankheit sein.

Sie haben auch recht, daß die Fohlen krank werden mußten – aber erkältet haben die Fohlen sich nicht! Das Pferd kann sich nämlich nicht erkälten. Wohl aber kann es die »sogenannten Erkältungskrankheiten« bekommen, wenn seine Abwehrkräfte vorher lahmgelegt worden sind und die entsprechenden Bakterien en masse herumschwirren.

Was war nun wirklich geschehen?

Gehen wir chronologisch vor: Ein bißchen wenig Auslauf, ein bißchen verschimmeltes Heu. – Hier haben Sie schon Glück, daß keine Koliken aufgetreten sind. Die Wurmkuren werden hinausgezögert. Die Würmer fühlen sich wohl, wachsen und gedeihen (z. B. wächst der Spulwurm in diesen drei Wochen von fünf auf 20 Zentimeter Länge). Zum »Mehrverbrauch« der Würmer kommt ein Mehr an giftigen Stoffwechselprodukten, das sie ausscheiden und mit dem die Fohlen belastet werden. Die Fohlen sind nun schon ziemlich »blutarm« und leiden unter Magen- und Darmentzündungen. (Würmer, aber auch Schimmelpilze.) Nun kommen die Fohlen eine Woche nicht hinaus, und das Stallklima wird schlechter: Die Fohlen haben gereizte Schleimhäute durch Ammoniak, haben Sauerstoffmangel (Blutarmut, Luft), Vitamin- und Spurenelementsmängel (Würmer, fehlendes Sonnenlicht, Futterqualität). Wieder haben Sie Glück, daß die Darmträgheit (Stehzeit) im Verein mit den Magen- und Darmentzündungen und dem »Wurmchaos« nicht zu Koliken geführt hat.

Doch etwas ist geschehen: Zwei der Fohlen haben noch einige Bakterien von der letzten, lange zurückliegende Druse im Stall aufgestöbert. Auf den bereits gereizten Schleimhäuten (Ammoniak) gehen sie prompt an, und die zwei Fohlen sind gerade dabei, sich gegen Druse zu immunisieren.

Nun kommen die Fohlen nach einer Woche Stehzeit erstmals wieder auf die Koppel und toben dort natürlich, bis sie naßgeschwitzt sind. Die beiden infizierten Fohlen verlieren eher als die anderen die Spiellust und stehen eine Stunde im matschigen Auslauf, Wind und Regen ausgesetzt. Sie fangen an zu frieren. Die Bakterien wittern Morgenluft! Und die zwei Fohlen scheiden die sich vermehrenden Bakterien aus. Wieder eine Woche Stehzeit. Dann Grünfutter. Eigentlich gut – aber Streß. Endlich die Wurmkur. Auch Streß!

Alle Fohlen sind nun voll im Kampf gegen die Drusebakterien, zwei Fohlen stehen kurz vor Ausbruch der Erkrankung.

Nun kommen die Fohlen auf die Sommerweide. Der Wetterumschwung bringt das Faß zum Überlaufen.

Nun, ich finde, der Mann hat noch Glück gehabt – empfindlichere Tiere wären schon seit vier Wochen aus dem Kranksein nicht mehr herausgekommen! Andererseits hat er natürlich auch Pech gehabt: Bei anhaltend gutem Wetter wären nur die ersten beiden Fohlen erkrankt. Die übrigen, nun von der Wurmbürde befreit, hätten auf der Weide schnell ihre Gesundheit wiedererlangt und es wäre zu dem Idealfall der »stillen Feiung« gekommen.

Dieses Beispiel zeigt uns, daß das Pferd ein kerngesundes Lebewesen ist – oder eigentlich wäre, wenn wir es ließen – denn wie viele Faktoren waren nötig bis zum Zusammenbruch des Immunsystems!

Die zwei Schwachstellen des Pferdes

Doch hat das Pferd zwei »Schwachstellen«, wo es empfindlich ist, wo nur wenige Faktoren oder die Wiederholungen eines Faktors sich zur Katastrophe aufsummieren können.

Die eine Schwachstelle sind seine Lungen. Das Pferd ist ein Lauftier, das einen hohen Anspruch an die Luftqualität stellt. Seine Lungen sind sozusagen hochspezialisiert und entsprechend empfindlich. Zu den sonstigen Schadstoffen kommt noch die hohe Luftfeuchtigkeit in gemauerten oder gar betonierten Ställen. Kommt noch als Vorschädigung eine Virusgrippe hinzu, so wird das Pferd unweigerlich dämpfig. (Dasselbe dämpfige Pferd kann, wenn es dann in einen Offenstall umgestellt wird, noch nahezu beschwerdefrei uralt werden!)

Die zweite Schwachstelle ist die absolute Abhängigkeit des Pferdes von ständiger, langsamer Bewegung zur Aufrechterhaltung eines normalen Stoffwechsels. Diese Schwachstelle (oder vielleicht doch der Mensch, der nicht genug Rücksicht darauf nimmt?) ist schuld am Großteil der Pferdelebens-Versicherungsfälle: Durchschnittliche Lebenserwartungsrate – 9 Jahre ... Hauptgrund des Ausscheidens: chronische Lahmheit.

Bei »Stallmastpferden« hält das Pferdebein gerade solange das Pferd nicht gearbeitet wird. Will man das verpäppelte Prachtkind dann reiten, folgt meist ein Wehwehchen dem anderen. Zusätzliche unerfreuliche Begleiterscheinung der fehlenden langsamen Bewegung: ständige Koliken.

Kinderkrankheiten

Lähme – Frühlähme, Spätlähme, Nabellähme

Bedeutung

Die Lähme hat ihre frühere schwere wirtschaftliche Bedeutung durch das moderne Zuchthygieneprogramm sowie durch wesentlich verbesserte Behandlungsmöglichkeiten und bessere Haltungsbedingungen verloren. Aus Erzählungen älterer Züchter ist zu entnehmen, daß in vielen Betrieben früher nahezu regelmäßig die Fohlen verendeten. Heutzutage verzichtet man dagegen auf die lange Zeit übliche, jedoch wenig erfolgversprechende Impfung der trächtigen Stuten sowie guten Gewissens sogar darauf, gesund erscheinenden Fohlen vorsorglich Gammaglobuline und Antibiotika spritzen zu lassen.

In der Häufigkeit des Vorkommens steht immer noch – trotz Tupferprobe und Stutenpaß – die Frühlähme an erster Stelle. Weit weniger häufig tritt die Nabellähme und selten die Spätlähme auf.

Dies ist sowohl der sauberen Haltung und Nabeldesinfektion zuzuschreiben, wie dem Umstand, daß doch überwiegend die Stuten in Boxen abfohlen dürfen. Dadurch kann das Fohlen sich voll mit Biestmilch – der mit den wichtigen Abwehrstoffen und hochkonzentrierten Vitaminen versehenen ersten Milch – bedienen. Der Züchter, der seine Stute aus Dummheit, Bequemlichkeit oder Tradition angebunden im engen Stand abfohlen läßt und etwa gar das Fohlen gleich nach der Geburt auch anbindet, ist Gott sei Dank selten geworden. Wurde die Geburt übersehen, war das Fohlen am Morgen üblicherweise bereits verendet, da es ohne erste Nahrungsaufnahme meist nur etwa sechs Stunden leben kann. Wurde es noch lebend gefunden, war die Keimbesiedelung bereits so weit fortgeschritten, daß Spätlähme unausweichlich war.

Ursache und Vorbeugung

Bei *Frühlähme* wird das Fohlen bereits in der Gebärmutter infiziert. Eihäute und Fruchtwasser sind ebenfalls verseucht, häufig kommt es zu Nachgeburtsverhalten (verzögerter oder Nichtabgang der Nachgeburt kann jedoch auch andere Ursachen haben). Da jetzt für die meisten Pferderassen in der Bundesrepublik Deutschland die Tupferprobe – zumindest bei Gältstuten und Schwergeburten – vor der Belegung vorgeschrieben ist, wird ein Großteil der chronisch erkrankten Stuten entdeckt und behandelt. Dadurch wird die Verschleppung der Keime bei der Belegung weitgehend unterbunden, womit die wichtigste Ansteckungsquelle entfällt.

Die *Nabellähme* und die *Spätlähme* haben ihre Ursache im Eindringen von Keimen über die Nabelwunde in den Nabelstumpf (von dort aus gerne in Richtung Leber vordringend und Leberabszesse verursachend). Ebenso können auch die über die Schleimhäute (Maul, Nüstern) eingedrungenen Keime Spätlähme verursachen.

Um ein massives Eindringen von Keimen in das völlig ohne eigene Abwehrkräfte geborene Fohlen zu verhindern, trachtet man danach, den Nabelstumpf baldmöglichst zum Abtrocknen zu bringen, da der nasse Nabelstumpf einen idealen Nährboden und geradezu eine »Autobahneinfahrt« mit direktem Zugang zu den wichtigsten Organen der Bauchhöhle darstellt.

Der Nabel soll aus diesem Grund auch nicht abgebunden werden, da unter der Abbindung das Gewebe feucht bleibt und u. U. sogar nekrotisch wird. Sollte die Nabelschnur einmal beim Aufstehen der Mutterstute nicht reißen – wir haben dies jedoch bei ca. 100 Fohlengeburten in unserem Stall noch nicht erlebt – so wird empfohlen, die Nabelschnur dicht an der Bauchwand des Fohlens gut festzuhalten und mit der anderen Hand die Nabelschnur unter leichtem Zug abzudrehen, bis sie an der Sollbruchstelle (wenige Zentimeter von der Bauchwand entfernt) reißt. Der Nabelstumpf wird am besten mit Jodtinktur = umgangssprachlich Jod, das eine stark trocknende und zusammenziehende Wirkung hat, desinfiziert. Die Jodtinktur wird dazu in ein Schnapsglas o. ä. gefüllt und dieses über den Nabelstumpf gestülpt und kräftig geschwenkt (dies kann auch beim noch liegenden Fohlen ohne Schwierigkeit durchgeführt werden). Unmittelbar nach Reißen der Nabelschnur und noch ein- bis zweimal im Lauf der ersten 24 Stunden behandelt, trocknet der Nabelstumpf sauber und fällt nach ein bis zwei Monaten ab.

Mit dieser Vorsorge kann jedoch nur ein massives Eindringen der Keime verhindert werden. Über die Schleimhäute nimmt das Fohlen sofort nach der Geburt ja ebenfalls unweigerlich Keime auf. Pferde werden – wie schon erwähnt – völlig ohne Abwehrkräfte geboren. Ihren Immunschutz erhalten sie über die aus diesem Grund so überaus wichtige Biestmilch, auch Kolostrum genannt, die die gleichen Antikörper wie der mütterliche Organismus enthält.

Damit das Fohlen einen vollen Schutz gegen alle Keime seiner Umwelt erhalten kann, sollte sich die Mutterstute bereits ca. vier Wochen vor der Geburt in dem Keimmilieu ihres Abfohlortes (Herde, Stall) befinden. Ähnlich wie beim Impfen hat sich ein voller Schutz gegen die Keime durch die Ausbildung von Antikörpern erst nach drei bis vier Wochen eingestellt.

Als allerwichtigsten Schutz gegen die eingedrungenen Keime soll das Fohlen nun so bald wie möglich diese Biestmilch zu sich nehmen – und zwar so viel und so oft wie nur möglich! Die Darmwände des Fohlens verlieren schnell ihre Durchlässigkeit für die Antikörper und die frischgebildete Muttermilch »verdünnt« laufend Gehalt und Wert des Kolostrums. Ein gesundes Fohlen steht nach 20 bis 30 Minuten und saugt nach ca. 30 Minuten bis einer Stunde. Schwierigkeiten, das Euter zu finden, haben meist in Relation zur Mutter überdurchschnittlich große Fohlen, die es gerne eine Etage zu hoch probieren bzw. das Gleichgewicht verlieren, wenn sie unter dem Bauch suchen.

Hat das Fohlen nach ca. einer Stunde noch nicht getrunken, so helfen Sie ihm. Aber schieben Sie bitte nicht das Fohlen zum Euter oder drücken ihm gar den Kopf nach unten – dies ruft nur Abwehrreaktionen hervor. Am besten melken Sie die Mutterstute erst an und bestreichen die Zitzen mit Milch. Den Mittelfinger Ihrer Hand bestreichen Sie nun ebenfalls mit Milch, nehmen den Unterkiefer des Fohlens in die hohle Hand und locken das Fohlen mit dem milchbestrichenen Finger zur Zitze. Wenn die mit Tasthaaren besetzte Unterlippe des Fohlens dann die Zitze erreicht, steigt es ganz bestimmt um!

Handelt es sich um ein lebensschwaches Fohlen, das schon beim Aufstehen ernste Probleme zeigt, so melken Sie die Biestmilch in ein Babyfläschchen mit Sauger und füttern das Fohlen so. (Aufnahmemenge so hoch wie möglich!) Mit Hilfe des Saugers können Sie das kräftiger gewordene Fohlen dann später leicht zur Zitze locken.

Hat die Mutter keine eigene Biestmilch (Jungstute, schlechter Körperzustand, Hormonstörung), so füttern Sie bevorzugt eine Biestmilch vom ersten Gemelk aus Ihrem eigenen Tierbestand (auch von Kuh, Schaf oder Ziege möglich, aber dann etwas mit Wasser oder Kamillentee verdünnt und mit Traubenzucker o. ä. etwas gesüßt), die am besten vorsorglich in der Tiefkühltruhe bereitgehalten wird. Eine Gesamtmenge von zwei Litern sollte nicht unterschritten werden. Haben Sie keine aus dem eigenen Bestand, so besorgen Sie sich sofort aus einem Bauernhof frische oder auch eingefrorene Biestmilch vom ersten Gemelk. Da in diesem Bauernhof sicher ein anderes Keimmilieu herrscht als in Ihrem Stall, lassen Sie vom Tierarzt zusätzlich baldmöglichst Gammaglobuline = Abwehrstoffe injizieren. Der Tierarzt wird der Mutterstute auch ein Hormonpräparat spritzen, das die Milchbildung möglicherweise doch noch in Gang setzt. Bis zum Einsetzen der Milch füttern Sie das Fohlen ca. alle halbe Stunde mit mindestens 250 ml = eine Babyflasche Biestmilch. Zudem massieren Sie das Euter der Stute, um die Milchbildung anzuregen. Viele Stuten sind bösartig zum Fohlen, wenn die Milchbildung gestört ist. In diesem Fall sollten Sie die Stute anbinden – und zwar hoch und möglichst kurz – aber auf keinen Fall das Fohlen aus der Box entfernen, da sich die Stute durch die Trennung noch schlechter an das Fohlen gewöhnt.

Sollte die Stute infolge der Geburt verendet sein, so melken Sie jeden Tropfen Biestmilch aus dem Euter und füttern das Fohlen! Biestmilch kann im übrigen auch kalt gefüttert werden – beim Erwärmen bzw. Auftauen ist jedoch größte Vorsicht geboten (Wasserbad oder Mikrowelle), da sie sehr leicht stockt.

Während die Biestmilch auch durch eine sofortige Gammaglobulingabe durch den Tierarzt nicht voll ersetzt werden kann und man allerhöchstens darauf verzichtet, wenn die Milch bei der Mutterstute nach spätestens drei Stunden eingesetzt hat und so doch noch eine geringe Menge Abwehrstoffe für das Fohlen bringt (Notüberbrückung: gesüßter Kamillentee, um die Sauglust beim Fohlen zu erhalten), gibt es bei der Nabeldesinfektion Alternativen. Die Jodtinktur kann auch gut durch Blauspray ersetzt werden. Damit sollte man den Nabelstumpf aber wirklich von allen Seiten gut besprühen. Wenn die Geburt auf einer sauberen, von der Sonne desinfizierten Koppel geschieht, kann man auf eine Nabelbehandlung sogar ganz verzichten – gute Biestmilchaufnahme immer vorausgesetzt. Das Fohlen sollte dann jedoch erst nach völliger Abtrocknung des Nabelstumpfs in den sicher wesentlich keimhaltigeren Stall gebracht werden und überdies, solange der Nabelstumpf noch feucht ist, mehrmals auf eine mögliche Aasfliegen-Eiablage kontrolliert werden (besonders bei schwülwarmem Wetter).

Ein Tip noch, wie man Jodtinktur billig erhalten kann: Bestellen Sie bei Ihrem Apotheker »Jodtinktur zum Gebrauch für Tiere«. Er mischt Ihnen sicher gern die Jodkristalle mit Isopropyl oder einem sonstigen nicht steuerpflichtigen Alkohol etwa zum halben Preis.

Erkennen und Behandeln

Frühlähme

Das Neugeborene wird – ganz besonders, wenn im Stall bzw. von derselben Mutter bereits Lähmefohlen geboren wurden – genauestens beobachtet. Ein Frieren und langsames Abtrocknen des Fohlens, größere Schwierigkeiten beim Aufstehen und wenig Sauglust sind erste Alarmzeichen.

Ein gesundes Fohlen streckt bereits im Liegen die tütenförmig zusammengerollte »Saugzunge« hervor und schmatzt dabei in Erwartung der kommenden Genüsse. Neugierig und tatkräftig sucht es auch weiterhin ohne größere Unterbrechungen nach der Milchquelle. Steht die Mutter spät auf, wiehert das Fohlen normalerweise nach spätestens zehn Minuten, um Kontakt zu erhalten und gelangt von selbst aus dem Mutterleib, in dem seine Hinterbeine nach der Geburt noch stecken. Lassen Sie übrigens die beiden ungestört liegen – in dieser Zeit fließen noch etwa zwei Liter Blut aus der Placenta in das Fohlen. Dieses Blut geht verloren, wenn die Stute aufgescheucht wird.

Verhält sich das Fohlen weniger lebhaft, so beobachten Sie genauestens die Sprunggelenke, an denen sich diese allgemeine Infektion zuerst zeigt, sowie die Ellenbogengelenke. Ist das Gelenk von Keimen befallen, so wird die Haut erst auffallend locker, dann sammelt sich zunehmend unter ihr Flüssigkeit an, wobei sich durch die vergrößerte Oberfläche die Haare etwas stellen. Sie kennen sicher einige Pferde mit Gallen oder Piephacken. Genauso oder noch schlimmer sähe ohne Behandlung das Sprunggelenk nach wenigen Stunden aus. Gelegentlich bilden sich auch am Ellenbogen Säcke in Faustgröße innerhalb weniger Stunden aus. Rufen Sie jedoch schon bei den ersten Anzeichen umgehend den Tierarzt, der dem Fohlen dann Antibiotika injiziert und dies am nächsten Tag nochmal wiederholt. Bei ausreichender Biestmilchaufnahme (sonst zusätzlich Gammaglobuline geben lassen) sollte das Fohlen ohne Spätfolgen komplikationslos gesunden.

Spätlähme

zeigt ebenfalls das Bild einer allgemeinen Infektion. Ausgehend von nach dem Eindringen bei der Geburt nicht ausgeheilten, sondern nur abgekapselten Infektionsherden, vermehren sich die Keime wiederum zuerst in den schlecht durchbluteten Gelenken und Sehnenscheiden.

In diesem Fall zeigen auch gern die Fesselgelenke erste Krankheitszeichen.

Die infizierten Gelenke schmerzen stark, daher ist meist ein Lahmgehen das erste auffällige Symptom. Von dieser Lahmheit hat die Krankheit ihren Namen.

Die Spätlähme tritt meist im Alter von ein bis drei Monaten auf. In diesem Alter läßt die Wirkung der mit der Biestmilch aufgenommenen Antikörper nach, und die körpereigenen Abwehrkräfte sind noch nicht voll ausgebildet. In diesem »Abwehrkräfte-Loch« können sich die abgekapselten Keime wieder vermehren und den ganzen Körper besiedeln.

Der herbeigerufene Arzt wird jedes lahmgehende Fohlen unter diesem Aspekt auch auf Spätlähme untersuchen. Die Spätlähme erfordert zur restlosen Ausheilung besonders der befallenen Gelenke meist eine länger andauernde Antibiotikabehandlung. Es gibt jedoch genügend Präparate mit Langzeitwirkung sowie Mehrkomponenten-Injektionslösungen mit besonders bei Gelenkentzündungen hochwirksamen Anteilen, so daß allzu häufiges »Spritzen« meist vermieden werden kann. Eine einmal begonnene Behandlung sollte aber auf keinen Fall aus Mitleid mit dem Fohlen abgebrochen werden, da sonst Spätschäden sowie Wiederabkapseln der Keime, u. a. Abszesse in Leber, Lunge usw. drohen, die bei jeder Schwächung der Abwehrkräfte die Infektion wieder aufleben lassen können.

Nabellähme

ist eine Unterart der Spätlähme, da die Infektion erst nach der Geburt erfolgt. Sie ist leichter zu behandeln als die Gelenkspätlähme, da die Infektion noch nicht auf den ganzen Körper übergegriffen hat und der Bauchbereich wesentlich stärker durchblutet ist, wodurch die Medikamente und Antikörper reichlicher an den Infektionsherd gelangen; zwei bis drei Injektionen Antibiotika sollten zur vollen Abheilung genügen.

Fohlen, die spät zu saugen begonnen haben, sind besonders gründlich in den ersten Tagen nach der Geburt sowie im Alter von vier bis acht Wochen mehrmals die Woche zu kontrollieren. Der infizierte Nabelstumpf oder die Narbe des bereits abgefallenen Nabelstumpfs schwillt an, schmerzt und sondert meist Sekret ab. Sind Sie nicht sicher, ob es sich um einen kleinen Bruch oder um Lähme handelt, so bitten Sie vorsorglich den Tierarzt, das Fohlen zu besichtigen. Am Nabel sollten Sie vor dem Tierarztbesuch im Zweifel kein Blauspray o. ä. auftragen, damit der Arzt bei seiner Untersuchung nicht unnötig behindert wird. Eine Nabellähme sollte aber trotz des meist guten Ansprechens auf die Behandlung nicht auf die leichte Schulter genommen werden, da die in der Nähe liegenden inneren Organe, besonders die Leber, stark abszeßgefährdet sind.

Druse

Bedeutung

Die Druse war in der Zeit, bevor man mit Antibiotika behandelte, die gefürchtetste und nach der Lähme verlustreichste Jungtiererkrankung.

So mancher Züchter würde heutzutage – vor die Wahl gestellt – aber lieber eine Druse im Stall haben als die Virusgrippe, da die Grippe ja nicht nur die Jungtiere, sondern praktisch den ganzen Bestand befällt. Die Erreger der Druse sind zudem Bakterien, die sehr gut durch Penicillin bekämpfbar sind, so daß auch die gefürchtete Entwicklung der Erkrankung zu einer »wandernden Druse« bei einer konsequenten tierärztlichen Behandlung kaum mehr zu Todesfällen führt. Hingegen besteht – wie auch bei den übrigen besprochenen Infektionskrankheiten – die Gefahr einer Minderung der späteren

Leistungsfähigkeit der Tiere. Verbliebene und gelegentlich streuende Abszeßherde werden sogar für Umrossen und Aborte bei Stuten, die in ihrer Fohlenzeit schweren Infekten ausgesetzt waren, mitverantwortlich gemacht.

Ursache
Ursache der Erkrankung ist eine Infektion mit Streptococcus equi, einem sehr ansteckenden, eiterbildenden Bakterium, das auch außerhalb des Tierkörpers (Einstreu usw.) sehr lange ansteckungsfähig bleibt. Die Inkubationszeit beträgt ca. 14 bis 18 Tage. Der Kontakt mit dem Streptococcus equi führt üblicherweise nur bei Jungtieren (gehäuft bei Absetzern) bis etwa zum 4. Lebensjahr zu einer sichtbaren Erkrankung. Ältere Tiere, die erstmals mit dem Keim in Kontakt kommen, zeigen gelegentlich ca. ein bis zwei Tage leichten Speichelfluß und durch leichte Schluckbeschwerden bedingt evtl. verlangsamte Aufnahme des Rauhfutters. Viele Tiere, besonders auch Saugfohlen unter vier Wochen, zeigen keinerlei Symptome. Es kommt zur sog. »stillen Feiung«, die genauso wie eine voll durchgemachte Krankheit eine lebenslange Immunität hinterläßt. Infektionsträger sind häufig Jungtiere, bei denen nach oft bereits im Vorjahr durchgemachter Erkrankung alte Abszesse wieder aufbrechen und massiv Keime verstreuen. Während der Inkubationszeit wird die Ansteckung bereits weitergegeben. Auch können verseuchte Stallungen durchaus noch ein Jahr mit ansteckungsfähigen Keimen besiedelt bleiben. Sonnenbeschienene Weiden werden hingegen schnell keimfrei. Besondere Ansteckungsgefahr besteht auf den Fohlenmärkten. Marktfohlen sollten drei Wochen sozusagen in Quarantäne gehalten werden. Bricht in dieser Zeit die Druse aus, sind die Stallungen erst nach völligem Erlöschen der Druse sowie gründlichster Desinfektion

für Pferde im gefährdeten Alter benutzungsfähig. Die Keimverschleppung ist selbstverständlich auch über Putzzeug, Halfter, Transporter, Kleidung oder den Menschen – auch den Tierarzt! – möglich.

Im übrigen ist der Erreger der Angina beim Menschen sehr nahe mit dem Streptococcus equi verwandt. Gelegentliche Übertragungen auf den Menschen und umgekehrt können nicht ausgeschlossen werden.

Selbstverständlich sollen keine Tiere im ansteckungsfähigen Alter sowie kranke oder geschwächte Pferde in Kontakt mit erkrankten oder verdächtigen Fohlen gebracht werden.

Braucht man ein Pferd zur Gesellschaft für Drusefohlen, so wähle man eines, das »durchgedrust« = ohne Antibiotikagaben von alleine die Krankheit durchgestanden hat. Dies ist mit Sicherheit lebenslang immun und nicht gefährdet.

Erkennen und Behandeln
Das erkrankte Fohlen zeigt als erstes Symptom eine oder mehrere schnellwachsende »Beulen« an den infizierten Drüsen unter dem Unterkieferast. Begleitend tritt zumeist dicker, eitriger Nasenausfluß auf. Ist das Fohlen trotzdem munter und lustig, so kann es ruhig auf der Weide bleiben. Es aus der Herde zu nehmen, um weitere Ansteckung zu verhindern, ist sinnlos. Durch die lange Inkubationszeit sind bereits alle Tiere durchseucht. Weitere Krankheitsfälle treten innerhalb weniger Tage auf. Alle im Dauerkontakt stehenden Tiere, die innerhalb dieser Frist nicht erkranken, können als immunisiert betrachtet werden.

Zur Stärkung der Abwehrkräfte kann man beim ersten Auftreten der Erkrankung allen Tieren einen Vitaminstoß verabreichen.

Die Drusebeulen stellen Abszesse dar, in denen der Streptococcus equi zunächst eine mehr örtliche Infektion verursacht. Um ein Durchbrechen nach innen zu verhindern, bestreichen wir die Beulen zweimal täglich dick mit schwarzer Zugsalbe. Bei konsequenter Behandlung fallen die Haare aus – was das Bestreichen sehr erleichtert –, und die Beulen vergrößern sich und erweichen innerhalb weniger Tage. Der Abszeß bekommt eine weiche Delle, eröffnet sich an dieser Stelle und der Eiter fließt nach außen ab (Achtung hochinfektiös).

Die Behandlung mit der Zugsalbe wird auch bei geöffnetem Abszeß fortgesetzt, bis die Wunde ausgeheilt ist.

Dies ist der Idealverlauf. Man muß keine Spätfolgen befürchten, und das Fohlen ist lebenslang gegen Druse immun.

Wird dieser Idealverlauf gestört – mancher Patient entzieht sich auch gern den »Bestreichungen« – muß mit einer Ausbreitung der Infektion gerechnet werden. Anhaltend naßkaltes Wetter schränkt die Chancen auf einen leichten Verlauf ein – die Tiere müssen teilweise oder auch ganz aufgestallt werden. Husten sowie wäßriger Nasenausfluß oder Ziehen in den Flanken sind Zeichen einer Mischinfektion. Starkes Ansteigen der Temperatur, Schwellungen anderer als der Kopfdrüsen sowie besonders Schwellungen an den Sprunggelenken (ähnlich der Lähme oder Gallen) sind Alarmzeichen, daß die Druse »wandert«.

Alle diese nicht mehr örtlich begrenzten Fälle gehören schleunigst in die Hand des Tierarztes. Auch mit den modernen Antibiotika kann sich die Behandlung lange hinziehen und eine Tortur für die Fohlen darstellen. Gutes Vertrauen zum Menschen stellt bei der Behandlung kranker Fohlen einen wichtigen Faktor dar.

Bei einer unserer Jungstuten – die allerdings im Vorfeld der Druse schon eine schwere Grippe durchgemacht hatte – bildeten sich sogar am Hals dicke Abszesse, von denen wir nicht wußten, ob die Druse oder das häufige Spritzen die Ursache waren.

Bei mit Antibiotika behandelten Drusefällen gehen die Abszesse nicht auf, sondern werden nach innen ausgetrocknet. Als Nachteil ist die unvollkommene Immunisierung sowie die Neigung zum Wiederaufleben der Erkrankung – oft noch nach einem Jahr – zu nennen.

Die Bildung von Abszessen an inneren Organen kann bei einer allgemeinen, das heißt, über den ganzen Körper verbreiteten Infektion, nie ganz zuverlässig verhindert werden. Solche Pferde sind lebenslang anfällig, zeigen verminderte Leistung, oft auch geringere Fruchtbarkeit. Ohne über die Vorgeschichte informiert zu sein, steht man meist vor einem Rätsel.

Der Katarrh der oberen Luftwege

Bedeutung

Fohlen im ersten Jahr – zumal aufgestallt – neigen wie kleine Kinder sehr zu Katarrh. Dieser Katarrh ist langandauernd (zwei bis sechs Wochen) und häufig sehr heftig, jedoch selten infektiös.

Er ist gekennzeichnet durch reichlich schleimigen Nasenausfluß. Ältere Pferde sind nicht betroffen.

Das Allgemeinbefinden der Fohlen ist meist gut, Freßlust und Spiellaune sind nicht gestört.

Gefährlich wird es, wenn die Schleimproduktion so groß wird, daß Bronchien und Lungen »voll« sind (Sauerstoffmangel, Gefahr von Lungenentzündung). Jedes erkrankte Fohlen ist ständig sorgfältig auf Ziehen in den Flanken (beginnende Lungenentzündung) zu beobachten und bei Regen in den gut belüfteten Stall zu holen. Täglicher Auslauf ist jedoch angebracht, da diese »Rotznasen« nach längerer Stehzeit durch übermäßiges Toben gerne Lungenentzündung bekommen.

Ursache

Unmittelbare Ursache sind immer geschädigte Schleimhäute. In Frage kommen Wurmlarven (z. B. Zwergfadenwurm, Ascariden), die sich durch das Lungengewebe gebohrt haben. Auch Vitamin-A-Mangel, Ammoniak und Schwefelwasserstoff (Stallmief) sowie Reaktionen auf schimmeliges Futter können den Katarrh auslösen.

Vorbeugung

Vermeidung zu großen Wurmdrucks durch saubere Weiden und Stallungen sowie rechtzeitige Wurmkuren. Gute Lüftung im Stall, einwandfreies Futter, minimale Staubentwicklung.

Behandlung

Die versäumte Wurmkur nachholen. Für frische Luft sorgen. Schleimlösendes Futter oder Fütterungsarzneimittel (Tierarzt) verabreichen. Selbstgemachtes Brennesselheu tut hier die gleichen Dienste wie im Handel erhältliche Kräutermischungen.

Bei stärkerem Katarrh, zumal wenn Ziehen in den Flanken oder Atembeschwerden bzw. erhöhte Atemfrequenz beobachtet werden, zieht man den Tierarzt zu Rate. Ein »Nasentupfer« zur Untersuchung ans Institut geschickt, gibt Aufschluß darüber, ob und welche Bakterienstämme beteiligt sind. Blinde Antibiotikagaben bringen keinerlei Besserung und schwächen nur die Abwehrkräfte.

Ganz auf die leichte Schulter sollte man diese Fohlenerkrankung – trotz im allgemeinen günstigem Verlauf – nicht nehmen. In den vorbelasteten Atemorganen fühlen sich eingeschleppte Keime, z. B. von der Druse, nämlich ganz besonders wohl, und der Übergang zu einer Infektionskrankheit ist oft schnell geschehen und wird dann durch die bereits vorhandenen Symptome verschleiert und zu spät bemerkt.

Lungenentzündung der Fohlen

Bedeutung und Ursache

Eine hochinfektiöse Lungenentzündung, verursacht durch Corynebakterien, befällt gelegentlich urplötzlich die Saugfohlen. Obwohl hochansteckend, erkranken erwachsene Pferde nie. Die Ansteckung kann sowohl durch direkten Kontakt, wie auch durch das Stallpersonal oder durch verseuchte Stallungen, Transporter, Geräte usw. verbreitet werden.

Fohlen von vier bis zwölf Wochen (in dem berühmten Abwehrkräfteloch) fallen ihr besonders gern zum Opfer.

Erkennen

Atemnot, Ziehen in den Flanken, hohes Fieber. Anfangs sind die Fohlen noch recht munter und zeigen auch keinerlei Nasenausfluß

Behandeln

Sofortiges Aufstallen in trockenen, gut belüfteten Stallungen. Sofort den Tierarzt hinzuziehen!

Das Fohlen darf erst wieder nach völliger Ausheilung auf die Koppel. Diät wie üblich bei Bewegungsentzug.

Nach Abheilung mehrmaliges Führen an der Hand, bevor das Fohlen auf die Koppel entlassen wird – Rückfallgefahr bei Toben und Naßschwitzen!

Nabelbruch

Bei der Geburt offener Nabelbruch

Gelegentlich kommt es beim Reißen der Nabelschnur dazu, daß noch Teile des Bauchinhalts aus der offenen Nabelpforte hervorgezogen werden. Dies sieht meist dramatischer aus, als es wirklich ist.

Zur Untersuchung legen wir das Fohlen auf den Rücken. Stellt sich heraus, daß lediglich Adern (erkennbar am rhythmischen Pulsieren) vorgefallen sind, so tränken wir das Ganze im Vertrauen auf die zusammenziehende Wirkung tüchtig mit Jod und überlassen den Rest Mutter Natur. Meist zieht sich die Nabelpforte innerhalb eines Tages so stark zusammen, daß die Schlingen – unter Bildung einer inneren Umgehung – abgeschnürt werden und weiter mit Jod oder hochprozentigem Alkohol getränkt, schnell abtrocknen.

Einmal kam es vor, daß ich stundenlang mit einer Abbindeschnur in der Hand um ein zwölf Stunden altes Fohlen herumging. Die von der sich schließenden Nabelpforte eingeklemmte Schlinge war zum Bersten gefüllt und schien am Platzen zu sein – in meiner Fantasie war bereits das Fohlen verblutet. Doch dann nahm der Druck ab, und Mutter Natur hatte ihre Schuldigkeit getan. Einige Wochen sah der Nabelstumpf noch etwas seltsam aus, dann war das kleine Bäuchlein nicht mehr von dem der anderen Fohlen zu unterscheiden.

Sollte sich bei unserer Untersuchung des auf den Rücken gelegten Fohlens herausstellen, daß Teile des Darms sich außerhalb des Tierkörpers befinden, so wird das Ganze kompliziert. Der Bruch muß reponiert und fixiert – sprich die Bauchdecke genäht werden.

Viel Vergnügen dazu: Ein neugeborenes Fohlen verträgt in den ersten Lebenstagen nämlich noch keine Narkose! Aber zu Ihrer Beruhigung muß ich hinzufügen, daß das fast nie vorkommt!

Nabelbruch bei bereits geschlossener Bauchdecke

Häufiger bei Hengst- als bei Stutfohlen kommt es bei bereits geschlossener Bauchdecke manchmal zur Ausbildung eines mehr oder weniger kleinen Bruchsackes. Bei jüngeren Fohlen sollen scharfe Einreibungen helfen. Der Bruch ist jedoch – wie beim Menschen – Zeichen einer Bindegewebsschwäche, die mit zunehmendem Alter nicht besser wird. Zeigen Sie den Bruch Ihrem Tierarzt – auch zur Absicherung, daß es sich nicht doch um eine Nabelinfektion handelt – und handeln Sie nach Anweisung. Meist kann auf eine Operation verzichtet oder diese wenigstens bis zum zweiten Lebensjahr verschoben werden.

Darmpechverhalten

Gelegentlich gelingt es dem Fohlen nicht, das »Darmpech« loszuwerden. Das Darmpech ist Kot, den das Fohlen als Fötus produziert hat. Nach der Geburt kommt die Darmtätigkeit des Fohlens in Schwung. Bei genügend und rechtzeitiger Aufnahme von Kolostrum, auch Biestmilch genannt, hat das Fohlen auch schon das richtige Abführmittel intus. Ist das Darmpech jedoch sehr verhärtet, was gelegentlich bei unzureichender Wasseraufnahme der trächtigen Stute vorkommt, haben besonders die enger gebauten Hengstfohlen Mühe, die harten Brocken loszuwerden.

Erkennen und Behandeln

Zeigt das Fohlen einige Stunden nach der Geburt immer noch Kotdrang, ohne etwas zu produzieren, schlägt mit dem Schwänzchen oder guckt sich nach dem Bauch um, sollte man einen Einlauf mit warmem Wasser und Speiseöl machen – aber mit der Nasenschlundsonde, die den zarten After nicht verletzen kann! Einfacher, aber etwas teurer geht's mit in der Kindermedizin gebräuchlichen Mini-Fertig-Klistieren. Zwei Packungen werden in den After des Fohlens gedrückt, etwa eine Minute zugehalten und schon kann sich das Fohlen erleichtern.

Solange das Darmpech nicht völlig abgegangen ist, zeigt das Fohlen eine stark »abzogene« Kruppe. Hört es auf, die Kruppe einzuziehen, kann das als Entwarnungssignal gelten.

Sehr selten sind höhere Darmabschnitte von der Darmpechverhaltung betroffen, die man mit einem Einlauf nicht erreichen kann.

Diese Verstopfung führt innerhalb von 12 bis 24 Stunden zu regelrechten Kolikanfällen mit Liegen, Umschauen nach dem Bauch und Wälzen.

Hier ist baldmöglichst der Tierarzt zuzuziehen.

Vorbeugung

Zur Vorbeuge soll man die tragende Stute durch einen Salzleckstein zur reichlichen Wasseraufnahme animieren. Beim Fohlen ist auf reichliche und baldige Aufnahme von Biestmilch (wirkt abführend) zu achten.

Weißmuskelkrankheit

Bedeutung

Die Weißmuskelkrankheit tritt nur vereinzelt auf. Nichtsdestoweniger ist sie von schwerer Bedeutung, denn ist die Krankheit einmal akut geworden, kann das Fohlen nicht mehr geheilt werden.

Ursache und Vorbeugung

Die Erkrankung wird durch eine Unterversorgung mit dem Spurenelement Selen hervorgerufen. (Bei Kälbern und Ferkeln können die akut erkrankten Tiere durch ein bis zwei Injektionen Vitamin E – Selen – geheilt werden.) Ist bei Fohlen die Erkrankung (die sich im latenten Stadium durch eine Blutuntersuchung feststellen läßt) erst einmal ausgebrochen, so sind die Muskelhäute so schwer geschädigt, daß sie ihre Aufgabe, die Ernährung der Muskeln, nie mehr voll wahrnehmen können.

Auswaschungen durch starke Regenfälle sowie überreichliche Stickstoffdüngung führen zu besonders geringem Gehalt an Spurenelementen bei den Futterpflanzen.

Segensreicherweise haben sich jedoch die Hersteller von Mineralfuttergemischen in den letzten Jahren auf diese Krankheit eingestellt und bieten überwiegend die Pferdemineralgemische sowie einen Teil der für Pferde verwendbaren Rindermischungen bereits mit Selenzusatz an. Achtung: Ist unter »garantierte Zusatzstoffe« Selen nicht aufgeführt, so ist auch garantiert keines drin!

Vor allem Stuten, die bereits Weißmuskelfohlen geboren haben, muß über die volle Trächtigkeitsdauer selenhaltiges Mineralstoffgemisch gefüttert werden, damit das Fohlen gut versorgt zur Welt kommt. Milch enthält kein Selen. Das Fohlen nimmt erst mit dem Rauhfutter bzw. Mineralfutter selbst Selen auf und muß über diese Lücke mit dem im Fohlenkörper gespeicherten Vorrat kommen.

Erkennen und Behandeln

Das Fohlen kann bereits im Mutterleib akut erkranken und wird nach dem Absterben abortiert. (Untersuchungsergebnis durch Institut.) Wird das Fohlen geboren, so erscheint es, obwohl latent bereits krank, äußerlich gesund. Die akute Erkrankung bricht meist nach einer Streßsituation (Transport, Unterkühlung o. ä.) aus. Meist erkranken Saugfohlen, die noch ausschließlich Muttermilch zu sich nehmen, gelegentlich auch noch Fohlen bis zu einem Jahr.

Erstes Anzeichen der akuten Erkrankung ist eine bretthart angespannte Lendenmuskulatur (ähnlich wie bei Kreuzverschlag, der jedoch bei Saugfohlen noch gar nicht auftreten kann). Durch die Verspannung bewegt sich das Fohlen mit stechtrabartigen Tritten. Symptomatisch ist eine gelähmte Zunge, die dem Fohlen das Saugen erschwert. Die Milch rinnt dem Fohlen seitlich aus dem Maul. Sehr schnell zeigt das Fohlen schwere, kolikartige Schmerzzustände und verendet unbehandelt innerhalb weniger Stunden oder Tage unter dramatischen Erscheinungen. Hohe Gaben an Vitamin E/Selen können den akuten Prozeß zwar meist unterbrechen, jedoch bleiben die Schädigungen irreversibel. Die Muskeln der Hinterhand sind am stärksten geschädigt (das Fohlen kann meist nicht mehr aufstehen und muß aufgehoben werden), steife Sprunggelenke, stark eingeschränkte Fähigkeit zur Bemuskelung und sehr minderwertige Muskeln (u. a. auch Herzmuskel) sind bleibende Folgen.

Eine weitere Behandlung erübrigt sich. Bei eindeutiger Diagnose ist das Fohlen zu töten. Die betroffenen Muskelpartien sind beim getöteten Fohlen im übrigen an der weißen Färbung, die der Krankheit den Namen gab, zu erkennen.

Mehrere Tage andauernder Durchfall kann das Fohlen so austrocknen, daß akute Lebensgefahr besteht (Tierarzt!).

Das »Spielen mit der Selbsttränke« ist nie schuld am Durchfall! Ja, das Durchfallfohlen braucht sogar zusätzlich Wasser, da die Muttermilch allein den Flüssigkeitsverlust nicht ersetzen kann.

Häufiger vorkommende Erkrankungen bei Pferden aller Altersstufen

Fohlendurchfälle

Durchfall bei Fohlen in der zweiten Lebenswoche (zusätzlich leichter Husten) ist fast immer auf Befall mit Zwergfadenwürmern zurückzuführen. Wurmbehandlungen! Am besten »kuren« bevor es zu dem Durchfall kommt (siehe vorbeugende Maßnahmen »Wurmbekämpfung«).

Unhygienische Stallverhältnisse können auch zu einer Colibakterienerkrankung bei zwei bis sechs Wochen alten Fohlen führen. Das Aufnehmen frisch gefallener »Pferdeäpfel« soll jedoch nicht unterbunden werden, da sich das Fohlen so die zur Verdauung nötigen Darmbakterien aneignet.

Im frischen Mist sind keine ansteckungsfähigen Wurmlarven vorhanden, eine Wurminfektion ist auf diesem Wege nicht zu befürchten.

Auch starke Antibiotikagaben bringen die Darmflora durcheinander und können genauso wie verschimmeltes Futter Durchfälle verursachen.

Kolik

Kolik ist ein Sammelbegriff für alle schmerzhaften Erkrankungen im Verdauungstrakt. Der Pferdehalter differenziert nach verschiedenen Ursachengruppen.

Die Darmverlagerung, auch Darmverschlingung genannt
Hier ist der Halter weitgehend ohne Einfluß. Dies sind unglückliche Zufälle, die gelegentlich ohne Eigenverschulden vorkommen. Operationen sind sehr teuer und beim kleinen Fohlen noch nicht möglich. Hier sollte man, wenn nach rektaler Untersuchung der Befund einwandfrei feststeht, die sofortige Nottötung veranlassen. Das Fohlen leidet sonst unsägliche Qualen, bis es endlich an Herz- und Kreislaufversagen verendet.

Vergiftungen, Fremdkörper usw.
Neben Pflanzenvergiftungen gibt es auch noch Vergiftungen durch Schwermetalle o. ä. Gelegentlich hört man sogar von fehlerhaftem Mineral- und Fertigfutter.

Meist sind jedoch frischgespritzte und frischgedüngte Wiesen oder Felder die Gefahrenquelle Nummer eins. Wegränder neben stark befahrenen Straßen sind zudem stark blei- und cadmiumverseucht. Ständiges Füttern von Straßengras oder Straßenheu führt zu chronischen Vergiftungen. Haben sich die Pferde über Nacht selbständig auf einen Ausflug begeben, so kommt bei Erkrankungen nicht nur »Überfressen« in Frage. Man sollte sich bei den betreffenden Bauern auch nach verwendeten Spritzmitteln und Düngern erkundigen (so ist etwa Kalkstickstoff in den ersten drei Tagen nach Anwendung sehr gefährlich). Gelegentlich enden Vergiftungen unter dem Allgemeinbild eines Darmstillstandes oder eines unstillbaren Durchfalls tödlich.

Fremdkörper wie Nägel, die für die Kühe eine große Gefahr darstellen, nimmt das Pferd mit seinem empfindlichen Maul niemals auf. Hingegen sind schon Teile von Plastiktüten sowie Kaugummi am tödlichen Darmverschluß, vor allem bei jungen Fohlen, schuld gewesen.

Neben der eigenen Vorsicht – kein Grasenlassen auf fremden Flächen, kein Mähen neben frisch gespritzten oder gedüngten Feldern oder Plantagen – sollte man auch auf Passanten achten, die Weidepferde füttern. Der Drang zum Füttern scheint im Menschen genauso unstillbar zu stecken, wie in Vögeln, die in jeden aufgesperrten Rachen zwangsweise und maniehaft Würmer stecken müssen.

Sind diese Leute mehrmals »gestellt« worden, werden sie geradezu raffiniert. Sie fahren mit dem Auto so still und leise wie möglich an die entlegenste Ecke der Koppel. Dort ziehen sie dann selig ihre mit dubiosen Leckerbissen gefüllten Plastiktüten hervor.

Kinder rupfen voll Begeisterung frisch gespritztes Gras und füttern die Pferde damit, als ginge es darum, sie vor dem Hungertod zu bewahren. Besonders die »süßen kleinen Fohlen« sind bevorzugte Opfer der Füttersucht.

Hier hilft vielleicht ein freundliches Gespräch mit den Eltern. Machen Sie sich auch die Mühe, die Kinder beim Füttern »helfen« zu lassen. Angesichts der gewaltigen Grünfuttermengen vergeht den Kleinen vielleicht ihre Füttersucht. Wohlerzogene Passanten liefern dann ihre Leckerbissen am Haus ab und werden dafür herumgeführt.

Das Schild »Füttern verboten« löst leider eher den gegenteiligen Effekt aus.

Kolik durch Fehlgärungen

Plötzliche Futterumstellungen lösen meist durch Fehlgärungen starke Gasbildungen im Magen oder Darm aus. Die »Gas- oder Windkolik« ist ungemein schmerzhaft, jedoch nicht ganz so gefährlich, wie man nach den dramatischen Schmerzäußerungen der Pferde annehmen könnte. Gelegentlich führen jedoch, wie auch beim »Überfressen«, Zerreißungen der Magen- oder Darmwände oder ein plötzliches Kreislaufversagen zum Tode.

Zur Vermeidung wird jede Futterumstellung – besonders Grün- oder Saftfutter – langsam innerhalb einer Woche vorgenommen.

Gleichfalls ist Vorsicht bei der Fütterung von stark gedüngten, jungen Aufwüchsen von Grünhafer, Grünroggen oder Wiesengras geboten. Das gemähte Grüngut sollte unmittelbar nach dem Schnitt verfüttert werden. Muß unbedingt zwischengelagert werden, breitet man es an schattigem Ort sehr locker aus. Erwärmt sich das Schnittgut auch nur leicht, darf es nicht mehr verfüttert werden!

Ständiges Verfüttern von gemahlenen Getreidebestandteilen – »Bruch« statt Quetsch – sowie Nachmehle, Bollmehle, Grießkleien, aber auch Kleien, führt zur Verkleisterung des Darms. Dadurch kommt es zum Absterben von Darmbakterien, dies führt ebenfalls zu Fehlgärungen, aber auch – siehe nächster Punkt – zur allgemeinen Darmträgheit.

Koliken durch Darmträgheit und Anschoppung

In diese Gruppe gehören 90% der üblichen Kolikfälle. Hier handelt es sich um eine »Faktorenerkrankung«. Zu wenig Bewegung und falsche Fütterung führen zu chronischen Darmveränderungen, die immer wieder auftretende Kolikanfälle verursachen. Jeder Tierarzt kennt die typischen Koliker, wegen denen er »bei jedem Wetterumschwung« aus dem Bett geholt wird. Zu dem Bewegungsmangel und der falschen Fütterung kommt oft noch Aufnahme von Sand (verschmutzte Rüben, Langeweile) oder Luftschlucken, ebenfalls aus Langeweile, das sogenannte Koppen. Beides begünstigt ebenfalls chronische Darmveränderungen und damit das Auftreten von Koliken.

Lesen Sie bitte das Kapitel »Fütterung« ganz besonders gründlich!

Laut Sektionsberichten stand bei 90% der tödlich endenden Koliken im Hintergrund ein massiver Befall mit Palisadenwürmern, der eine Minderdurchblutung des Darms und damit Darmträgheit zur Folge hatte. Vorbeugende Wurmbekämpfung, Fütterung nur gesunder Futtermittel in kleinen Teilmengen, richtig zusammengesetzte Rationen, dazu soviel Bewegung und Sozialkontakt wie möglich – und Sie können diese Koliken vergessen!

Erkennen und Behandeln

Plötzlich auftretende Koliken der Ursachen 1–3 sind durch heftiges Scharren, Schweifschlagen, Wälzen ohne nachfolgendes Schütteln, Schweißausbruch, Wandern im Kreis, Liegen auf dem Rücken o. ä. nicht zu übersehen. Die Koliken der vierten Gruppe zeigen im Endstadium die gleichen Symptome. Sie kündigen sich jedoch schon lange vorher durch »mißmutig« verkrampften Maulspalt, nach hinten orientierte Ohren, gelegentliches Umsehen zum Bauch, Aufstellen eines Hinterbeins auf die Hufspitze oder Hin- und Hertreten mit den Hinterbeinen an. Dazu wird gelegentlich geflehmt, ohne vorher Witterung aufzunehmen. Erkennt man diese Warnzeichen frühzeitig, kann der akute Ausbruch einer Krampfkolik durch Führen, warmes Eindecken sowie der Verabreichung von 200 Gramm aufgelöster Bäckerhefe möglicherweise verhindert werden.

Treten jedoch Anzeichen einer akuten Kolik auf, ist sofort der Tierarzt zu holen. Eigenbehandlung durch »Koliktränke« ohne gründliche rektale Untersuchung bedeutet z. B. bei Darmverschluß das Todesurteil! Besonders gefährdet sind tragende und säugende Stuten sowie sehr junge und sehr alte und geschwächte Tiere.

Nach Abklingen der akuten Symptome ist das Pferd noch ein bis zwei Wochen auf Diät zu setzen. Leinsamen und Hefe sowie Karotten und mageres Heu sind die Mittel der Wahl. Viel Bewegung ist nötig!

Schlundverstopfung

Bedeutung und Ursache

Schlundverstopfungen entstehen, wenn durch zu hastig aufgenommene Futtermittel die Speiseröhre zwischen Schlund und Magen blockiert ist. Besonders schwerwiegende Folgen hat dies bei hochquellfähigen Futtermitteln wie Trockenschnitzelpellets. Diese quellen zum sechsfachen Volumen auf und verletzen dabei die Speiseröhre sehr schwer oder zerreißen sie gar. Daher Trockenschnitzel nur vollständig aufgeweicht verfüttern! Auch Kleie sollte zumindest angefeuchtet gegeben werden.

Der Hauptgrund für die Schlundverstopfung ist jedoch Futtergier und Futterneid. Dadurch speichelt das Pferd die Futtermittel ungenügend ein und würgt sie hastig trocken hinunter.
Besonders gefährlich ist hier der Beginn der Herbstbeifütterung auf der Weide. Nahezu jedes Futtermittel außer Heu und ganzem Hafer hat in dieser Situation schon zumindest leichtere Fälle von Schlundverstopfung ausgelöst.

Erkennen

Das Pferd hört zu fressen auf. Unter Krämpfen der Halsmuskulatur versucht es, die steckengebliebenen Futtermittel hervorzuwürgen. Speichel tropft aus Maul und Nüstern. Beginnen steckengebliebene Teile sich aufzulösen, treten Futterreste aus der Nase aus. Das Pferd droht zu ersticken. Da es auch kein Wasser aufnehmen kann, andererseits innerhalb von 24 Stunden etwa 50 Liter Speichel verliert, gerät es in Kürze durch Dehydrierung (Austrocknung) in eine erbärmliche Körperverfassung.

Behandeln

Leichtere Verstopfungen durch nicht stark quellfähige Futtermittel versucht man durch leichtes Auseinandermassieren zu verteilen. Krampflösende Spritzen können evtl. die Blockade beseitigen. Gelingt es dem Tierarzt innerhalb von vier bis sechs Stunden nicht, die Schlundverstopfung zu beseitigen, muß dem Pferd in der Klinik unter Vollnarkose der Schlund freigespült werden.
Die zumeist stark verletzten Schleimhäute führen gern zu monatelanger zögernder Futteraufnahme. Gelegentlich bleiben Ausbuchtungen der Speiseröhre zurück, wodurch beim Fressen ständig Futterteile in die Atemwege geraten. Ständiges Husten während des Fütterns, Gefahr von Lungenentzündung! Diese Pferde sollten ausschließlich vom Boden gefüttert werden.

Eine ganz besondere Erkrankung

Ihr Pferd frißt nicht mehr auf. Es steht irgendwie »verklemmt« herum. Der Mist ist trocken und hart. Oder es hat gar eine Anschoppungskolik.
Frage: Was ist das?
Im Zweifel würde ich erst mal auf Wassermangel tippen! Was glauben Sie, wieviele Tierärzte schon geholt worden sind, weil man vergessen hatte, das Tränkebecken wieder anzustellen! Gelegentlich verlegen auch Sandkörner den Wasserzulauf, oder das Tränkebecken ist einfach vermistet. Auch stark gechlortes Wasser wird von manchen Pferden nicht getrunken. Sehr häufig haben auch schon Stromschläge (zu naher Weidezaundraht, aber auch defekte Stromleitung!) die Wasseraufnahme verhindert. Gelegentlich blockiert auch das Leitpferd den Zugang zur Tränke (Laufstall).
Wasser ist lebensnotwendig – ständige Kontrolle nicht vergessen!

Das kranke Saugfohlen

Untersuchung und Behandlung, Behandlungszwangsgriff

Durch die starke Mutterbeziehung kann man das erkrankte Fohlen nie isoliert als Patient behandeln. Immer muß die Mutter mit einbezogen werden.
Genauso teilt das gesunde Fohlen das »Krankenbett« mit seiner erkrankten Mutter.
Auch bei Untersuchungen und Behandlungen sollen Mutter und Saugfohlen, um Unruhe zu vermeiden, nicht getrennt werden. Jegliche Trennung von der Mutter stellt für das erkrankte Saugfohlen einen enormen Streß dar. Trennungen

über mehr als 24 Stunden sind grundsätzlich zu vermeiden, damit die Stute nicht die Milchproduktion einstellt.

Am ruhigsten während der Untersuchung und Behandlung sind Stute und Fohlen, wenn das Fohlen quer vor der Mutter steht. Dies ist der Platz, den Fohlen oder auch Jährlinge bei freien Bedeckungen von selbst einnehmen!

Noch nicht ans Anbinden und Führen gewohnte Fohlen muß man bei Behandlungen, die unbedingtes Ruhighalten verlangen (z. B. intravenöse Injektion), in den Behandlungszwangsgriff nehmen.

Bereits abgerichtete Fohlen hält man – wie erwachsene Pferde – am Strick. »Kratzen« und ruhiges Sprechen reichen bei vertrauensvollen, gut erzogenen Fohlen zur Ruhigstellung voll aus. Meist lassen die kleinen Patienten die Tortur wochenlanger Serieneinspritzungen, z. B. bei Druse, mit erstaunlichem Gleichmut

über sich ergehen. Ja, sie kommen sogar her, wenn sie Halfter und Tierarzt sehen und brauchen nicht, wie viele erfahrene Pferde in dieser Situation, erst mühsam eingefangen zu werden.

Beim Behandlungszwangsgriff umfaßt der eine Arm den Hals des Fohlens so hoch wie möglich, die Hand faßt von oben her Genick, evtl. Ohr des Fohlens. Die andere Hand ergreift von unten her den Schweifansatz des Fohlens. Meist reagiert der Patient mit Rückwärtsausweichen und Steigen. Kleinere Fohlen kann man fest an sich gedrückt gut halten, indem man den Schweifansatz fest umklammert und nach oben drückt. Kräftigere Fohlen stellt man entweder mit der Kruppe in ein Boxeneck – wo dann aber ein gewaltiges Gedränge Tierarzt/Helfer/ Fohlen herrscht – oder man drückt die Kruppe gegen die Schulter der geduldigen, kurz angebundenen Mutter.

Die Verletzungsgefahr bei einer Behandlung läßt sich mit dem sogenannten »Behandlungszwangsgriff« für kleinere Fohlen nahezu ausschalten.

Haltung und Fütterung bei einer Erkrankung des Fohlens

Ein akut krankes, vor allem fieberndes Fohlen darf nicht Wind und Wetter ausgesetzt sein. Ein trockener, sehr gut belüfteter und zugfreier Stall, der ruhig »kalt« sein darf, ist jetzt der richtige Aufenthaltsort. Das Fohlen braucht keinen warmen Stall! Wärmeanwendungen sind, wenn überhaupt nötig, immer örtlich zu geben. So kann man bei Weißmuskelkrankheit eine Decke über die verspannte Lendenmuskulatur legen.
Bei großer Kälte empfiehlt sich jedoch, Wasser überschlagen und den Leinsamen warm angerührt zu verabreichen.
Erkrankte, ruhiggestellte Pferde werden immer auf Diät gesetzt. Im Falle des erkrankten Saugfohlens muß man natürlich auch die Mutterstute in diese Diät einbeziehen. Jedoch ist auf ausreichend Energie – Trockenschnitzel, Maissilagen, Rüben – zu achten, damit die Stute nicht eine Stoffwechselerkrankung bekommt.
Das kranke Saugfohlen erhält neben der Muttermilch und den diätischen Gaben an Leinsamen, Hefe, Karotten, nur gesundes Magerheu und Mineralfutter.
Nach längerer Stehzeit ist das Fohlen wieder vorsichtig – z. B. durch Führen – an die Bewegung zu gewöhnen. Entläßt man das Fohlen unvorbereitet auf die Koppel, kann es durch Toben erneut erkranken.

Krankentransport

Ein Transport – z. B. zur Tierklinik – mit dem erkrankten Fohlen im Hänger muß immer unter größter Vorsicht erfolgen. Die Trennwand ist in diesem Fall unerläßlich. Das erkrankte Fohlen soll auf keinen Fall angebunden werden! Stürzt es geschwächt, wird es sich erhängen! Eine stabile Absperrung, zur Not schnell zusammengenagelt, muß verhindern, daß das Fohlen vorne um die Trennwand herumläuft.
Die gleichen Vorsichtsmaßnahmen ergreift man, wenn die Stute der Patient ist. Bei einem Sturz oder Wälzen (Kolik) ohne Trennwand würde die Stute das Fohlen erdrücken. Die kranke Stute wird doppelt angebunden. Die Anbindestricke müssen unbedingt mit funktionierenden Panikhaken versehen sein.
Bei mit schwerem Toben verbundenen Krankheiten (Darmverlegungen) muß unter Umständen ein getrennter Transport erfolgen.

Wiederbedeckung einer Stute mit Fohlen bei Fuß

Ist die Wiederbedeckung der Stute mit Transport, Umstallung oder größerer Aufregung verbunden, sollte man sie verschieben, bis das Fohlen wieder gesund ist.

Absetzen eines kranken Fohlens

Ein Absetzen eines Fohlens sollte nie zu einem Zeitpunkt erfolgen, an dem das Fohlen nicht »kerngesund« und gut entwurmt ist.
Der doppelte Streß würde die Genesung verzögern sowie ein Stehenbleiben oder gar Verwachsen des Fohlens zur Folge haben.

Tod eines Saugfohlens

Verendet das Saugfohlen oder muß es eingeschläfert werden, so läßt man es am besten nach dem Tode noch einige Stunden bei der Mutter in der Box. Sie gewöhnt sich so daran, daß ihr Fohlen tot ist. Wird das Fohlen abtransportiert, bringt man erst die Mutter außer Sichtweite. So verleiten sie die vermeintlichen Fohlenbewegungen nicht zu der Annahme, daß das Kleine wieder lebendig geworden ist. Weiß die Stute, daß ihr Fohlen tot ist, stellt sie normalerweise sehr schnell und von selbst die Milchproduktion ein.

Die Stute stirbt bei der Geburt des Fohlens oder sie hat keine Milch

Stirbt die Stute bei oder nach der Geburt, gibt es zwei Möglichkeiten, das Fohlen zu retten:

a) Man fragt bei der zentralen Ammenvermittlung (08241/585, Gestüt zum Wohle der Pferde, Evelyn Hartig, Postfach 147, 8939 Buchloe) nach, ob eine Stute zur Verfügung steht. Sie muß besonders brav sein, ihr Fohlen verloren oder Milch für ein weiteres Fohlen haben. Man bestreicht das Fohlen mit dem Urin der Ersatzmutter, hält diese fest und schiebt ihr das Waisenkind unter. Das geht erstaunlicherweise meistens gut.

b) Eine weitaus aufwendigere, nervenaufreibende Möglichkeit, das Fohlen zu retten, ist die Aufzucht mit der Flasche. Dazu gibt es Salvana-Fohlenmilch, die der Muttermilch stark ähnelt und ein guter Ersatz ist, vorausgesetzt, man tränkt in der ersten Woche mindestens alle zwei bis vier Stunden, selbstverständlich auch nachts.

Das Fohlen saugt etwa alle 15 bis 30 Minuten bei der Mutter, nimmt geringe Mengen auf, um seinen kleinen Magen nicht zu überlasten, und nutzt die Milchproduktion, die sich nach der Häufigkeit des Saugreizes richtet, optimal aus. Neben der Kunstmilch ist auch Kuh- oder Ziegenmilch verwendbar. Auffallend ist die große Ähnlichkeit zwischen Stuten- und Frauenmilch. Außerdem gerinnt Stutenmilch ähnlich wie Frauenmilch in feinen Flocken, nicht in großen Klumpen wie Kuhmilch und ist daher leicht verdaulich.

Die Fohlenmilch wird in einem bestimmten Verhältnis Pulver/Wasser 1:5, später 1:4 bzw. 1:3 angerührt und zunächst mit einer Babyflasche mit Schnuller (3 mm-Loch) verabreicht.

Bedenkt man, daß eine Warmblutstute etwa zehn bis zwanzig Liter Milch, eine Kaltblutstute sogar bis 30 Liter pro Tag gibt, so kann man beurteilen, welche Nährstoffmengen, Mineralstoffe und Spurenelemente dem Jungtier zum Start geboten werden.

Die Stute liefert in der relativ kurzen Laktationszeit von vier bis sechs Monaten 1200 bis 2500 Liter Milch, eine Milchkuh bei spezieller Fütterung dagegen in zehn bis elf Monaten ca. 4500 Liter. Dementsprechend hoch sind auch die Kosten für die mutterlose Aufzucht.

100 ml Milch enthalten:	Frauenmilch	Stutenmilch	Kuhmilch	Ziegenmilch
Eiweiß, g	1,3	1,9	3,3	3,8
Fett, g	3,5	1,3	4	4
Milchzucker, g	7,0	7,3	4,0	4,5
Calcium, mg	30	102	120	
Phosphor, mg	15	63	94	
Kalium, mg	49	64	150	

Die Fütterung

Die wirtschaftliche Fütterung

In der landwirtschaftlichen Praxis – ganz besonders auch in Fachzeitschriften und einschlägigen Büchern – hat sich eingebürgert, nur noch von verdaulichem Eiweiß, verdaulicher Energie, Austauschbarkeit durch andere – billigere – Energie- und Eiweißträger usw. zu sprechen. Von der »Bekömmlichkeit« der Futtermittel ist nicht die Rede. In einem Fütterungsfachvortrag vor 800 Pferdezüchtern habe ich mit eigenen Ohren gehört – und an der Projektionswand lesen können –, daß der Ernährungsexperte vorschlug, die neun Kilogramm Hafer in der Ration der säugenden Stute durch acht Kilogramm Gerste (der Preiswürdigkeit halber) zu ersetzen.

Die Auswirkung der einzelnen Futtermittel auf die Gesundheit der Tiere wird so gut wie nie in einem Fachbuch erwähnt. Leicht säuerlich betont man gelegentlich, daß ein gewisser Rohfaseranteil in der Ration für das Überleben der Kühe, Lämmer usw. unverzichtbar ist, was man aber sehr bedauert, da jedes Prozent mehr an Rohfaser die Futterverwertung verschlechtert.

In der ganzen landwirtschaftlichen Tierhaltung geht die Tendenz in Richtung Autofahrer-Mentalität: Alle paar Jahre ein neues Modell, bevor es mit den Reparaturen losgeht!

Die Kuh »schafft« im Durchschnitt noch ganze vier Kälber, bevor sie »verschrottet« wird, da Stoffwechselstörungen bereits ihre Auswirkungen auf Fruchtbarkeit und »Rentabilität« (Tierarztkosten!) zu zeigen beginnen. Die Drei-Nutzungs-Kuh der Jahrhundertwende, die noch als Zugtier verwendet wurde, brachte es trotz »unwissenschaftlicher Ernährung« auf 14 Kinderchen! Lämmer werden zum Teil so intensiv gemästet, daß sie ohne Impfungen die Mast schon nicht mehr überleben.

Wer einmal ein wirklich »ausgenutztes« Tier sehen will, der betrachte sich die anderthalb Jahre alten Hennen aus Batteriebetrieben, die nun »abgeschrieben« sind und im Kochtopf landen. Unsere Mistkratzerle erreichen bei bester Gesundheit sieben Jahre (was angeblich total unwirtschaftlich sein soll, wir haben das leider aber noch gar nicht bemerkt). Bei näherer Betrachtung der inneren Organe (besonders der Leber, der »Stoffwechselfabrik«) dieser Schlachttiere wäre jedoch der Appetit auf den Inhalt des Kochtopfs häufig wie weggeblasen. Bei so relativ »kurzlebigen« landwirtschaftlichen Nutztieren kann das – zum Teil von der Marktwirtschaft erzwungene – Vabanquespiel zwischen Rentabilität und Totalverlust gerade noch gutgehen. Völliger Wahnsinn wäre es jedoch, das Pferd, das weder Masttier noch Massen-

Das gesündeste (und zugleich billigste!) Futter suchen sich Stute und Fohlen auf der Weide selbst.

tier ist, einzig und allein mit nach der Preiswürdigkeit ausgesuchten Futtermitteln zu ernähren oder gar aufzuziehen. Die Futtermittel müssen nach der gesundheitsfördernden Wirkung ausgewählt werden – nicht zuletzt aus Gründen der Rentabilität! Das Pferd schnell schlachten zu lassen, bevor es tot ist, erscheint sicher als die teuerste Lösung! Zudem ist die Differenz zwischen Zucht- und Nutzungswert und dem Schlachtwert (oftmals nur einige hundert Mark) doch ganz erheblich, und die Tierarztkosten beim »Liebhabertier« Pferd (hier darf der Tierarzt bis zum vierfachen Gebührensatz kassieren) sind oft ganz schön happig. Stellen Sie sich die im Vortrag erwähnte Mutterstute vor. Bei der angegebenen Menge könnte es sich um eine Warmblutstute handeln – sagen wir Wert 10 000,– DM – die Kosten für die Ausbildung und evtl. Zuchtstuten-Leistungsprüfung betrugen allein schon

3000,– DM. Dazu hat die Belegung mindestens 500,– DM Kosten verursacht. Jetzt ist endlich das Fohlen da – Sie haben seinetwegen bereits ein halbes Jahr aufs Reiten verzichtet und die Mutter seit drei Monaten stärker gefüttert. Wegen welcher täglichen Einsparung würden Sie nun eine Stoffwechselerkrankung oder auch eine Kolik in Kauf nehmen? Für 10 Pfennig? Oder für 1 DM? Eine Kolik mit zweimaligem Tierarztbesuch kommt bereits so teuer, daß Sie für drei bis vier Monate täglich eine ganze Mark billiger füttern müßten, um nicht draufzuzahlen (und 1985/86 kosteten neun Kilogramm Hafer und acht Kilogramm Gerste gar gleichviel – doppelt Pech, wenn man nicht aufgepaßt hat!). Gibt es gar eine Stoffwechselerkrankung mit Klinikaufenthalt, an-den-Tropf-hängen und sonstige Zusatzkosten, so müssen Sie schon drei bis vier Jahre für die Rechnung sparen. Das Fohlen bleibt natürlich auch noch »stehen« – eine kranke Stute gibt eben weniger Milch.

Nun hat aber schon Ihr Großvater Gerste verfüttert! Und wie hat er sie verfüttert? Aufgekocht und mit einem Tuch über dem Eimer bis zum Abkühlen stehengelassen. Er verfütterte sie an Tiere, die eingespannt wurden. Bei viel Bewegung werden auch schwerverdauliche Futtermittel besser vertragen, ebenso als Teil einer Ration mit Rüben usw. Meist wurde auch nicht Gerste, sondern »Mischling« (Hafer-Gerste) als Futtergetreide angebaut und an die Pferde gefüttert. Mit Sicherheit hat Ihr Großvater aber nicht acht Kilogramm Gerste blank auf den Trog zu Heu mit Sojaschrot als Eiweißergänzung gefüttert (wie empfohlen).

Mit solchen »hochverdaulich«, aber nicht »leichtverdaulich« zusammengesetzten Rationen haben die vier Monate alten schlachtreifen Lämmer eine Leber mit einem Gewicht von 800 Gramm – ausgesprochene Fettlebern wie bei gestopften Gänsen. Das gleichschwere Heu-Hafergefütterte Lamm hat – wie auch das Weidelamm – dagegen eine gesunde Leber von nur 400 Gramm Gewicht. Freilich muß man dieses Lamm länger füttern – so schnell wird es natürlich nicht schlachtreif.

Gerade unsere zivilisationsgeschädigten Futtermittel (Cadmium, Blei, Nitrate, Herbizide, Fungizide usw.) müssen doppelt bedachtsam eingesetzt werden. Es ist ein Unterschied, ob der Beduine seinem Araber eine Handvoll Magergerste füttert oder ob an unser unter Bewegungsmangel leidendes Stallpferd »Vollgerste satt« gefüttert wird.

Was man selbst nur schwer fertigbringt – das »gesunde Leben« und »Diät«halten – sollte man im Stall doch wohl einführen können. Die instinktsicheren Pferde finden zudem »gesunde« Futtermittel, wie etwa Leinsamen oder Karotten, ausgesprochen lecker

Das gesunde Futter

Im Sommer ist für die Mutterstuten, die Fohlen und die Jährlinge die 24-Stunden-Weide auch für die optimale Ernährung ein unbedingtes Muß. Nur hier können sie sich das »gesunde« Futter selbst zusammenstellen. Kräuterreiche Weiden, möglichst vielseitige Geländegestaltung, sind für einen besonderen Artenreichtum jedoch genauso Voraussetzung wie der Verzicht auf Unkrautvernichtungsmittel und übertriebene Düngung.

Für die zwei- bis vierjährigen Jungtiere ist die Weide ebenfalls das A und O der gesunden Aufzucht. Doch je nach Entwicklungsstand ergibt sich bei zu »guten« Weiden, besonders aber bei zu jungem Aufwuchs, bei den nahezu ausgewachsenen Tieren bereits das Problem der Überfütterung (z. B. Hufrehe, Fettsucht). Besonders Tiere mit Ponyblut sind so leichtfuttrig, daß sie auf einer Intensivweide, die jährlich drei- bis fünfmal junges Gras anbietet, auseinandergehen wie der sprichwörtliche Hefeteig. (Abhilfe: siehe »Fütterungstechnik« sowie »Wechselbeweidung mit Wiederkäuern«).

Futterzusammensetzung bei den vier Urtypen

Um zu verstehen, warum diese so ist, betrachten wir die Futterzusammensetzung bei den vier Urtypen.

Typ I – Das Urpony

Dieses lebte in klimatisch begünstigten Zonen mit regelmäßigen Niederschlägen und gemäßigten Temperaturen. Man kann sich die Landschaft und das Klima etwa wie in Großbritannien oder Mitteleuropa vorstellen. Üppiges Frühjahrswachstum ließ die Ponys bis zum Bauch im Gras stehen, als Leckerbissen wurden saftige Zweige mit sprossenden Blättern verzehrt. Die Ponys hatten nach dem Winter diesen Futterstoß auch nötig – die Stuten brachten zudem um diese Jahreszeit ihr Fohlen. Das Gras konnte durch die regelmäßigen Niederschläge auch immer wieder nachwachsen – aber nur dort, wo es auch abgeweidet wurde. Das nicht gefressene Gras reifte und wurde holzig bei Trockenheit. In Nässeperioden fiel ein Teil um, faulte und trieb dann neu aus. Der Filz, der sich bildete – etwa vergleichbar einem Brachland – war die Ernährungsgrundlage für den Winter, in dem nichts wuchs und gelegentlich Schnee fiel. Die im Herbst kugelrunden Ponys mußten nun das verschmähte Sommerfutter im holzigen Zustand – als »Heu« – in entsprechend großen Mengen aufnehmen, um nicht gar zu sehr »vom Fleisch« zu fallen. Lag viel Schnee, schälten sie die Rinde von Sträuchern und Bäumen. Als zusätzliche Erschwernis wurden sie im Winter – besonders wenn Schnee lag – von Wolfsrudeln bedrängt. Im Sommer lebten die Wölfe verteilt und zogen mit Kleinwild, Mäusen, Hasen usw. ihre Jungen groß. Im Winter aber galt ihr Interesse dem größeren Wild.

Das Frühjahr erlebten auch in diesen vom Klima begünstigten Landstrichen nur die gesündesten und tüchtigsten Ponys – und auch die hatten eine merkliche Abmagerungskur hinter sich.

Den Fohlen ging es vergleichsweise gut: Sie durften über den Winter noch saugen und wurden erst kurz vor der Geburt des nächsten Fohlens abgewehrt.

Typ II – Das Tundrenpony

Das Tundrenpony lebte unter wesentlich schlechteren Bedingungen: Im Winter auf den weiten Ebenen schutzlos dem Schneesturm ausgesetzt, mußte es mühsam mageres verholztes Gras und dürre Flechten unter dem Schnee hervorwühlen oder scharren. Flucht vor dem Wolfsrudel war sinnlos: Im Schnee wären die Huftiere ständig eingebrochen. So hieß es also, die Wölfe erschlagen und die Kampfwunden schnell wieder ausheilen. Nach dem kurzen, üppigen Frühling taute die Tundra tief auf: Alles war sumpfig, moorig und Milliarden von Mücken plagten die Ponys. War es ihnen möglich, so flüchteten sie in gletscherfreie Hochgebirgstäler, um dort den Plagegeistern der Sümpfe und Niederungen zu entgehen. Aber hier war das Futter spärlich, der Hochalm vergleichbar. Der Trick der Tundrenponys bestand darin, in kleinen, für die Wölfe »unsichtbaren« Herden dem Futter nachzuspüren: Man muß sich winden, sagte der Aal, dann kommt man schon durch.

Die Fohlen wurden auch beim Tundrenpony über den ersten strengen Winter hindurch gesäugt.

Ein heute in etwa vergleichbar lebendes Wild: der Elch.

Eine optimale Futterausnutzung und die Fähigkeit, auch große Mengen minderwertiges Futter im tiefen Rumpf aufzunehmen, blieb beiden Urponytypen bis heute erhalten (Leichtfuttrigkeit, Rauhfutterfresser).

Typ III – Das Ursteppenpferd

Das Ursteppenpferd lebte in warmen, sommertrockenen Steppengebieten. Das Klima war ganzjährig warm, im »Winter« gab es den ersehnten Regen, dann konnten die im Boden vorhandenen Samen keimen. Das üppig schießende Grün hätte vielleicht zur Schwelgerei geführt, doch das Raubwild, das das wuchernde, langstielige Gras zum Anschleichen nutzte, und die Sorge um die jetzt geborenen Jungen ließen ein ungestörtes Schmausen nicht zu. Wenige Wochen später ließ die sengende Sonne die

Pflanzen dorren und reifen. Hier gab es keinen Dauergrasbestand, keinen »englischen Rasen« – Gras braucht ständig Feuchtigkeit, sonst stirbt es ab. Hier wuchsen überwiegend Gräser, die man als Wildgetreide (Vorläufer der domestizierten Arten) bezeichnen könnte. Es waren Gräser, die schnell reiften und kräftige Samen bildeten, die dann beim nächsten Regen wieder keimen konnten. Zusätzlich zu diesen »Flachwurzlern« gab es Pflanzen, die dem versickernden Wasser mit besonders tiefreichenden Wurzeln folgten und das Wasser und Nährstoffe sogar speichern konnten, indem sie diese Wurzeln verdickten.

Das Ursteppenpferd ernährte sich also den überwiegenden Teil des Jahres von »Heu oder Stroh am Stiel« und den verschiedensten Samen. Zusätzlich verführten saftige oberirdische Pflanzenbestandteile sie dazu, auch nach Wurzeln und Knollen zu graben.

Die Nahrung war zwar nicht immer reichlich, doch konzentriert und gut. Dies war für die Fluchttiere, die mit möglichst leichtem Bauch anstrengende Fluchten bewältigen mußten, auch nötig.

Die Stuten konnten ihre Milchleistung schon nach wenigen Monaten stark reduzieren, da den Fohlen ja konzentriertes Futter zur Verfügung stand. Doch blieben die Fohlen der sozialen Bindung wegen noch lange an der Milchquelle, besonders wenn die Stute wegen geringerer Niederschläge ein Jahr »aussetzte«.

Typ IV – Der Uraraber

Der Uraraber lebte unter ähnlichen klimatischen Bedingungen wie das Ursteppenpferd. Entscheidend schlechter war jedoch der Boden, auf dem sein Futter wuchs. War der Steppenboden nur flachgründig und humusarm, so lebte der Uraraber in sogenannten Steinwüsten oder auch echten Halbwüstengebieten, in denen versandete Flächen mit schwach humosen Flächen abwechselten. Die Regenfälle blieben oft jahrelang aus. Setzte dann der Regen ein, so konnte der Boden das Wasser nicht festhalten. Reißende Ströme ergossen sich über das Land. In den »Flußtälern« blieb eine dünne Schlickschicht zurück. Nach wenigen Tagen setzte üppiges Keimen der artenreich zusammengeschwemmten Samen ein. Nach wenigen Wochen war bereits wieder die Samenreife eingetreten. Die stacheligen Büsche, die bei den Regengüssen erblüht waren, trugen nun saftige Früchte, die als Zufutter verspeist wurden.

Bei gutem, »kernigem« Futter war jedoch stetiger Futtermangel: Die »Futternischen« mußten mühsam aufgespürt werden. Zusätzlich erschwerend kam der krasse Gegensatz von sehr heißen Tagen zu sehr kalten Nächten in diesen steinigen und sandigen Landschaften und ein chronischer Wassermangel. Selektiert haben sich auf diese Weise die futterdankbarsten, zähesten, trockensten Tiere mit wenig Kaliber und wenig Bauchraum, deren Zähne am besten auf das zur guten Futterausnutzung nötige Zermahlen der harten Körner eingerichtet waren.

Da die Fohlen noch nicht so lange auf Wasser verzichten konnten, wie dies die oft eine Tagesreise vom Weideplatz entfernten Wasserlöcher erforderlich machten, erhielten sie verhältnismäßig lange kleine Mengen Muttermilch. Die Stuten fohlten unter solch extremen Bedingungen häufig nur alle zwei Jahre, so daß die Fohlen gelegentlich bis zur Geschlechtsreife an der Mutter blieben.

Heute vergleichbares Wild: die echte Gazelle.

Rauhfutterfresser und Körnerfresser

Beim Betrachten der natürlichen Futtergrundlagen ergeben sich grob gesehen zwei Gruppen:

Typ I und Typ II: Rauhfutterfresser
Ernährungsgrundlage: Dauerweide mit mehr oder weniger überständigem Gras, dazu Rinden, Flechten usw.
Typ III/IV: Körnerfresser
Samen, sehr trockenes Gras bis hin zu Heu bzw. Stroh, dazu Wurzeln und Früchte.

Bei Typ I und II sollte die Ernährungsgrundlage also im wesentlichen aus Weide, die nicht zu intensiv, sondern extensiv sein soll, bestehen. Zum Ausgleich für die mangelnde Vielseitigkeit des Kulturheus und um den Rauhfutterbauch der »Brummis« in Grenzen zu halten, empfiehlt sich im Winter bei allen Tieren der Einsatz von mindestens ½ bis 1 kg Kraftfuttergemisch. Bei entsprechender Zusammensetzung kann damit auch das Eiweiß/Stärke Verhältnis geregelt werden. Ein wenig »Saftfutter« (Rüben, Silage, Äpfel) ist nie verkehrt: Das »Heu«, das die Ponys unter dem Schnee hervorscharrten, war ja auch saftig. Das Rauhfutter sollte zum Großteil aus Stroh bestehen.
Bei Typ III/IV besteht im Sommer die Ernährungsgrundlage ebenfalls aus Weide. Jedoch muß wieder auf »trockenes«, nicht zu junges und vor allem nicht zu »mastiges« Gras geachtet werden. Ungeeignet ist also durch Überdüngung zu wasser- und eiweißreiches Gras, dem es an »Substanz« = Rohfaser, Mineralstoffen und Spurenelementen fehlt. Der fehlende »Kern oder Biß« des Futters wird – besonders bei »reinen« Typen wie etwa Vollblut – durch beigegebenes Hartfutter, z. B. Hafer und etwas Rauhfutter, ersetzt. In der Winterfütterung wird Typ III u. IV üblicherweise Heu und Kraftfutter im Verhältnis 1:1 gegeben. Sehr wichtig ist jedoch gutes Futterstroh, das die Ration bis zur Sättigung ergänzen soll. Als »Leckerbissen« werden Wurzeln oder Früchte

gegeben (Karotten, Rüben, Obst) oder auch ein wenig gute, konzentrierte Silage (bevorzugt Mais) gefüttert. Als Ersatzwurzeln werden eingeweichte Trockenschnitzel gegeben.

Abrundung der Grundration

Besonders in den Monaten Februar bis Mai soll das nun schon recht vitaminarme Heu durch Trockengrünpellets oder Cobs aufgewertet werden. Dies gilt für alle vier Typen. Besonders für Typ III/IV ist das betacarotinhaltige Luzernegrünmehl sozusagen standortgerecht und auch für die bei diesen Rassen üblichen frühen Bedeckungen der »Startschuß«.
Trockenschnitzel und Grünmehl bringen Calcium in die Ration – dies ist besonders bei stärkerer Verfütterung von Getreideprodukten ein zusätzliches Plus. Der Mineralstoffausgleich bzw. die Ergänzung muß täglich vorgenommen werden. Auf der Weide genügt die Leckschale (bei trockenem Wetter gelegentlich befeuchten!), so daß die Tiere ihren Bedarf selbst decken können. Während der Weidezeit ist der Vitaminbedarf der Tiere voll gedeckt. Vitamin D (wird unter Einwirkung des Sonnenlichts im Körper selbst gebildet) gleicht auch kleinere »Mißstimmungen« im Mineralhaushalt aus. Im Winter gleicht man das Vitamindefizit durch vitaminisiertes Mineralfutter weitgehend aus; gestreßte, verwurmte, kranke Pferde erhalten einen Vitaminstoß, am besten mit den wichtigsten Spurenelementen, wie Eisen, kombiniert.

Individuell abgestimmte Fütterung

Innerhalb ihrer Rasse aufgezogen, hager, eckig wirkende, zum schwerfuttrigen Typ III tendierende Exemplare haben gewöhnlich einen ca. 10 bis 20% erhöhten Bedarf zu den angegebenen Mittelwerten.

Rundrippige »Typ I«-Varianten sind meist auch entsprechend leichtfuttriger und erhalten Abzug, vor allem beim Hafer.

Tiefrumpfige, schwerknochige Rassen, besonders Kaltblut, werden traditionell mit großen Mengen Saftfutter – hier besonders die Massenrübe – gefüttert. Dies hat zweierlei Gründe: Zum einen hofft man, durch die gewaltigen Futtermassen das Pferd »rumpfiger« zu machen, zum anderen hat es auch einen durchaus praktischen, gesundheitlichen Hintergrund. Ganz besonders das Kaltblut, aber auch unsere alten, schweren Warmblutschläge mit dem unübersehbaren Typ-II-Einschlag neigen bei zu guter, zu konzentrierter Fütterung zu Stoffwechselstörungen.

Bei ausreichender Bewegung kommt es meist nur zu milderen Erscheinungsformen – wie etwa der Mauke – doch bei Bewegungsmangel kommt es schnell auch zu ernsthaften Erkrankungen. Hier bieten sich die Rüben als diätisch und laxierend wirkendes Futter geradezu an. Die leichtverdaulichen Rüben entlasten den Organismus, auch besonders während der Laktation: Mit Rüben kann man der Mutterstute ohne Gesundheitsgefährdung leicht ein paar Liter Milch mehr für das Fohlen entlocken.

Besonders gesund ist die Karotte (auch gelbe Rübe, Mohrrübe oder Möhre) durch ihren hohen Gehalt an Carotin, dem Provitamin A. Sie hat auch leicht wurmabtreibende Wirkung (Spulwurm).

»Ersatzrüben« sind eingeweichte Trockenschnitzelpellets. Diesem Rückstandsprodukt der Zuckerrübenverarbeitung wird beim Pressen als Bindemittel die überaus diätisch wirkende Melasse zugesetzt. Zuckerhaltige Futtermittel (Rüben, Obst, Melasse) werden vom Pferd besonders gut verdaut und können durch ihren hohen Energiegehalt zum Ausgleich von zu eiweißreichen Rationen beitragen.

Diätfutter

Kranke Pferde werden genau wie solche, die zu wenig Bewegung erhalten (Stehtage oder allgemein eingeschränkte Bewegung, z. B. wegen Glatteis kein Auslauf), auf Diät gesetzt. Daraus folgt auch, daß Jungtiere, die im Winter besonders wenig Bewegung erhalten, in dieser Zeit keine hohen Zunahmen haben dürfen (Schädigungen des Skelettaufbaus!).

Diät heißt: stark reduzierte Kraftfuttergaben, überwiegend Heu und Stroh, dazu Rüben, Diätzusätze wie Leinsamen, Hefe, Obstessig. Strenge Diät heißt: Stroh, mageres Heu (d. h. überständig geerntetes, aber gesundes, nicht verregnetes Heu), kein Getreide, auch zuckerhaltige Futtermittel erheblich einschränken (höchstens 1 kg Trockenschnitzel, keine echten Zuckerrüben). 5 kg Mohrrüben oder Futterrüben, 200 gr Leinsamen gekocht, 200 gr Hefe, ein Glas Obstessig und ein vitaminhaltiges Mineralfutter nicht zu vergessen, erhalten den Stoffwechsel gesund. Strenge Diät muß eingehalten werden, wenn ein trainiertes Tier sich verletzt und plötzlich »total« ruhiggestellt wird. Ebenso ist strenge Diät nach Koliken zwei bis drei Tage, sowie während schwerer Infektionserkrankungen einzuhalten.

Besonders sorgfältig muß die hochtragende Stute gefüttert und gesunderhalten werden, damit sie kein schwächliches Fohlen gebiert.

Füttern – wieviel und wie?

Die »Kondition«

Die Kondition, sprich die Leistungsfähigkeit, hängt natürlich nicht nur mit dem Trainingszustand, sondern auch mit dem Ernährungszustand zusammen. Deshalb hat sich eingebürgert, bei mageren Tieren von »schlechter« und bei fetten Tieren von »zu guter Kondition« zu sprechen. Aber Vorsicht mit Komplimenten: Hat Ihr Pferd »hervorragende Kondition«, so befindet es sich in »Schau- und Ausstellungskondition«, ist also vom gesundheitlichen Standpunkt aus schon zu fett, ein kleines »Wirtschaftswunder«. Heißt es auf der Schau dagegen, Ihr Pferd sei in »Reitkondition«, so haben Sie schon wieder etwas falsch gemacht: Es war den Richtern offensichtlich zu ma-

»Schlaksig« ist beim Jährling normal. Jedoch sollte er gesund = lebhaft und glänzend im Fell sein!

ger. Ist ein Pferd gar »arm«, so hat es auch zu wenig Bemuskelung. Hier sollte zusätzlich zu einer Futterzulage eine Wurmkur nicht vergessen werden (vielleicht hat sich das Tier auch wegen der Würmer matt und müde gezeigt). Viele Pferde werden jedoch nur bei der Arbeit rund. Für Fohlen ist die »Arbeit« das Spiel in der »Youngster-Gruppe«.

Die »richtige« Kondition hat Ihr Pferd, wenn man mit bloßem Auge die Rippen nicht mehr sehen, sie dafür mit den Fingern aber noch spüren kann. Zusätzliche Hilfe bringt das Maßband. Nimmt die Gurtentiefe (gemessener Brustumfang in Höhe der Sattelgurtlage) in 14 Tagen um zehn Zentimeter zu, so ist es ihm entschieden zu gut ergangen. Das sollten Sie an seinem »frechen« Benehmen auch schon bemerkt haben.

Zu fette Tiere, die auch noch zu gut gefüttert werden, leiden schnell unter schweren Stoffwechselstörungen (z. B. Hufrehe). Abhilfe bringt nur viel Bewegung bei gleichzeitiger Futterreduzierung. Abnehmende Tiere brauchen etwas mehr Mineralstoffe, da der verbrauchte »Speck« keinerlei Mineralien enthält – diese müßten aus dem Knochengerüst entnommen werden, und dies ist zu vermeiden.

Wieviel und was braucht das Fohlen?

Das Saugfohlen soll in »üppiger Kondition« sein. Dies ist ein Zeichen für Milchergiebigkeit der Stute. Ein Naschen an Mutters reichlicher Ration genügt dem Fohlen als Beifutter. Ist das 14 Tage alte Fohlen noch knochig, so gibt die Stute zu wenig Milch. Hier ist nicht die Stute (die meist dasteht wie das blühende Leben), sondern das Fohlen vermehrt zu füttern. Mit den im Handel erhältlichen Fohlenstartern, zur freien Aufnahme in einer der Mutter unzugänglichen Fohlenkrippe gefüttert, können dem Fohlen die benötigten Nährstoffe zugeführt werden. Auch spät im Jahr geborene (August usw.) Fohlen entwickeln sich meist nicht mehr optimal. Hier haben sich Haferflocken, die als Zusatzfutter bereits vom wenige Tage alten Fohlen aufgenommen werden, sehr bewährt.

Zeigt die Mutter geringe Milchergiebigkeit, ist es besser, das Fohlen früh (16 Wochen) abzusetzen und unter Einsatz von Fohlenstartern großzuziehen. Das Fohlen kann nach dem Absetzen wieder mit der Mutter mitlaufen.

Nach dem achten Lebensmonat geht der Bedarf an besonders hochverdaulichem Eiweiß stark zurück. Fohlen, die bis dahin Muttermilch erhalten, können mit den üblichen Futtermitteln zufriedenstellend aufgezogen werden und brauchen keine teuren Extrarationen.

Sollen die Fohlen, wie bei vielen Ponyrassen üblich, den Winter im Offenstall verbringen, empfiehlt es sich, die Stuten erst im Juni/Juli zu belegen. So können die Fohlen über die kälteste Jahreszeit hinweg noch saugen und entwickeln sich ungestört weiter.

Abgesetzte Fohlen sämtlicher Rassen erhalten im ersten und auch zu Beginn des zweiten Winters auf jeden Fall Kraftfuttergaben. Auch Fohlen von Robustponys – Shetty, Isländer, Fjord – können sich in diesem Alter mit ausschließlichen Rauhfuttergaben nicht im gewünschten Maß entwickeln und erhalten Kraftfuttergaben von 1 bis 2 kg im ersten, von 0,5 bis 1 kg zu Beginn des zweiten Winters. Bei entsprechenden Rüben- oder Silagegaben und gutem Heu kann das Kraftfutter dann allmählich aus der Ration weggelassen werden.

Abgesetzte Fohlen auf der Herbstweide müssen die gleichen Kraftfuttergaben wie bei der Winterstallfütterung erhalten. Jährlinge erhalten dann im Sommer normalerweise bei Ganztagsweide kein Beifutter mehr.

Eine Ausnahme bilden Jährlinge der Rennpferderassen, die im November in den Rennstall sollen. Hier ist optimale Entwicklung nötig, die ohne Beigabe von 2 bis 3 kg Hafer o. ä. nicht erreicht werden kann. Normalerweise soll ein Jährling aber gar nicht »optimal entwickelt« sein. Im Hinblick auf die spätere Lebensdauer und Leistungsfähigkeit hat es schon von alters her geheißen: Der gute Jährling ist eckig und schlaksig. Zu »runde« Jährlinge werden vom erfahrenen Züchter mit Mißtrauen betrachtet. Entweder handelt es sich um zu »fertige« Exemplare, die dann üblicherweise zu klein bleiben, oder der Futtermeister hat es mit den Tieren zu gut gemeint, diese stehen – nicht zu unrecht – in dem Ruf, verweichlicht zu sein.

Fütterungstechnik auf der Weide

Kann die 24-Stunden-Weide nicht durchgeführt werden, so müssen die Jährlinge in der Regel Beifutter erhalten. Bei acht Stunden Weide täglich reicht meist etwas Heu und 1 kg Hafer. Wird eingegrast, so daß die Jährlinge sich die Futterpflanzen nicht mehr auswählen können, legt man etwa 0,5 kg vielseitig zusammengesetzte Ergänzungsfuttermittel und Stroh zu. Zur Mineralstoffergänzung reicht bei Grasfütterung, wie auf der Weide, die übliche Leckschale zur freien Aufnahme aus.

Zweijährige und ältere Jungtiere, die sich auf der 24-Stunden-Weide zu üppig entwickeln, kommen in den Offenstall mit Trockenauslauf und werden stundenweise auf die Weide gestellt. Im Stall erhalten sie ausschließlich Stroh beigefüttert bzw. eingestreut.

Läßt im Herbst die Qualität und der Bewuchs der Weide nach, so beginnt man zweckmäßigerweise mit der Beifütterung. Bei wasserreichem, kurzem Drittelgras wird Heu beigegeben. Ein gutes Beifutter zu etwas älterem Aufwuchs

Auf gut trittfesten Weiden sollten die Jungpferde auch im Winter rund um die Uhr ins Freie können und auch draußen gefüttert werden.

stellt der Grünmais dar. Der Mais wird in einer Menge von drei bis zehn Pflanzen (je nach Kolbenausbildung) pro Pferd auf sauberen Stellen der Koppel unzerkleinert vorgelegt. Auch Maiscobs aus Ganzpflanzenmais sowie Hafer kann als Beifutter verwendet werden.

Sind abgesetzte Fohlen in der Herde, so werden sämtliche Tiere einige Tage an einen speziellen Beifutterplatz – am besten in einer abgegrasten Nachbarkoppel – gewöhnt. Anschließend werden nur noch die Absetzer an den gewöhnten Beifutterplatz gelassen und können dort in Ruhe fressen. Sind die Fohlen satt, legt man auch den anderen Pferden Futter vor und läßt die Absetzer zur Herde zurücklaufen.

Bei der Herbstbeifütterung wird allmählich in Rhythmus, Menge und Zusammensetzung auf Winterfütterung umgestellt.

Fütterungstechnik im Winter

Das Pferd frißt normalerweise in kleinen Mengen und mindestens acht Stunden am Tag: am liebsten in vielen, kleinen Portionen. Es kann eigentlich auch gar nicht anders, da es im Verhältnis zu seinem Körper einen winzigen Magen hat, der nur etwa zehn Liter faßt. Wiederkäuer werden normalerweise zweimal am Tag gefüttert: Sie schlingen ihr Futter schnell, ohne es nennenswert zu zerkauen oder einzuspeicheln, hinunter. Dann liegen sie stundenlang friedlich wiederkäuend.

Das Pferd kann das nicht. Es muß bereits beim Fressen das Futter gründlich zerkauen und einspeicheln; die Verdauung fängt bereits im Maul an. Hat das Pferd keine Ruhe beim Fressen oder schlingt hungrig, gierig und futterneidisch sein Futter hinein, kommt es häufig zu recht unangenehmen Schlundverstopfungen.

Heu kann hierbei auf dem Boden vorgelegt werden, Kraftfutter, Silage usw. wird in Wannen oder Tröge gegeben.

Das Pferd war eben Millionen von Jahren gewöhnt, hier ein Gräschen, da ein Hälmchen zu fressen und nicht etwa 4 kg Hafer »auf einen Sitz«. Lange Freßzeiten sind auch erwünscht, um dem Pferd die Langeweile in der Box zu vertreiben. Werden überwiegend Futtermittel mit sehr kurzer Freßdauer eingesetzt – wie etwa Pferdekorn – so muß wenigstens ständig Stroh zur Verfügung stehen, sonst knabbert das Pferd an seinem Stall herum oder versohlt vor lauter Langeweile seine Kameraden. Ein Futter mit besonders langer Freßzeit ist übrigens die Maissilage. Vielleicht können Sie mit dem benachbarten Landwirt ein Geschäft machen und dürfen sich täglich mit dem Schubkarren etwas für Ihre Lieblinge holen. Lange Freßzeiten stellt man auch beim Heu sowie beim ganzen Hafer fest, der meist sehr gründlich eingespeichelt wird.

Verabreichung der Futtergaben in möglichst kleinen Portionen, auf möglichst fünf, mindestens aber drei Tagesgaben verteilt, macht vor allem große Mengen an Kraftfutter bekömmlicher. Auch das Heu sollte in mehreren kleinen Portionen gefüttert werden – übrigens immer am Boden, auf der sauberen Einstreu vorgelegt und nicht in der altmodischen Raufe, die eher für Giraffen geeignet wäre.

Zu große Heugaben verleiten das Pferd zur Unsauberkeit. Die weniger schmackhaften Stengel werden in den Mist getreten und morgens um vier, wenn der Magen knurrt, unter den Äpfeln wieder hervorgezogen.

Die »Vorratsfütterung« hat sich genauso wenig bewährt wie die Automatenfütterung. Fütterung und Freßzeiten sind unerläßliche Beobachtungszeiten für den Tierhalter. Hier merkt man jede auch nur geringe Unpäßlichkeit und kann der Sache sofort auf den Grund gehen. Im Laufstall oder in der Herde – aber auch bei futterneidischen Mutterstuten, die ihr eigenes Fohlen nicht an die Krippe lassen – muß zudem immer beobachtet werden, ob auch alles »gerecht« verteilt wird. Einmal heruntergekommene Tiere brauchen lang, um sich wieder herauszufressen.

Gerade im größeren Bestand ist schnelles Füttern sämtlicher Tiere sehr wichtig. Sonst kommt es zu Verletzungen durch Klopfen, zu Unsauberkeit durch Scharren, im Laufstall zu wüsten Streitereien. Mein Trick: Das Futter für die nächste Mahlzeit wird bereits hergerichtet, wenn die Pferde alle noch fressen.

Morgens bei der ersten Fütterung wird sozusagen im Laufschritt allen Pferden (klopfenden zuerst) ein wenig Kraftfutter in den Trog gefüllt. Dann wird das abends vorbereitete Stroh in die Boxen und Laufställe geworfen. Nun kann ich in Ruhe das Heu abwerfen; die Pferde sind mit dem guten Stroh genügend abgelenkt.

Die Offenstallpferde erhalten genauso wie Pferde im Winterauslauf bei sauberem, trockenen Boden oder Schneeuntergrund das Heu draußen vorgelegt. Im Freien kann sogar unsere alte dämpfige Stute das Heu fressen, ohne zu husten; im Stall muß sie dagegen mit Luzernecobs und Stroh gefüttert werden.

Im übrigen muß nicht bei sämtlichen fünf Fütterungszeiten jedes Futtermittel der Ration verabreicht werden. Nur große Mengen Kraftfutter – Hafer o. ä. – sollen gleichzeitig auf alle, mindestens aber drei Futterzeiten verteilt werden. Andere Futtermittel – wie etwa Rüben, Maissilage, eingeweichte Trockenschnitzel – können bei kleineren Mengen einmal täglich, bei größeren Mengen auf zweimal verteilt, verabreicht werden. Am besten zwischen Hafermahlzeiten, dann hat man schon wieder zusätzliche Freßzeiten untergebracht. Diätzusätze – Leinsamen, Hefe, Obstessig usw. – gibt man einmal täglich.

Ein warm angerührtes »Mash« aus gequollenem Leinsamen, Getreide und evtl. Kleie kann man aus Gründen der Arbeitsersparnis auch zwei- bis dreimal die Woche füttern. Kleie muß übrigens immer feucht gefüttert werden, da sie sonst – wie auch nicht eingeweichte Trockenschnitzel – Schlundverstopfungen verursacht. Bei jeder Fütterung sollte man ein kleines Scheibchen Heu zugeben, um die Freßzeiten zu verlängern.

Neue Futtermittel, die man von der Menge her noch nicht im Griff hat, wiegt man zur Probe, danach kann man sich bei der Fütterung auf grobe Zuteilung – z. B. eine Schaufel, eine große/kleine Gabel, einen halben Meßbecher voll usw. – beschränken.

Mindestens bei einer Fütterung täglich sollte man es sich zur Gewohnheit machen, alle Tränkebecken zu kontrollieren.

Wasser

Sauberes Wasser ist für die Verdauung, besonders der trockenen Winterration, möglichst ständig anzubieten! Muß man noch mit dem Eimer (arbeitsgünstiger ist auf jeden Fall der Schlauch) tränken, so soll frisches Wasser zweimal täglich gegeben werden, bei laktierenden Stuten bei jeder Freßzeit.

Neue Futtermittel

Jedes neue Futtermittel muß anfangs in kleinen Mengen gegeben werden, damit sich die Darmbakterien umstellen können.

Noch ungewohnte Futtermittel nehmen manche Pferde nur zögernd auf. Die Massenrübe ist ein Beispiel dafür, daß Pferde sich nach dem Motto »was der Bauer nicht kennt, frißt er nicht« oft monatelang zieren. Fohlen nehmen übrigens – dem Beispiel der älteren Tiere folgend – sämtliche Futtermittel, auch un-

Die Vorbereitung auf die saftige Frühjahrsweide erfolgt problemlos durch Beifütterung von Gras im Stall oder Auslauf.

gewohnte, problemlos an. Bereits bekannte Futtermittel, die länger nicht mehr auf dem Speiseplan standen, werden hingegen gierig begrüßt. Dies merken Sie spätestens, wenn es Ihren Schlaumeiern mal gelungen ist, die Tür zur Futterkammer zu knacken – dann droht Lebensgefahr! Ein »Aufhören« bei den Leckerbissen kennt das Pferd nämlich nicht.

Umstellung auf die Weide

Die gleichen Probleme drohen zu Beginn der Frühjahrsweide. Um Koliken zu vermeiden, müssen die Pferde bereits im Stall mit gemähtem Gras angefüttert werden. Am ersten Tag gibt man morgens, mittags und abends je eine kleine Gabel Gras pro Pferd, zur Vorsicht mit Stroh vermischt. Am nächsten Tag gibt man fünf kleine Gabeln, schließlich große Gabeln, bis das Pferd nach fünf bis sieben Tagen nur noch Gras erhält. Nun kann man gefahrlos austreiben. Auf der Weide bietet man – besonders wenn das Gras noch recht jung ist –noch etwas allerbestes Heu an. Tieren, die im Stall hohe Kraftfuttergaben erhielten (Mutterstuten), gibt man anfangs noch etwas Hafer bei.

Die Futterberechnung

Erläuterungen zur Anwendung der folgenden Tabellen

Die *Höchstmengenangaben* gelten für ein Pferd von 500 kg Gewicht bei entsprechendem Bedarf (Arbeit/Wachstum/ Laktation) und ausreichend Bewegung. Bei der Zusammenstellung der Rationen ist immer der Typ (Rauhfutterfresser/ Körnerfresser) zu beachten.

Qualität
Alle Futtermittel müssen von einwandfreier Qualität sein. Im Zweifel wird lieber weniger, aber gut gefüttert. Zum Beispiel ist gutes Futterstroh besser als verregnetes Heu. Zum Stroh gibt man dann 2 kg gutes Heu (auch wenn es doppelt soviel kostet wie das verregnete) oder 1 kg Luzernepellets. 1 kg Luzernepellets und 1 kg Stroh ersetzen 2 kg hervorragendes Heu, 1 kg Luzernepellets und 2 kg gutes Futterstroh ersetzen 3 kg Magerheu, gute Qualität.

Einzelfuttermittel-Tabelle

| | Höchstmenge | Verdau- lichkeit d. Rohprot. | 1 kg Futtermittel enthalten: | | | |
| | | | verd. Eiweiß | verd. Energie | Cal- cium | Phos- phor |
	kg/Tag	%	g	MJ	g	g
Grünfutter						
Weide extensiv	zur freien Aufnahme	70	17	2,0	2,5	0,5
Wiese, grasreich (beides Mitte der Blüte)	30–50	70	20	1,9	2,5	1,3
Grünhafer, milchreich	20	50	10	2,2	0,8	0,5
Grünmais, milchreich	15	57	12	2,5	1,1	0,6
Grünmais, teigreif	10	60	15	3,1	1,2	0,6
Rauhfutter						
Heu, handelsüblich	10	62	68	8,5	4,5	2,7
Ackerheu, handelsüblich	5	67	76	8,7	2,9	2,9
Heu v. externer Weide	beliebig	60	50	8,0	6,0	3,0
Heu v. 2. Schnitt	5	55	50	8,0	8,0	1,2
Heu heißluftg. (Cobs)	5	68	96	8,7	5,0	3,0
Grünmehl, Gras, pell.	3	74	130	10,2	7,0	3,5
Grünm. Luzerne, pell. 18%	3	68	120	9,2	18,8	2,8
Stroh, Hafer	frei z. Ergänzung	35	10	5,5	3,5	1,2
Stroh, Gerste	frei z. Ergänzung	23	7	4,8	4,0	0,7
Stroh, Weizen	frei z. Ergänzung	28	7	4,6	2,6	0,6
Getreide (max. insges. 50% der Trockenmasse [TM])						
Hafer	90% d. Kraftf.	79	86	11,6	1,0	3,0
Gerste (max. 2 kg)	30% d. Kraftf.	81	84	12,8	0,6	3,6
Mais	90% d. Kraftf.	71	67	13,6	0,4	2,9
Weizen (max. 1 kg)	30% d. Kraftf.	73	86	13,4	0,7	3,2
Weizenkleie (max. 0,4 kg)	10% d. Kraftf.	75	107	9,4	1,5	11,53
Malzkeime (nicht für Turnier- pferde, Dopingliste)	10% d. Kraftf.	87	243	12,4	2,5	7,3

Außer diesen angegebenen Getreideprodukten sollen keine weiteren eingesetzt werden, ganz besonders kein Roggen (0%!), aber auch keine Roggenkleie und keinerlei Nachmehle, Bollmehle, Grießkleien – verkleben den Darm! Das Getreide gequetscht, evtl. aufgebrüht (Gerste) verfüttern. Hafer kann auch heil gegeben werden.

Saftfutter						
Silage, Gras, gut	5	66	34	3,3	3,1	1,1
Silage, Mais, gut	20	60	14	2,9	0,9	0,7
Massenrüben	30	67	7	1,5	0,28	0,28
Gehaltsrübe	30	67	8	2,0	0,39	0,35
Karotte	30	87	9	1,8	0,51	0,37
Zuckerrübe	15	75	10	3,3	0,51	0,37
Kartoffeln, roh	10	55	10	3,0	0,09	0,55
Kartoffeln, gedämpft	10	72	14	3,1	0,18	0,55

Obst, bevorzugt Äpfel und Birnen, kann (allmähliche Gewöhnung) bis 20 kg gegeben werden. Die Inhalte liegen etwa wie bei der Zuckerrübe.

	Höchstmenge	1 kg Futtermittel enthalten:				
		Verdaulichkeit d. Rohprot.	verd. Eiweiß	verd. Energie	Calcium	Phosphor
	kg/Tag	%	g	MJ	g	g
Ergänzungsfutter						
Trockenschnitzel	3	55	48	12,35	8,52	1,00
(12–24 Stunden eingeweicht mit je 6 kg Wasser)						
Maiscobs	5	55	24	9,85	2,3	1,1
Melasse (feucht)	2	80	80	11,05	4,7	0,23
Leinsamen	10% d. Kraftf., 0,1–0,2 kg	75	172	14,51	2,4	3,6
Leinexpeller	10% d. Kraftf.	83	278	11,45	3,7	7,5
Bierhefe, trocken	5% d. Kraftf., max. 0,2 kg	92	413	14,11	2,8	13,5
Biertreberhefe 60:40%	10% d. Kraftf., max. 0,5 kg	80	261	10,8	3,4	8,1
Als Bestandteil von Fertigfuttermischung oder Eigenmischung						
Sonnenblumenexp.	20% d. Kraftf.	85–97	2–400	10–14	2	5–14
Sojaextrakt-Schrot	10% d. Kraftf.	91	456	15,07	2,8	6,8
Soja-Erdnußöle	3% d. Kraftf.					
Leinöl	5% d. Kraftf.					
Melasseschnitzel	15% d. Kraftf.	73	60	10,80	7,92	0,91
Trockenschnitzel	10% d. Kraftf.	55	48	12,35	8,52	1,0
Viehsalz	1% d. Kraftf.					
Vollmilchpulver	25% d. Kraftf.	85	220	19,92	8	7
Magermilchpulver	25% d. Kraftf.	84	284	14,03	13,17	10,0
Futterzucker	20% d. Kraftf.	70	12	13,95	0,39	0,10
Haferfutterflocken	50% d. Kraftf.	74	96	14,14	0,82	3,9

Nicht enthalten dürfen u. a. folgende Futtermittel sein: 0% an: Rapsschrot, Tapioka, Buttermilch-, Molkenpulver, tierische Fette sowie die unter Getreide erwähnten Komponenten. Vorsicht beim Kauf von Fertigfuttern! Besonders Milchviehfutter, Kälberstarter, aber gelegentlich auch »Pferdeallein- oder Ergänzungsfutter« enthalten zum Teil erhebliche Mengen gesundheitsgefährdender Komponenten.

Stutenmilch		91	18	1,73	1,0	0,6
Stuten-, Kolostralmilch		91	31	2,10		

Rohfaser

Rohfaser soll beim Winterfutter immer, aber auch bei sehr junger Weide, zur freien Aufnahme bereitstehen (Stroh, Heu).

Verhältnisse in der Ration

Das Eiweiß/Energie-Verhältnis muß, genau wie das Calcium-Phosphor-Verhältnis, immer stimmen. Anhand der nachstehenden Tabelle, die vom Durchschnittsbedarf eines Pferdes mit dem Endgewicht von 500 kg ausgeht, können Sie sich bedarfsgerechte Rationen zusammenstellen.

Säugende Stuten

Bei Tieren mit Höchstmengenbedarf (säugende Stuten) soll das Futter immer so vielseitig wie nur irgendmöglich zusammengestellt sein.

Abgesetzte Fohlen

Fohlen bis zum achten Lebensmonat stellen sehr hohe Ansprüche an die Verdaulichkeit (natürliche Mindestsäugezeit). Bei bereits abgesetzten Fohlen dieser Altersstufe sollen Futtermittel mit besonders hoher Verdaulichkeit des Rohproteins (Spalte 3) eingesetzt werden (z. B. Leinsamen, Leinexpeller, Malzkeime, Biertreberhefe, Karotten).

Bedarf und Wachstumsverlauf

Der Bedarf an den Hauptnährstoffen Eiweiß und Energie sowie an den Mengenelementen Calcium und Phosphor soll entsprechend der Bedarfstabelle gedeckt werden.

Deckung des sonstigen Bedarfs

Spurenelemente

Hier liegen noch sehr spärliche Untersuchungsergebnisse vor. Empfohlen werden zumeist (für Pferde mit 500 kg Endgewicht) täglich folgende Mengen in mg:

			mg/Tag
Eisen	– Stuten und Fohlen:		1000
Eisen	– andere Pferde:		800
Kupfer	–		200
Zink	–		500
Kobalt	–		0,07
Mangan	–		400
Selen	–		1,5
Jod	–		2,0

Dieser Spurenelementbedarf kann mit den meisten handelsüblichen Mineralstoffmischungen mit Spurenelementbeigaben gedeckt werden. Zumeist muß man nur darauf achten, daß Selen nicht übersehen wurde.

Bedarfstabelle / Hauptnährstoffe (Tagesbedarf pro 500 kg Endgewicht)

Alter/Leistungsstufe	verd. Eweiß g	verd. Energie MJ	Calcium g	Phosphor g
3. bis 6. Monat	575	60	30	21
7. bis 12. Monat	460	62	24	16
13. bis 18. Monat	435	66	25	17
19. bis 24. Monat	410	68	25	17
25. bis 36. Monat	395	72	25	17
während des Anlernens 3½ –4jährig	450	90	29	19
tragende Stute, 8. Monat	410	71	29	19
tragende Stute, 11. Monat	520	80	37	25
Laktationsmonat 1.	1060	120	46	35
Laktationsmonat 3.	1110	127	49	39
Laktationsmonat 5.	830	108	42	34

Das Mineralfuttergemisch

Mineralfuttergemisch ohne die ausdrückliche Selen-Angabe nicht verwenden! Der Magnesium- und Kaliumbedarf ist bei Verwendung von Mineralfuttergemischen als gesichert anzusehen. Es können zur Not auch nicht nur für Pferde, sondern auch für Rinder (jedoch ohne Mastzusätze, Antibiotika o. ä.!) hergestellte Mineralfutter verwendet werden. Ausschlaggebend für den Einsatz ist immer das Calcium-Phosphor-Verhältnis. Je nach den verwendeten Futtermitteln kann eine Mischung 4:1 (Calcium:Phosphor) etwa bei reiner Heu/Hafermischung oder aber auch eine Mischung 0,9:1 zur Ergänzung der Ration nötig sein – etwa bei hohen Gaben Luzernecobs oder -pellets und Trockenschnitzeln (siehe Einzelfuttermittel-Tabelle, Spalte 6 und 7, sowie Bedarfstabelle, Spalte 4 und 5). Zur Vorsicht geht man auf 125% des errechneten Wertes. Leichte Überschüsse werden bei ausreichend Bewegung gut vertragen bzw. ausgeschieden. Mangel führt jedoch zu Schwächungen des Skeletts. Länger andauernde Mangelsituationen führen gar zu schweren Stoffwechselstörungen.

Natriumchlorid (= Salz) ist in den Mineralfuttergemischen in Höhe von etwa 9 bis 14% beigegeben. Diese Menge reicht – zumal wenn die Pferde schwitzen, z. B. beim Anlernen – oft nicht aus. Ein Salzleckstein, am besten ein Naturstein, der recht hart ist und der nicht bei Regen oder Stallmief einfach davonfließt, wird in die Krippe oder auf der Weide in eine leere Leckschüssel gelegt. Das Pferd holt sich seinen Restbedarf selbst.

Die Vitaminversorgung

Gleichfalls schwere gesundheitliche Störungen werden durch den gravierenden Mangel an Vitaminen hervorgerufen. Jedoch ruft Überfütterung mit fettlöslichen Vitaminen gleichfalls schwere Gesundheitsstörungen hervor. Also nicht übertreiben!

Im Sommer sind alle Ansprüche des Pferdes an die Vitaminversorgung bei Weidegang gedeckt. Die Mineralleckschalen, die für Weidezwecke gehandelt werden, sind ohne Vitaminisierung und haben ein Calcium-Phosphor-Verhältnis von 2,5–1,5:1, was durchaus ausreichend ist.

Im Winter kommt es beim Pferd zu einer starken Unterversorgung mit Vitamin A, das heißt, eigentlich mit seinem Provitamin A, dem Carotin. Stark im Gespräch ist wegen seiner fruchtbarkeitsfördernden Wirkung das Beta-Carotin. Vitamin-A-Mangel führt u. a. zu schweren Schädigungen an den Schleimhäuten.

Auf natürliche Weise können wir durch die Verfütterung von Luzernepellets und Karotten die Vitamin-A-Versorgung unterstützen.

Kommen die Pferde im Winter zu wenig ans Tageslicht, leiden sie unter Vitamin-D-Mangel. Vitamin D hilft z. B., Mißverhältnisse im Mineralstoffhaushalt auszugleichen. Lebertran als Beigabe zum Futter hat sich bei Knochenwucherungen (Überbeine, Rachitis) bewährt. Bei entsprechenden Gaben an vitaminisierten Mineralstoffmischungen sollte es jedoch zu keiner Unterversorgung kommen.

Gegen Vitamin-B-Mangel (durch starken Wurmbefall oder Antibiotikagaben), erkennbar an übernervösem Verhalten, gibt man die bewährte Hefe.

In Streßzeiten – Geburt, Infektionen, Antibiotikagaben, Wurmbefall – gibt man einen Vitaminstoß über das Futter. Angeboten werden auch unter Namen wie »Combivit« Zusatzfuttermittel, die sich, gegeben an ein bis drei Tagen pro Monat, sehr bewährt haben.

Vitamin-, Mengen- und Spurenelementmängel bringen den Stoffwechsel durcheinander und sind oft das Tüpfelchen auf dem i für Faktorenerkrankungen.

Ziel: Optimaler Wachstumsverlauf

Mit der Fütterung soll beim Fohlen folgender Entwicklungsverlauf, der als optimal angesehen wird, erreicht werden:

Fötus, Fruchtentwicklung (in % des Geburtsgewichtes)		
bis	7. Trächtigkeitsmonat	17%
im	8. Trächtigkeitsmonat	15%
im	9. Trächtigkeitsmonat	19%
im	10. Trächtigkeitsmonat	23%
im	11. Trächtigkeitsmonat	26% = 100%

Fohlen, Wachstumsverlauf Ende des Lebensmonats	(% der Lebendmasse des erwachsenen Pferdes)
2. Monat	25%
6. Monat	43%
12. Monat	60%
18. Monat	73%
24. Monat	82%
36. Monat	92%

Dieses sind Mittelwerte. Unterschiede zeigen sich schon beim Geburtsgewicht, das im Durchschnitt etwa 9% vom Endgewicht beträgt, jedoch zwischen 8 und 12% streut. Das Vollblut hat kleinere, leichtere, das Kaltblut kräftige Fohlen mit stürmischer Entwicklung.

Im allgemeinen ist die Entwicklung des Pferdes im 5., gelegentlich erst im 8. Lebensjahr abgeschlossen.

Rationsbeispiele für Winterfütterung

Gebrauchsanweisung für die folgenden Rationstabellen:

Die Rationen sind immer für Pferde mit einem Endgewicht von 500 kg berechnet.

Suchen Sie den passenden Grundtyp heraus sowie die richtige Leistungsstufe (Alter, Laktation usw.).

Hat Ihr Pferd ein zu erwartendes Endgewicht, das von den 500 kg abweicht, so erhöhen oder kürzen Sie die ganze Ration entsprechend. Sind 750 kg Endgewicht zu erwarten, so geben Sie also von allem die Hälfte mehr, sind 250 kg Endgewicht zu erwarten, so erhält Ihr Fohlen also nur die halbe Ration usw.

Haben Sie ein Pferd, das nicht ganz genau in eine der »Futtertypen« fällt, so »mischen« Sie aus den zwei entsprechenden Spalten.

Beispiel: Reitpony-Araber-Kreuzung. Hier nehmen Sie die Mengen aus Tabelle Pony (I/II) und Araber (IV) je zur Hälfte, wird Ihr Reitpony dabei zu lebhaft, nehmen Sie ⅔ Pony- und ⅓ Araber-Ration.

Beispiel: Kaltblut im »Pony-Typ« – »Schwarzwälder Füchse«.

Hier wird »Ponytabelle« und Tabelle »schweres Warmblut« zu je 50% zur Futterzusammenstellung herangezogen.

Alle Beispielsrationen sind so berechnet, daß alle Bedürfnisse gut abgedeckt sind, reichlich Bewegung ist bereits eingerechnet.

Trotzdem ist natürlich der Futterzustand der Tiere genau zu beobachten und gegebenenfalls sind Abzüge oder Zulagen vorzunehmen. Bei Futterreduzierung ist von allem etwas weniger zu geben. Bei Pony-Typen wird, besonders wenn das Temperament gebremst werden soll, der Abzug vermehrt am Hafer vorgenommen.

Muß Futter zugelegt werden, so soll ausschließlich energieüberschüssiges Futter die Ration ergänzen, da Eiweiß bereits auf jeden Fall bedarfsdeckend enthalten ist. In Frage kommen in erster Linie Rüben, Trockenschnitzel, Maissilage, Maiscobs und Stroh.

Aber auch durch Körnergaben kann ergänzt werden. Hier eignen sich durch den etwas geringeren Eiweißgehalt Mais und Gerste. Höchstmengen beachten, gequetscht verfüttern, Gerste evtl. gebrüht. Variationsmöglichkeiten werden bei Fohlen, 3. Winter, Spalte 2 (Pony) gezeigt.

Bei größeren Veränderungen in der Futterzusammensetzung ist die Ration neu zu berechnen, vor allem im Hinblick auf das Calcium-Phosphor-Verhältnis. Anhand der folgenden »Anleitung zur selbständigen Errechnung einer Futterration« sollten Sie noch ein wenig an den vorgegebenen Rationstabellen üben, bevor Sie »eigene« Rationen berechnen.

Herdenmitglieder mit stark unterschiedlichen Futteransprüchen gleichmäßig konditioniert und fit zu halten, macht oft großes Kopfzerbrechen und erfordert gutes »Management«, lohnt jedoch die Mühe!

Tabellen Futterrationen/Tagesbedarf
– auf Pferde von 500 kg Endgewicht berechnet –

Spalte 1	Fohlen, 1. Winter				Fohlen, 2. Winter			
	Typ I/II (Pony)	dominierend Typ III (schweres Warmblut, knochiges Kaltblut)	Typ III/IV (edles Warmblut)	reiner Typ IV (Vollblut-araber)	Typ I/II	dominierend Typ III	Typ III/IV	Typ IV
	Spalte 2	Spalte 3	Spalte 4	Spalte 5	Spalte 2	Spalte 3	Spalte 4	Spalte 5
Heu, handelsüblich	2,0 kg	1,5 kg	1,5 kg	1,5 kg	–	–	–	–
Heu, extensiv	–	–	–	–	4,0 kg	3,0 kg	3,0 kg	2,5 kg
Luzernepellets	1,0 kg	0,5 kg	0,5 kg	0,5 kg	–	–	–	–
Karotten	5,0 kg	5,0 kg	5,0 kg	3,0 kg	–	–	5,0 kg	5,0 kg
Massenrüben	–	–	–	–	5,0 kg	10–15 kg	–	–
Leinsamen, gemahlen	0,2 kg	0,2 kg	0,2 kg	0,2 kg	0,1 kg	0,1 kg	0,1 kg	0,1 kg
Biertreberhefe	0,1 kg	0,1 kg	0,1 kg	0,1 kg	0,1 kg	0,1 kg	0,1 kg	0,1 kg
Malzkeime	0,2 kg	–	–	–	–	–	–	–
Hafer	–	–	–	–	0,5 kg	3–3,5 kg	3,0 kg	3,0 kg
Haferquetsch	1,0 kg	3,5–4 kg	3,2 kg	3,0 kg	–	–	–	–
Trockenschnitzel, eingew.	–	–	–	–	1,0 kg	–	–	–
Futterstroh, gut (Hafer)	–	–	–	–	2,0 kg	–	–	1,0 kg
	– Zusätzlich abends 2–3 kg Stroh vorlegen oder besser Stroheinstreu –							
Mineralfutter, vitaminisiert								
9% Calc./10%Phosph. (0.9:1)	ca. 50 g				ca. 50 g			
12% Calc./4% Phosph. (3:1)	–	ca. 100 g	ca. 100 g	ca. 100 g	–	100 g	50 g	70 g

Fohlen, 3. Winter – pro 500 kg Endgewicht
– Variationsbeispiele –

Spalte 1	Typ I/II Sp. 2/1	Sp. 2/2	Sp. 2/3	Sp. 2/4 (Variationen)	Sp. 2/5	Sp. 2/6	Sp. 2/7	Typ III Sp. 3	Typ III/IV Sp. 4	Typ IV Sp. 5
Heu, handelsüblich	–	–	4,0 kg	4,0 kg	4,0 kg	4,0 kg	–	–	–	–
Heu, extensiv	4,0 kg	4,0 kg	–	–	–	–	–	3,0 kg	2,5 kg	2,0 kg
Luzernepellets	–	–	–	–	–	–	1,2 kg	–	–	–
Massenrüben	–	15,0 kg	5,0 kg	–	–	–	–	10–15 kg	6 oder	6 oder
Karotten	10 kg	–	–	–	–	–	–	–	5 kg	5 kg
Maissilage, gut	–	–	–	–	–	–	–	–	–	–
Leinsamen, gemahlen	0,1 kg	0,1 kg	0,1 kg	0,1 kg	0,1 kg	0,1 kg	0,1 kg	0,1 kg	0,1 kg	0,1 kg
Biertreberhefe	0,1 kg	0,1 kg	0,1 kg	0,1 kg	0,1 kg	0,1 kg	0,1 kg	0,1 kg	0,1 kg	0,1 kg
Hafer	0,5 kg	0,5 kg	0,5 kg	–	–	0,5 kg	1,0 kg	2,0 kg	2,5 kg	2,5 kg
Trockenschnitzel, eingew.	–	–	–	–	1,0 kg	0,5 kg	–	–	–	–
Maiscobs	–	–	–	3,0 kg	–	–	1,5 kg	–	–	–
Kartoffeln, gedämpft	–	–	–	–	–	–	8,0 kg	–	–	–
Futterstroh, gut (Hafer)	1,0 kg	2,0 kg	5,0 kg	2,0 kg	4,5 kg	5,0 kg	2,5 kg	2–4 kg	1–2 kg	2,0 kg
– Dazu Stroheinstreu oder abends etwas Stroh zum Durchfressen –										
Mineralfutter vitaminisiert	ausgegl.	ausgegl.								
9% C:10% Ph. (0,9:1)	etw.	etw.		50 g	120 g	100 g	150 g	50 g		100 g
9% C: 6% Ph. (1,5:1)			100 g						50 g	
12% C: 6% Ph. (2:1)	–	–	–	–	–	–	–	–	–	–
Gelegentl. Vitaminstoß	×	×	×	×	–	–	–	×	×	×

121

| | Remonten, 4. Winter, pro 500 kg Endgewicht – während des Anlernens – | | | | Mutterstuten, pro 500 kg Lebendgewicht | | | |
| | | | | | Stute, 11. Monat tragend (im Januar) | | Stute, 3. Monat säugend (im April) | |
Spalte 1	Spalte 2	Spalte 3	Spalte 4	Spalte 5	Spalte 2	Spalte 4	Spalte 2	Spalte 4
Heu, handelsüblich	–	–	–	–	4,0 kg	2,0 kg	6,0 kg	4,0 kg
Heu, extensiv	3,0 kg	2,5–3 kg	2,5–3 kg	2,5 kg	–	–	–	–
Luzernepellets	–	–	–	–	0,5 kg	0,5 kg	1,0 kg	1,0 kg
Bierhefe, getr.	0,1 kg	0,1 kg	0,1 kg	0,1 kg	–	–	–	–
Biertreberhefe	–	–	–	–	0,1 kg	0,1 kg	0,1 kg	0,1 kg
Leinsamen, gemahlen	0,1 kg	0,1 kg	0,1 kg	0,1 kg	0,1 kg	0,1 kg	0,2 kg	0,2 kg
Malzkeime	–	–	–	–	–	–	–	0,5 kg
Massenrüben	7,0 kg oder 5,0 kg	10,0 kg	7,0 kg oder 5,0 kg	7,0 kg oder 5,0 kg	–	–	20,0 kg	10,0 kg
Karotten	1,5 kg	–	2,5–3 kg	2,5–3 kg	5,0 kg	8,0 kg	–	–
Hafer	0,5 kg	2,5–3 kg	0,5 kg	0,5 kg	1,0 kg	2,5 kg	3,0 kg	5,5 kg
Gerstenquetsch, gebrüht	1,0 kg	0,5 kg	–	–	–	0,5 kg	–	–
Trockenschnitzel, eingew.	–	–	–	–	1,0 kg	–	–	–
Futterstroh, gut (Hafer)	4,0 kg	3–4 kg	2–3 kg	2–3 kg	satt	satt	satt	satt
Mineralfutter, vitaminisiert								
9% C:10% Ph. (0,9:1)	50 g	120 g	–	–	100 g	100 g	100 g	50–100 g
12% C: 4% Ph. (3:1)	–	–	120 g	120 g	–	–	–	–

Anleitung zur Eigenberechnung von Futterrationen

Beispiel: Vollblutaraberfohlen, 1. Winter, pro 500 kg Endgewicht

		verd. Eiweiß	verd. Energie	Calcium	Phosphor
Bedarf (s. Bedarfstabelle)		460 g	62 MJ	24 g	16 g
Futtermittel	Menge × Inhalt laut Futtermitteltabelle				
Heu, handelsüblich	1,5 kg =	102,0 g	12,80 MJ	6,8 g	4,0 g
Luzernepellets	0,5 kg =	60,0 g	4,60 MJ	9,4 g	1,4 g
Karotten	3,0 kg =	27,0 g	5,40 MJ	1,5 g	1,2 g
Leinsamenmehl	0,2 kg =	34,4 g	2,90 MJ	0,4 g	0,6 g
Biertreberhefe	0,1 kg =	26,0 g	1,08 MJ	0,3 g	0,8 g
Haferquetsch	3,0 kg =	258,0 g	34,80 MJ	3,0 g	9,0 g
Gesamtinhalt		505,4 g	62,30 MJ	21,4 g	17,0 g

Rechnerisch ergibt sich also eine gute Abdeckung des Bedarfs an verdaulichem Eiweiß (+ 10%), eine genaue Abdeckung des Energiebedarfs und eine nicht ganz gesicherte Mineralstoffabdeckung. Mineralstoffe empfiehlt sich vorsichtshalber rechnerisch zu 125% abzudecken, da eine Unterversorgung mit Mineralstoffen unbedingt zu vermeiden ist. Nehmen wir 100 g Mineralfutter 0,9:1,0 in die Ration auf, so bedeutet dies, daß wir 9 g Calcium und 10 g Phosphor (9% bzw. 10% enthalten) zusetzen. Somit haben wir mit 30,4 g Calcium und 27 g Phosphor ein falsches Mineralstoffverhältnis, nicht mehr das gleiche wie bei 24:16 = 1,5:1.

Zur Wahl steht das Mineralstoffgemisch 3:1 = 12%:4% = 12 g Calcium:4 g Phosphor. Hiervon 100 g zugesetzt ergibt 33,4:21 g.

Nun stimmt das Verhältnis in etwa, allerdings ist die Versorgung reichlich, 90 g würden auch ausreichen.

Haben Sie nun nicht ein Vollbutaraberfohlen, sondern ein edles oder ein schweres Warmblutfohlen, so müssen Sie mit etwas schlechterer Futterausnutzung (leichte bis starke Schwerfuttrigkeit) rechnen. Hier genügt es, da Eiweiß bereits sehr reichlich in der Ration vorhanden ist, 10% Energie beim edlen, 20% Energie beim schweren Warmblut durch energieüberschüssige Futtermittel zuzusetzen. Für das edle Warmblut wurden in der Beispielration 2 kg Karotten und 0,2 kg Hafer gewählt, das schwerfuttrige Fohlen erhält nochmals 0,5–0,7 kg Haferzulage (Sp. 4 bzw. Sp. 3, s. S. 120).

Berechnen Sie bei Änderungen der Zusammensetzung immer die Mineralstoffbilanz neu!

Bei Fohlen im ersten Winter errechnet man die Inhaltsstoffe so, daß kein Futterstroh zur Ergänzung benötigt wird. Genauso verfährt man bei Stuten in der Spitzenlaktation (3. Säugemonat).

Beim Fohlen im 2. Winter, tragenden und weniger stark säugenden Stuten (1. und 5. Laktationsmonat), läßt man 10% des Energiebedarfs offen, bei älteren Fohlen und niedrigtragenden Stuten 20%, bei Ponys sogar bis zu 30%; die Bedarfslücke wird bei größerem Bedarf mit gutem Futterstroh, hier überwiegend Haferstroh, sonst gutem Gersten- oder Weizenstroh – am einfachsten als Einstreu gegeben – ergänzt. Hat man ungespritztes, sehr »grünes« Stroh mit hohem Anteil an Ackerkräutern, so läßt man pro 5 kg Stroh 1 kg Heu aus der Ration weg. Bei Stroh berücksichtigt man in der Nährstoffbilanz die Energie. Eiweiß und Mineralstoffgehalt können zumindest bei kleineren und mittleren Gaben außer Betracht bleiben.

Abweichungen vom Endgewicht = 500 kg

Weicht das geschätzte Endgewicht Ihres Fohlens von 500 kg ab – z. B. um 20% nach unten – so denken Sie bitte daran, sämtliche Mengen zu berichtigen, in diesem Fall um 20% zu reduzieren.

Bezugsquellen für die verwendeten Futtermittel

Die in den Rationsbeispielen verwendeten Futtermittel erhält man problemlos im Landhandel (Ausnahme: die unter »Variationsbeispiele« eingesetzte Maissilage), günstiger jedoch zum Teil beim Landwirt.

Karotten (abgebrochene usw.) erhält man günstig auch bei Großgärtnereien. Rüben und Karotten erhält man im Landhandel fuhrenweise (jeweils etwa 50 Zentner). Man kann sie leicht einmieten oder in einem feuchten Keller einlagern. Rüben kosten, je nach Quelle, 2 bis 4 DM pro Zentner, Karotten 5 bis 15 DM pro Zentner. Im Landhandel kann man auch Karottensilage, vitaminisiert und mineralisiert, in 33-kg-Säcken beziehen (Carosil). Diese ist als Ergänzungsfutter, nicht aber als Massenfutter gedacht. Mit Beginn des warmen Wetters sollen die letzten Säcke verfüttert sein, da sich die Silage in so kleinen Mengen schlecht hält.

Leinsamen – das mit Abstand wertvollste Diätfuttermittel – ist als Leinsamenmehl in 25-kg-Säcken erhältlich und hält sich gut mehrere Monate. Das Leinsamenmehl kann trocken gefüttert werden, bei kranken Tieren gießt man heiß auf und füttert es lauwarm. Leinexpeller ist dagegen nur noch ein gutes Eiweißfuttermittel ohne besondere diätische Wirkung.

Reine Bierhefe ist bitter und wird am besten eingemischt in eingeweichte Trockenschnitzel o. ä. gefüttert. Biertreberhefe kann dagegen trocken gefüttert werden (40% Hefeanteil).

Zerkleinertes Getreide soll in der Pferdefütterung immer gequetscht – nie aber gemahlen, gebrochen oder geschrotet werden. »Bruch« führt durch Mehlanteile zur Verkleisterung des Darms, gleiches ist bei zu reichlichen Mengen an Kleien zu befürchten. Weizenkleie, die ansonsten ein diätisch brauchbares Futtermittel mit »mästender« Wirkung wäre, ist daher auf 10% des Kraftfutteranteils zu beschränken und außerdem immer feucht zu verabreichen, da sonst Schlundverstopfung droht.

Obstessig ist in 2- bis 10-l-Kanistern erhältlich und muß noch mit mindestens der gleichen Menge Wasser verdünnt werden. Gelegentlich 1 bis 2 Glas geben.

Die Futterkosten-berechnung

Kosten einer Tagesration

Die täglichen Futterkosten lassen sich leicht anhand der Ration und der gezahlten Preise errechnen.

Als Beispiel (s. Tab. S. 125) wieder das Vollblutaraberfohlen, 1. Winter:

Kosten der Winterfütterung

Die Kosten der Winterfütterung berechnen sich aus der Zahl der Wintertage × Rationskosten.

Falls Sie in Versuchung kommen sollten, »teure« Futtermittel wie etwa Leinsamen aus der Ration zu nehmen, so denken Sie daran, daß der Tierarzt noch weitaus teurer ist.

Für eine simple Kolik können Sie 200 bis 400 Tage Leinsamen (100 bis 200 g) füttern!

Futtermittel	dz-Preis	kg-Preis	Menge	Rationspreis
Heu, handelsüblich	24,– DM	0,24 DM	1,5 kg	0,36 DM
Luzernepellets	40,– DM	0,40 DM	0,5 kg	0,20 DM
Karotten	10,– DM	0,10 DM	3,0 kg	0,30 DM
Leinsamenmehl	175,– DM	1,75 DM	0,2 kg	0,35 DM
Biertreberhefe	107,– DM	1,07 DM	0,1 kg	0,11 DM
Haferquetsch	40,– DM	0,40 DM	3,0 kg	1,20 DM
Mineralfutter	120,– DM	1,20 DM	0,1 kg	0,12 DM
Dazu rechnet man noch die Kosten für die Stroheinstreu,				2,64 DM
z. B. ein Ballen Stroh kostet 1,– DM, ein halber eingestreut				0,50 DM
Gesamtkosten der Ration				3,14 DM

Kosten der Weidefütterung

Die Kosten der Weidefütterung sind schwieriger zu berechnen. Eingerechnet werden muß u. a. der Pachtpreis (auch wenn Ihnen der Grund selbst gehört, Sie könnten ja verpachten), Düngung, Pflegeaufwand und als größter Kostenfaktor der Zaun. Abschreibung (ca. 5 bis 20 Jahre, je nach Material) und Zinsanspruch der Herstellungskosten, sowie evtl. Fremdarbeitskosten für Erstellung und Instandhaltung summieren sich gewaltig. Bei günstigem Gelände und Management kann eine Weideperiode pro Fohlen bzw. Pferd auf DM 200,– kommen, aber auch DM 400,– sind schnell zusammengerechnet!

Der Futtervoranschlag

Der Futtervoranschlag für die Winterfütterung ist anhand der Rationsbeispiele leicht zu machen.

Man schätzt die Zahl der Winterfuttertage und multipliziert die täglich benötigte Menge damit. Zur Vorsicht kann man 30 Tage mehr einrechnen, um nicht im Frühjahr teuer nachkaufen zu müssen.

Zeichnet sich ein Futtermangel ab (z. B. früher Wintereinbruch), so kauft man frühzeitig zu oder »streckt« von Anfang an z. B. mit 1 kg Pferdekorn täglich. Übergangsfütterung (z. B. auf der Herbstweide) nicht vergessen einzurechnen.

Stroh verliert – im Gegensatz zu anderen Futtermitteln – kaum an Wert und kann für mehrere Jahre eingelagert werden. Auch Trockenschnitzel altern kaum. Heu und Hafer sollte soviel übrigbleiben, daß von der neuen Ernte erst nach drei Monaten genommen werden braucht. Saftfutter verdirbt im Sommer und muß aufgebraucht werden. Fertigfutter, vitaminisierte Futter und nicht mehr »heile« Futtermittel (z. B. gemahlene) verlieren ihren Wert nach spätestens vier Monaten und werden portionsweise gekauft. Haferquetsch sollte möglichst täglich frisch gemacht werden, kauft man, so soll man für höchstens zehn Tage nehmen.

Führt eine Dürre zu Weide- und Futtermangel, so sollte man sich nicht verleiten lassen, frisches Heu oder frischen Hafer, weniger als drei Monate alt, zu verfüttern (Kolikgefahr). Aus dem gleichen Grund sollte auch Futter undefinierbarer Qualität oder biblischen Alters abgelehnt werden. Jetzt ist ein guter Vorrat an Stroh Gold wert. Dazu Pferdekorn, das zu jeder Jahreszeit gekauft werden kann. Kleine Mengen Cobs, eventuell Grünmais füllen auch diese Lücke.

Das Pferdekorn/ Pferdefertigfutter

Auf den ersten Blick ein bestechender Gedanke: Das »Alleinfutter« aus der Tüte, ein Händchen voll Stroh dazu, fertig ist die Fütterei! Was uns hier die Futtermittelfirmen als Pferdekorn – in oft reichhaltiger Sortierung – anbieten, ist des Überlegens wert, aber blind kaufen und füttern soll man nicht.

Allgemeine Nachteile

Gesteigerte Kolikgefahr
Die Bestandteile müssen für die Mischung und Pelletierung gemahlen oder geschrotet werden. Durch mehlige Bestandteile steigt die Gefahr der Darmverkleisterung mit Absterben der Darmbakterien. Tieren mit niedrigem Leistungsstand (nahezu ausgewachsen, keine Milchleistung) muß sehr viel Stroh beigegeben werden, wenn das Pferdekorn als Alleinfutter eingesetzt wird. Beispiel: Ein dreijähriges Robustpony, Endgewicht 400 kg, erhält 2,5 kg Pferdekorn – zur Sättigung braucht es ca. 8 kg Stroh dazu. Dieser hohe Anteil an »sperrigem« Futter verursacht bei manchen Tieren Darmträgheit. Insgesamt steigt also die Kolikgefahr. Dies ist jedoch individuell sehr verschieden, manche Tiere vertragen Pferdekorn großartig.

Kurze Freßzeiten
Pferdekorn wird sehr schnell gefressen, dadurch wird die natürliche Futteraufnahmezeit von ca. zwölf Stunden am Tag bei weitem nicht erreicht. Dies führt zu Stalluntugenden, Holzbeißen sowie Aufnahme von zuviel, auch verschmutzter Einstreu, durch unbefriedigtes Freßgefühl.

Falsche Zusammensetzung
Im Bestreben, möglichst viel Energie ins Pferdekorn hineinzupacken und dabei auch noch einen »Dumpingpreis« zu bieten, werden gelegentlich die abenteuerlichsten Zusammensetzungen gewählt. Höchstmenge und Zusammensetzung laut Einzelfuttertabelle unbedingt beachten! Kein Pferdekorn ohne genaue Deklaration kaufen!

Falsche Information
Die Angaben über zu fütternde Mengen und das jeweilige Zufutter decken sich häufig nicht mit der Wirklichkeit (Verkaufspolitik der jeweiligen Firma). Auch ein bewußtes Weglassen von Informationen ist Falschinformation!

Verteuerte Fütterung
Die Mischung verursacht natürlich – genauso wie Anlieferung und Absackung – Mehrkosten. Ein Mehrpreis in Höhe von DM 10,– pro dz gegenüber der Eigenmischung ist gerechtfertigt und durch den geringen Arbeitsaufwand auch zu billigen. Lose geliefertes Pferdekorn (ab 2–4 t je nach Firma) ist um 2,50 bis 3,00 DM pro dz billiger.

Probleme mit dem Calcium-Phosphor-Verhältnis
Probleme verursacht gewöhnlich das Calcium-Phosphor-Verhältnis, das fast immer auf zusätzliche Hafergaben eingestellt ist – auch wenn das Pferdekorn angeblich nur zu Heu und Stroh gefüttert werden soll.

Unzureichende Angaben
Eiweiß wird immer als »Rohprotein« angegeben, das allein aussagekräftige »verdauliche Eiweiß« muß mühsam selbst ausgerechnet werden. Der Energiegehalt wird häufig verschwiegen, wenn kein Staat damit gemacht werden kann.

Allgemeine Vorteile

Schnelles Füttern

Geringer Lagerplatzbedarf
Der Händler liefert Ihnen, wenn es sein muß, auch alle 14 Tage zwei Sack!

Vielseitige Zusammensetzung
Das Pferdekorn ist gewöhnlich – vor allem die teureren Mischungen – sehr vielseitig zusammengesetzt. Dadurch ist es gut zur Ergänzung einseitiger Rationen geeignet. Bei Pferden (besonders Ponys), die bei einseitiger Heu-Hafer-Fütterung zu nervig oder triebig werden, eignet es sich durch diese vielseitige Zusammensetzung sehr gut zur Dämpfung des Temperaments.

Überbrückung von Engpässen
Wenn mal eine Lieferung von Hafer oder auch Heu ausfällt, ist Pferdekorn zur Überbrückung von Engpässen die Lösung. Viele Pferde nehmen Pferdekorn anfangs nur zögernd an (wie viele neue Futtermittel), nach Gewöhnung wird es jedoch immer wieder gern gefressen. Vorsichtiges Anfüttern entfällt, wenn es statt Hafer gegeben wird.

Zum Strecken des Heuvorrats geeignet
Je nach Zusammensetzung ist Pferdekorn ideal zum Strecken des Heuvorrats geeignet. Müßte Heu in Kleinmengen teuer zugekauft werden, ist Pferdekorn in der Regel auch vom Preis her konkurrenzfähig. Man wählt in diesem Fall am besten ein einfaches und preiswertes Pferdekorn (Leistungsstufe »für Pony« oder »zu Hafer«) und wertet mit Hafer, Rüben, Leinsamen etc. auf.
Der Vitamingehalt ist bei Verfütterung von mindestens 2 kg meist schon gedeckt.
Die Angebotspalette ist sehr breit.

Angebotspalette/Pferdekorn

Fohlenstarter
Fohlenstarter enthalten in der Regel 10% Magermilchpulver. Der Rohproteingehalt liegt in der Regel bei 16% – durch die verwendeten Futtermittel, die wie bei Eigenmischungen sehr viel hochverdauliches Eiweiß enthalten (oder zumindest sollen), kann man mit etwa 13% verdaulichem Eiweiß rechnen, die verdauliche Energie liegt etwa bei 1 MJ/kg. Da sehr junge Fohlen noch einen relativ geringen Energiebedarf haben, ist dieser Energiegehalt durchaus ausreichend. Meist liegt ein Calcium-Phosphor-Verhältnis von etwa 2,5:1 (statt 1,5:1) vor. Man sollte also in der Regel Haferquetsch beifüttern.
Für mutterlose Fohlen, Fohlen von milcharmen Müttern, für frühabgesetzte Fohlen als »Alleinfutter«, wobei bestes Heu frei angeboten werden soll und Haferquetsch, Leinsamen und Hefe beigefüttert wird. Fohlen unter sechs Monaten, die keine Muttermilch bekommen, dürfen den Fohlenstarter in beliebiger Menge aufnehmen, bis zum achten Monat wird zugunsten der gewöhnlich gefütterten Ration reduziert, nach dem achten Monat kann man noch ein Kilogramm in der Ration belassen, nötig ist dies jedoch nicht, wenn die Ration sorgfältig zusammengestellt wird.

Zusatzfutter für Leistungspferde (Rennpferde usw.)
Meist handelt es sich um hochenergetische Zusammensetzungen mit etwa 12 MJ/kg Energie und ca. 14% Rohprotein = ca. 110 g verdaulichem Eiweiß oder mehr pro Kilogramm. Mineralstoffe, Vitamine und Spurenelemente (z. B. Selen, Eisen), reichen bei den angegebenen Mengen meist für die ganze Ration. Sehr gute Futtermittel enthalten Biertreberhefe, echten Leinsamenschrot und

ähnliche gesunde Bestandteile. Diese sind dann natürlich auch nicht zu Schleuderpreisen zu haben.

Bei sehr guter Qualität als Ersatz für die diätischen Bestandteile der Eigenmischungen geeignet (Mengen 0,5 kg bis 2,0 kg täglich).

Ergänzungsfutter für Zuchtpferde

Hierbei handelt es sich überwiegend um ein Eiweißfutter mit herzlich wenig Energie (z. B. 16% Rohprotein, 10,9 MJ/kg), geworben wird gern mit dem Zusatz »mit Beta-Carotin«.

Angeboten werden aber auch Ergänzungsfutter mit bis zu 13 MJ/kg. Diese sind – unter Beachtung der Zusammensetzung und besonders der Höchstmengen lt. Einzelfuttertabelle – als Beifutter für säugende Stuten gut geeignet. Hafer und besonders gutes Heu sind immer erforderlich, Leinsamen, Hefe sowie Saftfutter sollte noch zusätzlich gefüttert werden.

Das sogenannte »Alleinfutter«

Dieses Futter soll, um den Ansprüchen »Alleinfutter« gerecht zu werden, ausschließlich zu gutem Futterstroh oder gar der üblichen Einstreu gegeben, eine vollwertige Fütterung gewährleisten.

Bei genauer Betrachtung der Zusammensetzung muß man doch in dem einen Fall Heu, in dem anderen Fall dagegen Hafer zusetzen. Hochwertige Bestandteile, wie etwa Leinsamen oder Hefe, vermißt man völlig.

Bei genauer Prüfung der Zusammensetzung meist als Beifutter geeignet, jedoch dafür preislich häufig zu teuer.

Das Ergänzungsfutter zu Hafer und Heu

Dieses Ergänzungsfutter besteht meist zu 25–30% aus Kleie (häufig auch Roggenkleie), ca. 15% Melasseschnitzel sowie 10% Grünmehlpellets. Der Energiegehalt liegt hoch, etwa um die 12 MJ/kg. Sind keine gesundheitsschädlichen Futtermittel enthalten, so können max. 2–3 kg in die Ration aufgenommen werden. (Zur Energieergänzung und vielseitigeren Zusammenstellung der Ration.)

Das Ergänzungsfutter zu Rauhfutter

Dies wird in zwei Leistungsstufen – einmal für »Großpferde«, einmal für »Robustpferde oder Ponys« angeboten, zum Teil sogar in mehreren Mischungen bei ein und derselben Firma. Wenn das kein Service ist! In diese Spalte fällt auch manches »Ergänzungsfutter zu Hafer und Heu«, bei dem der Energiegehalt in den Keller gerutscht ist.

Die Leistungsstufe für Großpferde hat etwa 12% Rohprotein und 10,5–11 MJ/kg, für die Ponys 10% Rohprotein bei 9,5–10 MJ/kg. Als reines Ergänzungsfutter zu Stroh und evtl. etwas Heu eingesetzt, sind sie brauchbar für Tiere, die nicht in Leistung stehen. Reiten, wachsen, Milch geben sind bei diesen Energie- und Eiweißgehalten allenfalls noch drin, wenn man die Großpferdemischung an die Robustponys gibt.

Für das Pony, das nicht zu fett werden darf, ist dieses Pferdekorn jedoch ideal.

Als Grundstock für eine preisgünstige, vielseitige Fütterung und zum Strecken der knappen Vorräte ist es bei entsprechender Ergänzung häufig das empfehlenswerteste und auch mit Abstand preisgünstigste Pferdekorn.

Vom Absetzen bis zur endgültigen Nutzung

Das Absetzen

Was bedeutet Absetzen?

Absetzen heißt, das Fohlen von der Muttermilch abzusetzen – es muß nicht gleichbedeutend mit der endgültigen Trennung von Mutter und Kind sein.

Aus sozialen Gründen soll die Trennung von der Mutter so spät wie möglich erfolgen. Am besten erst, wenn das Fohlen einen Spielkameraden gefunden hat, der ihm mehr bedeutet als die Mutterstute. Für Stutfohlen, die später Zuchtstuten werden sollen, wäre es entschieden das Beste, sie nach erfolgtem »Absetzen« wieder mit den Mutterstuten laufen zu lassen. Das kleine Stütchen soll ja möglichst mehrere Geburten erleben und als Kindermädchen arbeiten.

Die kleinen Hengste können, obwohl abgesetzt und unkastriert, bei tragenden Stuten theoretisch bis zur nächsten Geburt verbleiben. Rechtzeitig vor Beginn der Fohlenrosse muß man – außer der Deckhengst läuft ständig in der Herde mit – entweder die Stute oder die Hengstchen entfernen, um unerwünschte Bedeckungen zu vermeiden. Sind nicht tragende Stuten (oder geschlechtsreife Stutfohlen) bei der Herde, empfiehlt es sich, die Hengstfohlen, die älter als acht Monate sind, aus der Herde zu nehmen. Siehe Kapitel »Weitere Aufzucht und Haltung«.

Der Absetzzeitpunkt

Abgesetzt soll immer spätestens dann werden, wenn es der Mutter »zu viel« wird. Der Gesundheitszustand der Mutterstute darf nicht unter dem Appetit ihres »großen Fohlens« leiden.

Wann dieser Grenzpunkt erreicht ist, hängt von der Nutzung (Reiten, Arbeit, neue Trächtigkeit), der Qualität und Menge der Fütterung sowie dem Alter und der Gesundheit der Stute ab.

Nicht unmaßgeblich ist natürlich auch die Milchleistung der Stute. Eine gute »Melkkuh« gibt noch im zehnten Monat der neuen Trächtigkeit unbeirrt zehn Liter Milch, eine schlechte setzt ihr Fohlen unbemerkt von selbst oft schon nach sechs Monaten ab.

Wird die Stute nicht gearbeitet und ist nicht trächtig, so spricht eigentlich wenig dagegen, das Fohlen gar nicht abzusetzen. Für Ponystuten wäre dies sogar der beste Weg, sie vor Hufrehe oder dem Platzen zu bewahren. Allenfalls könnte verstärktes »Aneinander kleben« auftreten. Diesem beugt man vor, indem man das Fohlen ab etwa $\frac{1}{2}$ Jahr gelegentlich für kurze Zeit von der Mutter trennt, durch getrennte Boxen, Spazierenführen o. ä.

Ist die Stute hingegen trächtig, sollte man auf jeden Fall sechs Wochen vor der vermutlichen Geburt das Fohlen abgesetzt haben, um die Biestmilchversorgung des neuen Fohlens nicht zu gefährden.

Fohlen von stark genutzten Stuten – hier ist besonders der Verleihbetrieb oder

Ponyferienbetrieb angesprochen – sollten mit ca. fünf Monaten abgesetzt werden, da erfahrungsgemäß die meisten stark beanspruchten Stuten in der Milchleistung erheblich nachlassen. Reichliche Fütterung des Fohlens ist bestimmt wirtschaftlicher und auch für die Stute gesünder als eine Doppelbeanspruchung und zweimalige »Veredelung« des Futters.

Das Fohlen ist nach Ansicht der Zuchtverbände mit 16–20 Wochen alt genug, um abgesetzt (und verkauft) zu werden. Vom Standpunkt der Ernährung aus möchte ich diese Grenze sogar noch nach unten verschieben. Hat die Stute extrem wenig Milch, so ist es sicher besser, das Fohlen mit Milchaustauscher beizufüttern und sehr früh mit Fohlenstartern von der Muttermilch unabhängig zu machen. Ein hungerndes Fohlen an der Mutter saugt stets am leeren Euter herum und vergißt dabei ganz die Aufnahme fester Nahrung. Hier empfiehlt sich das »langsame Frühabsetzen« (siehe dort), bei dem das Fohlen, ausschließlich mit besten Futtermitteln ernährt, bereits nach zehn bis zwölf Wochen von der Muttermilch unabhängig ist. Das Fohlen soll jedoch weiter den Schutz seiner Mutter genießen, auch wenn diese keine Milch mehr gibt.

Viele Fachtierärzte sind Freunde des möglichst frühen Absetzens (vier bis fünf Monate) zu Gunsten des neuen Fohlens. Berichte aus Rennpferdekreisen, nach denen die meisten überragenden Nachkommen von Stuten nach einem Jahr des Aussetzens (Güstjahr) gefohlt wurden, scheinen dem recht zu geben.

Auch in der Landespferdezucht wird beobachtet, daß Stuten, die ein Jahr keine Milchleistung zu bringen hatten (totes Fohlen, Abort), zumeist bei der nächsten Abfohlung größere und stärkere Fohlen brachten, die sich auch zu einem höheren Stockmaß auswuchsen.

Diese Beobachtungen überschneiden sich mit der, daß im Mai geborene Fohlen die meiste Vitalität, nicht immer den größten Höhenwuchs, aber häufig die größte Renn- und Zuchtleistung erbringen. (Vermutlich durch die günstigeren äußeren Einflüsse bedingt.)

Diese Maifohlen werden üblicherweise im September – zu den Fohlenmärkten – abgesetzt. Auch die Rennpferdefohlen werden zumeist mit 16 bis 20 Wochen abgesetzt.

Gegen das Frühabsetzen bei Leistungspferden ist also aus züchterischer Sicht bei entsprechend sorgfältiger Fütterung kein Einwand zu erheben. Der Sozialkontakt zur Mutter soll jedoch, um Charakterschwächen beim Fohlen zu vermeiden, mindestens bis zur Vollendung des 6., besser des 10. Lebensmonats, aufrechterhalten werden und fließend in den Sozialkontakt innerhalb einer Gruppe oder Herde übergehen (siehe »Weitere Aufzucht und Haltung«).

Die verschiedenen Absetzmethoden

Das Frühabsetzen im Alter von 10 bis 12 Wochen

Das frühzeitige Absetzen im Alter von 10 bis 12 Wochen kommt ausschließlich bei Mutterstuten mit unzureichender Milchleistung in Frage.

Gelegentlich ist eine akute Erkrankung der Stute an der geringen Milchleistung schuld.

Überwiegend wird es sich hierbei jedoch um Stuten, meist erstfohlende Stuten, mit Hormonstörungen handeln.

Auch mangelnde Vorbereitungsfütterung und gleichzeitige starke Reitnutzung (z. B. bei einer unbemerkten Trächtigkeit) führen oft zu geringer Milchleistung. Selten ist auch mangelnde erbliche Milchergiebigkeit – vor allem bei hoch im Blut stehenden Stuten – schuld an der Magerkeit des Fohlens.

Die Alarmzeichen sind eigentlich kaum zu übersehen: Ein mageres Fohlen, das scheinbar immerzu am Euter hängt.

Der Test: Hindert man das Fohlen eine Stunde lang am Saugen, müßte das Euter prallvoll sein. Bei der Mindestmenge von zwölf Litern Milch, die das Fohlen braucht, müßte das Euter nun mindestens einen halben Liter Milch enthalten, Bei milchreichen Stuten, die 20 bis 30 Liter geben, rinnt jetzt schon die Milch!

Ist die Stute recht unfreundlich zum Fohlen – bei Hormonstörungen häufig der Fall –, wäre die beste Lösung, das Fohlen einer Ammenstute unterzuschieben. Ist das nicht möglich, so helfen in dem einen oder anderen Fall Hormonspritzen, jedoch wird die Stute zumindest für diese Laktation unzureichend Milch geben.

Sobald ein gravierender Milchmangel feststeht, beginnt man mit Fohlenmilchaustauscher, nach Gebrauchsanweisung angerührt, das Fohlen beizufüttern. Die Verabreichung in einer flachen Schüssel bereitet meist wenig Schwierigkeiten. Die Menge richtet sich nach der noch vorhandenen Milchleistung der Mutterstute. Man sollte versuchen, mit möglichst wenig Tränkemahlzeiten täglich auszukommen und das Fohlen frühestmöglich an die Aufnahme von Haferflocken und Fohlenstarter zu gewöhnen. Das Fohlen wird ab etwa sechs bis acht Tagen die ersten Freßversuche unternehmen, diese sollte man von Anfang an fördern. Eine Fohlenkrippe, in der ständig, unerreichbar für die Mutter, frischer Fohlenstarter, Haferflocken und ein wenig bestes Heu liegen sollen sowie frisches Wasser, unterstützen die frühzeitige Futteraufnahme.

Sobald das Fohlen die benötigten Nährstoffe zum Großteil aus dem Beifutter aufnimmt (siehe Bedarfstabelle), frühestens jedoch, wenn das Fohlen zehn Wochen alt ist, kann man die Mutter knapp füttern und trockenstellen.

Um diesen Vorgang zu unterstützen, wird das Fohlen immer längere Zeit nicht ans Euter gelassen (Extra-Box, Anbinden beider Tiere o. ä.), wobei das Fohlen vor der frischgefüllten Krippe stehen soll. Bevor man das Fohlen zur Mutter läßt, tränkt man es in dieser Phase immer satt mit Milchaustauscher. Nach etwa zwei Wochen ist der Absetzvorgang auf diese Art beendet, die Mutter steht trocken.

Das Fohlen wird noch – je nach Futteraufnahme und Futterzustand – bis maximal zur 16. Woche mit Fohlenmilchaustauscher, den man immer mehr verdünnt, beigefüttert.

Das Fohlen kann weiter bei der Mutter bleiben, jedoch muß die ungestörte freie Futteraufnahme des Fohlens sichergestellt sein (Fohlenkrippe). Entwicklungsstörungen bei Fohlen können mit dieser Methode meist erfolgreich verhindert werden.

Daß man diesen Fohlen vermehrte Aufmerksamkeit und Zuwendung schenken muß, ergibt sich von selbst.

Das »abrupte Absetzen« im Alter von 4 bis 6 Monaten

Dieses abrupte Absetzen ist landauf, landab die verbreitetste Methode, was nicht heißen soll, daß sie auch die beste Methode oder gar richtig ist. Freilich kann man den Züchter verstehen, der sein Fohlen auf der Auktion möglichst teuer an den Mann bekommen will. Ein freches, glänzendes, kraftstrotzendes, speckfett gesäugtes Fohlen an der Seite einer guten Mutter bietet doch ein ganz anderes Bild, wenn es federnd durch die Halle trabt, als die struppige Trauerweide mit dem Absetzbauch, die sich saft- und kraftlos am Strick nachziehen läßt.

Es gibt jedoch einen guten Kompromiß: Bereits ab einem Monat vor der Auktion oder dem geplanten Verkauf wird das Fohlen zweimal täglich zur Kraftfutteraufnahme extra gesperrt. Dann kann das

Fohlen, in bester Form und doch schon auf das Absetzen vorbereitet, von einem Tag auf den anderen »weg«.

Da Fohlen und Mutter durch die räumliche Trennung beim Verkauf sich nicht mehr hören und sehen, ist bei der Stute die Milch bald versiegt und das Fohlen – das hoffentlich einen Spielkameraden hat – bleibt, durch das gute Anfüttern an Kraftfutter gewöhnt, auch nicht »stehen«.

Man sollte das Fohlen mit der guten Mutter, aber gut auf das Absetzen vorbereitet, zum Markt bringen.

Das langsame Absetzen

Bleibt das Fohlen nach dem Absetzen am Hof, so ist das langsame Absetzen die zwar zeitaufwendigste, aber mit Abstand beste Methode für Mutterstute und Fohlen.

Das Alter des Fohlens ist für diese Methode nicht ausschlaggebend – dies ist nur für die Fütterung des Fohlens wichtig – die Methode bleibt jedoch gleich, ob das Fohlen vier Monate oder 14 Monate alt ist. Der günstigste Zeitpunkt ist die Winterstallzeit oder auch die Übergangszeit, in der die Pferde nachts aufgestallt werden.

Die Fohlen bleiben in ihrer gewohnten Box oder ihrem gewohnten Laufstall. Hat man zwei Mutterstuten in Extra-Aufstallung, so werden die beiden Fohlen zusammen in die Box der rangniedrigen Stute gestellt. Die Stuten werden nebendran mit guten Sichtmöglichkeiten zu ihren Kindern aufgestellt. Zuerst trennt man nur während der Futterzeiten, nach wenigen Tagen kann die Trennung über die ganze Nacht andauern. Schließlich nutzt man den einen oder anderen Schlechtwettertag, um die Pferde gar nicht zusammen zu lassen. Die Mutterstuten werden von Anfang an verhaltener gefüttert, Fohlen unter acht Monaten legt man nur das Beste, Fohlen unter sechs Monaten auch zur freien Aufnahme vor, um eine möglichst hohe Futteraufnahme zu erzielen. Frisches Wasser nie vergessen!

Waren Mutterstute und Fohlen bereits mehr als 24 Stunden getrennt, soll man sie nicht mehr in engen Boxen zusammenbringen. Hier sind die Kleinen oft unwahrscheinlich geschickt und unterlaufen alle Versuche der Mutter, sie abzuschlagen. Gelegentlich trinken sie sogar bei der bösen Tante, während diese ihr Fohlen säugt, so wild sind sie auf einen Schluck Milch! Je mehr Platz die Mutterstute hat (Koppel, großer Laufstall), desto leichter kann sie sich des Plagegeistes erwehren. Je nach Milchreichtum und Mütterlichkeit dauert der Absetzvorgang auf diese Weise ein bis vier Wochen. Steht die Mutterstute endgültig trocken, können Mutter und Kinder wieder uneingeschränkt zusammen laufen. Leichtgläubigkeit kann man sich, zumindest bei den tragenden Stuten, jedoch nicht leisten. Zur Kontrolle sollte man einige Tage, nachdem Stute und Fohlen wieder beisammen sind, die Mutter nochmals für zwölf Stunden extra sperren. Ist es doch zu einem Wiederansaugen gekommen, so läuft ihr in dieser Zeit deutlich sichtbar die Milch ein.

Das abrupte Spätabsetzen
Ist das Fohlen mindestens acht Monate alt, so kann man es, auch wenn es nicht vom Hof wegkommt, auch vom einen auf den anderen Tag absetzen. Voraussetzung ist jedoch eine intakte Herde, in der das Fohlen bleiben kann. Hier hat es ständig Ablenkung von seinem Kummer und schreit nicht pausenlos, weil seine Mutter fehlt. Die Stute wird am besten einfach morgens im Stall gelassen und soll dort natürlich auch nicht alleine stehen.
Wir nehmen am liebsten zwei befeindete Stuten gleichzeitig aus der Herde und stellen sie in Nachbarboxen. Da können sich die beiden tüchtig befehden und werden so ihren Frust los.
Das Fohlen soll natürlich bereits vor dem Absetzen ans Kraftfutter gewöhnt sein. Die Mutterstute wird bereits kurz vor dem geplanten Absetzen auf halbe Ration gesetzt. Nach einer Woche ständiger Trennung ist zumindest bei tragenden Stuten kein erneutes Ansaugen zu befürchten, die Stute kann unbesorgt wieder zur Herde gegeben werden.

Das Spätabsetzen mit Brechen der Milch
Eine besonders elegante Methode des Spätabsetzens bei wieder tragenden Stuten haben wir beim Milchvieh abgeschaut.
Die Stute wird – wie beschrieben – vom Fohlen getrennt. Nach 24 Stunden läßt man die beiden nochmals für ein bis zwei Stunden zusammen auf die Koppel. Dann erfolgt die endgültige Trennung. Am nächsten Tag kann man deutlich sehen, daß die Stute sehr viel weniger Milch produziert hat als 24 Stunden da-

vor. Das Trockenstellen erfolgt auf diese Weise sehr kurz und schmerzlos. Auch psychologisch ist diese Methode sehr günstig. Beide Tiere haben die Erfahrung gemacht, daß sie doch wieder zusammendürfen und warten nun relativ geduldig und klaglos auf diesen Moment, so lange, bis die Milch weg ist.

Die Pflege der milchreichen Stute beim Trockenstellen

Bei milchreichen Stuten führt das plötzliche Trockenstellen gelegentlich zu Problemen. Besonders der Tod des Fohlens oder das Absetzen zur besten Weidezeit sowie das Absetzen bei nicht tragenden Stuten führt bei guten Milchstuten zur Anschwellung des Euters.
Hier soll die Stute möglichst viel Bewegung haben. Gleichzeitig erhält sie nur mageres Heu, Stroh und Mineralfutter vorgelegt.
Die Selbsttränke wird abgestellt, Wasser wird dreimal täglich, möglichst nur je fünf Liter, verabreicht. Das Euter wird nicht abgemolken – die meisten Stuten lassen, wenn der Druck zu groß wird, sowieso die Milch laufen. Man kann jedoch kühlende Eutersalbe oder einfach kaltes Wasser mit einem Schuß Essig zum Waschen benützen.

Ungewolltes Absetzen

Es gibt jedoch auch das gegenteilige Problem: Manche Stuten stellen bereits, wenn sie ihr Fohlen 24 Stunden nicht hören und sehen, die Milch ein. Das Fohlen muß also die Mutter – und umgekehrt – überallhin begleiten. Bei Klinikaufenthalten, zur Deckstation, zur Leistungsschau, überallhin müssen Mutterstute und Fohlen gemeinsam. Stutenmelkbetriebe verkaufen aus diesem Grund die Fohlen erst einjährig. Fohlen weg, Milch weg!

Die weitere Aufzucht und Haltung

Zusammenfassend werden hier noch einmal die weiteren Haltungsformen bis zur endgültigen Nutzung aufgeführt. Alles Grundlegende wurde bereits besprochen.

Die unterschiedliche Haltung ergibt sich aus Geschlecht, späterer Nutzung und Alter der Fohlen.

Geschlechtertrennung

Hengstfohlen sind bis zur Kastration in eigenen Herdenverbänden zu halten, die zumindest bei kleineren Gruppen (weniger als sechs) immer geradzahlig sein soll, damit jeder Hengst seinen Raufpartner hat.

Wallache können vier Wochen nach der Kastration in Stutfohlen- oder Mutterstutenverbände eingegliedert werden und dienen bei den »zänkischen Weibern« als ausgleichende Elemente. Nur sollten auch geeignete, ihrem Laufbedürfnis entsprechende jüngere Spielpartner vorhanden sein.

Stutfohlen, die später zur Zucht verwendet werden sollen, zieht man am besten in der Mutterstutenherde groß. Sind die Jungstuten ausschließlich zur Arbeit oder zum Reiten bestimmt, ist die Jungstutengruppe genauso gut geeignet. In diese Gruppe später andere weibliche Fohlen einzugliedern, erweist sich in der Regel als schwierig. Wallache werden jedoch meist gut akzeptiert.

»Pärchen« aus Hengst- und Stutfohlen sind zwar süß, aber wegen der Gefahr der Frühträchtigkeit nicht zu empfehlen. Besonders bei Kaltblut- und Robustponyfohlen tritt die erste Rosse gelegentlich schon im November oder Dezember des Geburtsjahres ein. Auch bei anderen Pferderassen müßte das Hengstfohlen spätestens mit zwölf Monaten kastriert sein.

Gruppengröße

Im allgemeinen sollte die Gruppengröße im Winter für die Fohlen bzw. Pferde gut überschaubar sein, damit eine feste Rangordnung entsteht und es im Laufstall nicht zu Auseinandersetzungen kommt. Die Obergrenze liegt je nach Typenzugehörigkeit bei sechs bis zehn Tieren. Nimmt man einzelne Fohlen bzw. Pferde während des Winters aus der Gruppe, treten erfahrungsgemäß unter den übriggebliebenen sofort wieder Rangstreitigkeiten auf.

Neue Pferde oder Fohlen während der Winterstallzeit in Laufstallgruppen einzugliedern, ist äußerst problematisch. Bei Junghengsten kann man diesen Versuch (zuerst im großen Auslauf) eher wagen als bei Stuten oder auch Stutfohlen. Meist können im Winter zugekaufte Stutfohlen erst auf der Sommerweide voll eingegliedert werden und müssen solange mit dem friedlichsten Stutfohlen in einer Laufbox bleiben.

Auf der Sommerweide können wesentlich größere Herden gebildet werden. Es werden sich jedoch immer einzelne Untergruppen abspalten, die im Winter wieder als kleine Laufstallherden gehalten werden sollen. Altstuten, die im Winter eigene Boxen benötigen, gehen im Sommer problemlos in der Herde mit.

Junghengste sollen eigene Weiden, möglichst außer Hör- und Sichtweite von Stuten haben. Nur so entwickeln sie sich ungestört weiter und brauchen auch auf evtl. notwendige Hafergaben (Rennpferdfohlen, Zuchthengstanwärter) nicht verzichten. Gehen die jungen Hengste hingegen Zaun an Zaun mit den Stuten, ist ihr Geschlechtstrieb nicht zu bremsen. In diesem Fall sollte man lieber kastrieren oder die Hengstchen auf eine Hengstpensionsweide geben.

Haltung je nach späterer Nutzung und Alter

Rennpferdefohlen

Besondere Behandlung erfahren von Anfang an Rennpferdefohlen, die bereits im November ihres zweiten Lebensjahres (also mit 1½ bis 1¾ Jahren) ins Training genommen werden.

Hier muß von Anfang an auf Frühreife gezielt gefüttert werden. Die Absetzer werden entweder in kleinen Gruppen gehalten und zum Füttern angebunden oder aber bereits einzeln aufgestallt.

Der reichliche, tägliche Auslauf findet in größeren Gruppen statt. Im Sommer werden die Jährlinge den ganzen Tag über nach Geschlechtern getrennt auf der Weide gehalten, nachts in Einzelboxen aufgestallt.

Zuchthengstfohlen

Zuchthengstfohlen, die zweieinhalbjährig im Oktober auf die Körung kommen, werden ab Anfang August nachts aufgestallt – evtl. schon in Einzelboxen – und täglich 1 bis 1½ Stunden an der Hand gearbeitet. Je nach Entwicklungsstand beginnt die verstärkte Fütterung jedoch schon ab Mai (Weidebeginn) mit entsprechenden Zulagen energiereicher Futtermittel, bevorzugt Hafer.

Zuchtjungstuten

Zuchtjungstuten, die als Dreijährige in den Monaten Februar–April den Kommissionen vorgestellt werden sollen, müssen bereits vor Beginn der Nachtfröste (je nach Lage August–Oktober) nachts aufgestallt werden. Der Winterstall muß Temperaturen über 0° aufweisen,

um die Bildung eines zu dicken Winterfells zu vermeiden.

Findet die Musterung Ende April oder im Mai statt, reicht meist die Umstellung vom Kaltstall in den Warmstall vier Wochen vor der Schau aus, um den Fellwechsel verfrüht einsetzen zu lassen.

Legt man keinen gesteigerten Wert auf die Auswahl seiner Jungstute für eine große Ausstellung, so kann man die Stute im Winter im Kaltstall belassen und einen Nachtermin für die Stutbuchaufnahme wählen oder sie gar erst vierjährig mit Fohlen bei Fuß oder tragend der Kommission vorstellen. Tragende Stuten haben durch den höheren Grundumsatz ein dünneres Winterfell.

Vor den Zuchtterminen müssen die Jungstuten ebenfalls »eingehafert« und an der Hand gearbeitet werden, um sich optimal zu präsentieren. Eine Vorbereitungszeit von zwei bis drei Wochen reicht jedoch meist schon aus. Die Einzelaufstallung nachts ist in dieser Zeit in Erwägung zu ziehen.

Gebrauchsfohlen

Gebrauchsfohlen werden bis zum Beginn des Anlernens voll in Gruppen, im Sommer auf der Weide, im Winter im Laufstall, gehalten. Zufüttern auf der Sommerweide entfällt meist.

Ideale Aufzuchtbedingungen für Zucht- wie Gebrauchsfohlen bietet die Hochalm.

135

Mit dem Anlernen beginnt man am besten im Herbst. Kaltblutfohlen werden 2½jährig, Reitpferde 3½jährig, Araber und Reitponys 3½- oder 4½jährig, Isländer 4½- oder 5½jährig angelernt.

Zeitlich legt man den Beginn des Anlernens etwas vor das Einhafern, da Hafergenuß ohne Arbeit gern das Temperament überschäumen läßt und die Verletzungsgefahr erhöht.

Meist ist mit dem Beginn der Arbeit die nächtliche Aufstallung nicht zu umgehen. Bei gutgeputzten Pferden muß bei regnerischem Wetter längerer Koppelgang unterbleiben. Pferde, die recht kleben, sollten in der Ausbildungsphase nachts allein aufgestallt werden, der Auslauf soll jedoch reichlich sein und nach Möglichkeit in der vertrauten Gruppe stattfinden.

Die weitere Erziehung und Grundschulung

Allgemeine Grundlagen für alle Jungpferde

Prinzipiell kann man sich während der ganzen Aufzuchtphase sinnvoll mit dem Fohlen beschäftigen. Nötig ist »Ausbildung« in dieser Zeit noch nicht, jedoch bleibt durch die vermehrte Zuwendung, die das Fohlen dabei erfährt, das Vertrauen und die persönliche Bindung eher bewahrt. Dies ist besonders bei Blutfohlen, die ohne ständigen Umgang sehr schnell verwildern, ein nicht zu verachtender Vorteil.

Man darf die ganze Zeit über aber niemals vergessen, daß die Fähigkeit zu län-

gerer konzentrierter Arbeit – und Arbeit ist dies für das Fohlen – beim jungen Pferd noch nicht ausgeprägt ist.

Eine Überforderung ist in jeder Hinsicht zu vermeiden.

Hierbei ist bei gesunder Haltung, die ja eine gute Grundkondition hervorruft, weit mehr auf Anzeichen einer geistigen als einer körperlichen Überforderung zu achten.

So kann – auf entsprechendem Boden – das trainierte Fohlen als Handpferd schon stundenlang die Mutter auf geruhsamem Ausritt oder Ausfahrt begleiten. Oder die eben erst angerittene Remonte kann hinter dem vertrauenserweckenden Führpferd eine ganze Stunde geritten werden. Beide Male wird keine wesentliche geistige Leistung von dem Jungpferd verlangt, es folgt dem Herdentrieb.

Eine halbe Stunde Longenarbeit wird die Remonte sicher wesentlich mehr fordern. Hier muß sie sich stark konzentrieren und ist zusätzlich »eigenverantwortlich«, da ja die Herde fehlt. Dieses Gefühl der Eigenverantwortlichkeit führt bei dem Fohlen, das an den Schutz der Herde gewöhnt ist, zu großem Streß und Unsicherheit. Es läßt beim allein gearbeiteten Pferd erst in dem Augenblick nach, in dem es den Ausbilder als Herdenboß akzeptiert hat, der ihm das Denken und die Verantwortung abnimmt.

Auch dann ist es für das junge Pferd noch ein gewaltiger Unterschied, ob es zweispännig »mitläuft« oder einspännig »gefahren« wird. Gewiß ist es für junge Pferde gut, ihnen die Angst vor neuen Situationen – z. B. Wasserdurchreiten – durch erfahrene Führpferde zu nehmen. Parallel dazu muß jedoch, ermöglicht durch das Vertrauen in den Ausbilder, die Arbeit mit ihm als Einzelpferd forciert werden.

Unterläßt man dies, wird das junge Pferd zum Kleber, sozusagen zum »Zweispänner« und nie ein sicherer »Einspänner«.

Sinnvolle, der Ausbildung dienende Beschäftigung mit dem Fohlen

Die Grundlagen legt man bereits vor dem Absetzen (siehe »Erziehung«). Beginnt man mit dem Führen des Fohlens, bringt man es anfangs in kurzen Abständen wieder zur Mutter zurück, läßt den beiden Zeit, sich zu beriechen oder gar das Fohlen saugen. So gewinnt das Fohlen durch Erfahrung die Einsicht, daß es immer wieder zur Mutter oder zur Herde zurückgebracht wird.

Dieses Führen weitet man dann beim »fortgeschrittenen« Fohlen zu regelrechten Spaziergängen oder gar Ausflügen aus. Bummeln sollte man aber beim Spazierenführen nicht, zügiger Schritt, unterbrochen von lockeren Trabeinlagen, ist angebracht.

Diese Spaziergänge kann man über die ganze Aufzuchtphase regel- oder unregelmäßig fortsetzen. Sehr wichtig werden sie unmittelbar vor Beginn des Fahrens oder Reitens.

Als nächsten Schritt gewöhnt man das Fohlen daran, die Mutter, angebunden an die rechte Seite des Bauchgurts, zu begleiten. Das gut ans Anbinden gewöhnte Fohlen begleitet die Mutter meist innerhalb weniger Minuten willig in den Gangarten Schritt und Trab. Faule Fohlen soll ein Helfer von hinten mit der Gerte etwas kitzeln. Der Führende gibt dazu die Kommandos »komm«, »Schritt« und »Trab«.

Wieder der logisch nächste Schritt ist das »Beispannen« des Fohlens neben der eingespannten Mutter.

Das Saugfohlen wird hierbei an das Brustblatt der Mutter gebunden, der Jährling bekommt zusätzlich das Geschirr aufgelegt und den äußeren Strang zur Begrenzung eingehängt. Der Zweijährige wird erst beim Führen an das Trensengebiß gewöhnt und dann schon »richtig« dazugespannt. Leichter Zug und leichtes Zurückschnallen sind für das ja noch nicht voll entwickelte Fohlen Voraussetzung.

Das Fohlen kann natürlich auch als Handpferd beim Reiten mitgehen. Da hier nicht wie beim Einspannen der Fahrer von hinten treibt, sind jedoch entsprechende Vorübungen nötig. Am schnellsten lernt das Fohlen das Mitlaufen im Galopp, wenn man die Mutter (das Fohlen rechts am Gurt angebunden) auf der linken Hand longiert. Nicht zimperlich sein mit den Peitschenhilfen, wenn sich das Fohlen zurückfallen läßt! Dem Fohlen ist ja die Sicht auf Sie durch die Mutter verdeckt. Daß Sie der antreibende »Bösewicht« sind, merkt es gar nicht! Beim Reiten nehmen Sie dann das Fohlen echt an die Hand. Auf keinen Fall dürfen Sie sich den Strick um den Bauch binden oder das Fohlen am Sattelgurt oder Halfter anbinden, da dadurch gefährliche Unfälle passieren können.

Die Beachtung der Gesundheit des Fohlens ist oberstes Gebot bei diesen Reit- und Fahrausflügen. Zu harter Boden ist zu vermeiden oder im Schritt zu passieren. Deutliche Grenzen setzen Ermüdung sowie größerer Abrieb der Fohlenhufe.

Beginn der regelmäßigen Arbeit

Etwa zwei bis drei Monate vor Beginn des eigentlichen Einreitens oder Einfahrens bzw. der Körung/Eintragung des Zuchtpferdes beginnt man durch Arbeit an der Hand mit der planmäßigen Ausbildung.

Den Kern dieser Arbeit bildet immer die Longenarbeit. Das junge Tier kann sich noch nicht lange konzentrieren, daher wird die Longenarbeit mit Führen und Spazierengehen verbunden.

Beim ersten Longieren reichen schon fünf Minuten, nach und nach steigert man diese Zeit auf 15 bis maximal 30 Minuten Arbeit. Sowohl Pferd wie Mensch müssen dieser Arbeit volle Konzentration widmen! Bloßes »Bewegen« sollte das Fohlen auf der Koppel und freilaufend unternehmen. Häufiger Handwechsel von Anfang an verhindert Einseitigkeit. Der erste Zweck dieser Ausbildung ist, das Pferd an Arbeit, stimmliche und Peitschen-Hilfen sowie an regelmäßiges Vorwärtsgehen zu gewöhnen.

Die Peitschenhilfen müssen korrekt und aufmerksam gebracht werden. Ausbindezügel gehören noch nicht in dieses frühe Ausbildungsstadium! Ob man an Stallhalfter, Kappzaum oder Trensengebiß anfängt zu longieren, ist Stilfrage.

Wichtig für das junge Pferd ist »Abwechslung«! Nicht immer stur im Kreis herum!

Häufiger Tempo- und Gangartenwechsel. Das junge Pferd zwischendurch »geraderichten« (da heißt es mitlaufen!), Schlangenlinien gehen lassen etc.

Zirkel verkleinern und vergrößern (biegt das Pferd sehr schön!), erst über liegende Stangen, dann über Cavaletti schreiten, traben und galoppieren lassen (Losgelassenheit, Aufmerksamkeit, Rückentätigkeit, rhythmisches Springen).

Bei all diesen Grundlagen zur Grundausbildung soll die Bereitschaft, ja die Freude zur Mitarbeit beim Fohlen geweckt werden.

Als logischen Abschluß wählt man immer eine Lektion, die es gut beherrscht, um nach Kräften loben zu können!

Strotzend vor Gesundheit und Kraft sowie gepflegt und schick frisiert – das zusammen nennt man gut herausgebracht! Und nur gut herausgebrachte Fohlen verkaufen sich auch gut.

Preis, Markt und Wert

Fohlen kaufen oder verkaufen

Es gibt mehrere Wege, ein Fohlen zu kaufen oder zu verkaufen.
Die Annonce in der Tageszeitung bietet sich genauso an wie die in einer Fachzeitschrift. Andere Möglichkeiten sind die Auktion, ein örtlicher Pferdemarkt, eine Vermittlung des Zuchtverbandes oder, für beide Teile oftmals die zufriedenstellendste Lösung – die mündliche Empfehlung eines zufriedenen Käufers.
Welcher Käuferkreis kauft nun am besten wo?
Der Pferdenarr, der sich seine Fohlen für den eigenen Gebrauch großziehen will, tut sicher gut daran, frühzeitig die Fohlen bei den Züchtern zu besichtigen. So kann er die Fohlen, die in Frage kommen, auf ihre Entwicklung beobachten, Stute und Hengst auf Charakter, Vollgeschwister auf Wuchs und Leistung überprüfen.
Der junge, finanziell schwache Sportreiter bekommt sicher manchen Tip vom Zuchtverband, wo er sich preiswert den einen oder anderen Leistungsyoungster holen kann, dessen Schönheit, Wuchs oder »Tagesform« nicht für die Auktion genügten.
Wer »Spitzen« für Zucht oder Sport kaufen will, dem bleibt meist nur der Weg zur Auktion – außer er belagert den Zugang zum Hof der berühmtesten Züchter, bis sie die Nerven verlieren.
Wählt man den Ab-Hof-Kauf, so darf man nicht dem Trugschluß zum Opfer fallen, daß das »herausgebrachte« Auktionsfohlen um vieles besser ist als das gleiche Fohlen bei Regen auf einer verschlammten Koppel oder gar als der Jährling im Winterpelz. Ständig feines Fell haben nur verpäppelte Stallfohlen! Diesem Trugschluß fällt nicht nur der Anfänger in der Pferdehaltung zum Opfer, sondern oft auch die hohe Körkommission. Ein geputztes, glattes Pferd sieht nun mal doppelt so wertvoll aus wie ein dreckiges und struppiges.
Haben Sie nicht den »genialen Durchblick«, so geben Sie diesem Dreckspatzen, wenn er ihnen von Abstammung und sonstigen Eigenschaften zusagt, noch eine Chance. Bitten Sie den Züchter um einen späteren Besichtigungstermin, an dem er Ihnen das Fohlen ausgehaart und »herausgebracht« vorstellen kann.
Der Käufer, der Wert auf »Gang« legt, steht auf den Auktionen häufig ratlos da. Die Fohlen werden oft nur im Schritt, höchstens im Trab vorgestellt. Galoppade und Springmanier kann man sich

höchstens aus der Abstammung zusammenreimen, aber nicht überprüfen. Er muß praktisch die Katze im Sack kaufen. Hier ist der Ab-Hof-Käufer, genau wie bei der Feststellung des Charakters, eindeutig im Vorteil. Dafür muß er viele weite Wege fahren, von Hof zu Hof, bis er »seine« Fohlen gefunden hat. Für den Züchter als Verkäufer hat der Ab-Hof-Verkauf mehr moralische Vorteile: Er kann sich den »guten Platz« für sein Fohlen aussuchen. Die Zeit, die er sich für Auktionsvorbereitungen und Versteigerungstag erspart, geht ihm beim Ab-Hof-Verkauf mehrfach verloren. Jeder zehnte Interessent, der sich auf eine Annonce meldet, kauft auch. Anders bei der Mund-zu-Mund-Propaganda, auf Empfehlung kauft jeder zweite.

Wenig Gutes kann sich der Käufer wie auch der reelle Verkäufer von einem »Pferdemarkt« oder »Wochenmarkt mit Pferdeverkauf« erwarten. Hier sind doch eine Vielzahl der »Handelnden« berufsmäßige Pferdehändler und häufig nicht die – gewiß auch vorhandenen – guten Vertreter dieses Berufsstandes.

Auf einem solchen Markt wird gutes Material nicht gesucht und auch nicht erwartet. Der echte Umschlag an Pferden ist relativ gering, die meisten Tiere werden wieder mit heimgenommen oder von Händler zu Händler verkauft. Geht man in ehrlicher Absicht mit einem guten Fohlen teurer Rasse zu einem solchen Markt, sind die Verkaufsaussichten zu einem vernünftigen Preis gleich Null, da die entsprechende Käuferschicht fehlt. Ein gewisser Umsatz an Kleinpferdefohlen, vor allem den in DM ausgedrückt, spottbilligen Hengstfohlen, als »Spielzeug« für Kinder oder als Rasenmäher findet üblicherweise statt – und zu Preisen, die diese Fohlen z. B. auf den überfüllten bayerischen Haflingermärkten nicht bringen (trotz erstklassiger Abstammung!).

Die Gefahr, mit dem Fohlen auch Husten heimzubringen, steigt auf diesen von Händlern frequentierten Märkten durch das Angebot von »frischer Ware aus dem Ostblock« sehr hoch an. Gelegentlich erhält man auch das falsche Papier – absichtlich oder unabsichtlich – zu dem erworbenen Fohlen. Händler kaufen häufig größere Mengen Fohlen auf Auktionen an, die nahe am Preiseinbruch verlaufen und bringen sie dann in Nachzuchtgebiete. Wenn bei 30 Fohlen auf einem Transporter einmal die Identität verlorengeht – wen wundert's? Prüfen Sie also zumindest die Abzeichen und, soweit im Abstammungsnachweis angegeben, auch den Nummernbrand nach.

Am besten nimmt man zu jedem Pferdekauf – auch zu einem Fohlenkauf – einen fachkundigen Berater mit. Dieser sollte nicht nur die Qualität des Fohlens beurteilen können, sondern auch, ob das Pferd zu der angegebenen Abstammung paßt.

Mehr zu empfehlen sind die von den Zuchtverbänden organisierten Pferdemärkte mit freihändigem Verkauf.

Hier dürfen nur Pferde bzw. Fohlen von Mitgliedern aufgetrieben werden, die mindestens vier Generationen Abstammung nachweisen können. Zudem stehen Fachkräfte der Verbände zur Beratung zur Verfügung.

Ein paar Worte zum gerechtfertigten Preis

Das teuerste am Pferd ist sicher nicht der Anschaffungspreis.

Rechnet man die Haltung, die für gute und für schlechte Pferde das gleiche kostet und die Tierarztkosten, die für das gesunde und das anfällige Pferd erheblich differieren, fällt der Anschaffungspreis nicht mehr ins Gewicht. Demnach ist das gesundheitlich labile Pferd das teuerste, auch wenn man es noch so billig erworben hat!

Dennoch gibt es viele – vor allem Liebhaberzüchter – die gar keine reale Vorstellung von Wert und Qualität ihres Fohlens haben und im vollen Ernst einen utopischen Preis für ihr Tier verlangen. Vor allem bei Kleinpferdefohlen, die ja doch mitunter auf einem sehr bescheidenen Preisniveau liegen, dürfte auch so mancher gerissene Händler mit noch unbedarften Käufern wie Verkäufern seinen Schnitt machen.

Andererseits kann der Wert eines guten Charakters, einer guten Erziehung und einer guten Gesundheit nicht mit Gold aufgewogen werden!

Dem Verkäufer kann man nur eines raten: Wenn ihm sein Fohlen lieb ist, soll er es auch bei größtem Platzmangel nicht unter Wert verschleudern. Leider ist der Mensch nun mal so geartet, daß er alles, was »billig« ist, geringschätzt, nicht achtet und schlecht behandelt.

Auktionen

Auktionen für Fohlen gibt es nur für stärker vertretene Rassengruppen. Rennpferdefohlen – Vollblut und Traber werden als 1½jährige versteigert und kommen dann meist direkt ins Training. Für Warmblutabsetzer gibt es in allen deutschen Zuchtgebieten Auktionen, auch Trakehner werden – jedoch auf getrennten Märkten – versteigert.

In Nachzuchtgebieten, z. B. Süddeutschland, sind die Preise gewöhnlich niedriger. Hier kann man bei ähnlicher Abstammung die Fohlen also sehr günstig erwerben. Gleiches gilt für Märkte, die als Zusatzmärkte abgehalten werden, z. B. Marbach 85 Elitefohlen, Durchschnitt Hengstfohlen 5000,– DM, Stutfohlen 3458,– DM, bei 38 angebotenen und 31 verkauften Fohlen. Riedlingen Durchschnitt Hengstfohlen 2498,– DM, Stutfohlen 2193,– DM, bei 63 angebotenen und 45 verkauften Fohlen.

Meist handelt es sich bei den Reitpferdefohlen-Auktionen jedoch um sogenannte »Elitefohlenmärkte«, d. h. eine geringe Anzahl bester Fohlen wird aus einem Riesenangebot ausgewählt.

So werden in Verden etwa 120 aus einem Angebot von 5000 Hannoveraner Fohlen vorgestellt. Die Verkauften erzielen deshalb einen beachtlichen Durchschnittspreis. Wird noch strenger ausgewählt – so Vechta mit etwa 40 Fohlen – so steigt der erzielte Durchschnitt natürlich enorm an.

In jüngster Zeit gehen die Auktionspreise für gute Warmblutfohlen steil nach oben. Eine große Anzahl erreicht über 20 000,–, einige über 30 000,– DM. Das Spitzenfohlen in Vechta 1990 (H. v. Rubinstein) kostete gar 53 000,–. Die Folge sind jäh in die Höhe geschnellte Durchschnittspreise – z. B. Münster 1990 – 10 441,– DM (Hengstfohlen = 12 397,–, Stutfohlen = 7780,– DM).

Werden Versteigerungen mit freiem, unbegrenztem Auftrieb für alle Züchter und alle Fohlen mit voller Abstammung veranstaltet – wie etwa in Bayern für Kaltblut und Haflinger – gehen die Preise sofort in den Keller. Die Spitzenpreise für Zuchtfohlen sind jedoch ziemlich unabhängig vom Fußpreis. Deshalb kommen unheimliche, mit dem Qualitätsunterschied allein nicht mehr zu rechtfertigende Preisunterschiede zustande. Hengstanwärter der guten Klasse bringen z. B. beim Haflinger regelmäßig 3000,– bis 4000,– DM. Die Spitzenstutfohlen lagen in den letzten zehn Jahren meist zwischen 4000,– und 7000,– DM, den Rekord hält ein Naxos-Stutfohlen mit 10 050,– DM. Ein stolzer Preis für ein Kleinpferdefohlen, der nachdenklich stimmt, wenn gleichzeitig so manches gute Fohlen für 600–800,– DM als »Überstand« an den Schlachter geht.

Der Durchschnittspreis dieser Auktionen dient für die Ab-Hof-Verkäufe als Anhalt zur Preisbildung. Die Spitzenauktionspreise sind für den Ab-Hof-Verkäufer nicht zu erreichen. Ausnahmen gibt es bei Fohlen mit gewaltiger Abstammung, die häufig schon im Mutterleib oder innerhalb der ersten 14 Tage einen Käufer finden. Allerdings braucht der Ab-Hof-Verkäufer sich auch nicht mit dem Fußpreis der Versteigerung zufriedengeben. Zu den erwähnten Marktpreisen kommen noch Steuer und Marktgebühren.

Fohlenbeurteilung

Die Beurteilung eines im Wachsen begriffenen Lebewesens ist immer schwierig.

Beim Fohlen gilt die Regel: Wie mit drei Tagen, so mit drei Jahren.

Das Fohlen soll also mit drei Tagen einer gründlichen Überprüfung durch den Züchter unterzogen werden, ganz besonders wenn er vorhat, dieselbe Paarung nochmals anzuwenden.

Hat das Fohlen vom ersten Tag an Auslauf erhalten, sind Unbeholfenheit und ein Großteil der durch die enge Lage im Mutterleib entstandenen Verstellungen schon verschwunden. Leichte bodenweite Stellungen sind genau wie leichte Kuhhessigkeit angenommene, also dem Entwicklungsstand entsprechend normale Stellungen. Das Fohlen hat in diesem Alter – in der Relation abhängig von der Rasse – immer wesentlich längere Beine, einen kürzeren Hals und einen kürzeren Rumpf als das erwachsene Pferd. Ist das drei Tage alte Fohlen normal gesäugt, hat es in diesen Tagen bereits Muskulatur angesetzt, jedoch noch keinen Speck. Harmonie, Ausprägung der »Reitpferdepoints«, Lagerung von Schulter und Kruppe sowie Ansatz und

Ausprägung der Muskelpartien sind ideal zu beurteilen. Die Haltung tendiert beim neugeborenen Fohlen zu übertriebener Aufrichtung. So ist ein gezeigter Unterhals und eine »Nase, die in den Wind gesteckt wird«, häufig altersbedingt und nicht so tragisch zu nehmen.

Langgefesselte Pferderassen bringen meist durchtrittige Fohlen zur Welt. Inwieweit diese Fesselstellung sich normalisiert, zeigt ein Blick auf die Verwandtschaft. Bei stumpfgefesselten Rassen besteht bei durchtrittigen Fohlen immer die Befürchtung, daß der Fehler im Alter oder nach schweren Erkrankungen wieder auftritt. Die Winkelung im Sprunggelenk wird meist mit zunehmendem Alter etwas steiler, die Sprunggelenke drehen mit zunehmender Beckenbreite nach außen.

Die Fohlen sind in ihrer späteren Entwicklung rapide vor sich gehenden Veränderungen unterworfen und daher schwer zu beurteilen, wenn man nicht die Entwicklung fortlaufend verfolgen kann. Das Fohlen wächst von hinten nach vorne. Dadurch ist es etwa 14 Tage lang stark überbaut, in den folgenden 14 Tagen wächst es nach vorne nach. In den ersten drei Lebensmonaten ist es »pummelig«, danach fängt es an, sich zu strecken. Die endgültige Entwicklung des Rumpfes in die Länge beginnt erst mit etwa drei Jahren, vorher sieht das Jungpferd quadratischer aus als es wirklich ist. Die endgültige Brust- und Beckenbreite sowie Rumpftiefe erreicht das Tier erst mit vollem Abschluß der Entwicklung, genau wie das endgültige Stockmaß. Dies kann, je nach Früh- oder Spätreife der Rasse, des Individuums sowie nach Intensität der Fütterung bereits bei einem Dreijährigen, oder auch erst bei dem acht Jahre alten Pferd der Fall sein.

In allen Stadien, die zwischen dem dritten Tag und mindestens dem vierten Lebensjahr liegen, ist ein endgültiges Urteil über die Qualität des Fohlens bei einmaliger Besichtigung schier unmöglich.

Zudem erschweren unterschiedlicher Pelz, Babyspeck, Gesundheitsmängel, Wurmbefall, sowie die sogenannte »Tagesform« die Beurteilung. Bei einem fetten Fohlen sind »Reitpferdepoints« oft, obwohl vorhanden, gar nicht mehr auszumachen. In diesem Fall muß man von der Gangmechanik und dem Gangschwung auf Vorzüge oder Mängel im Skelettbau schließen. Jedoch zeigt ein gesundes, übermütiges Fohlen häufig Imponiergänge und täuscht mehr Ausdruck vor, als Sie jemals unter dem Sattel vor dem Turnierrichter mit ihm erreichen werden. Ein verwurmtes Fohlen hingegen zeigt sich matt und schwunglos oder sogar schwankend in der Hinterhand.

Wie schwierig die Beurteilung junger Pferde ist, zeigt der Rennpferdespruch: »Die Einjährigen sind die Hoffnung, die Zweijährigen die Erwartung und die Dreijährigen die Entsagung.«

Ganz so schlimm wird es für den »Nur-Reiter« jedoch nicht werden. Schaut man das Fohlen während der Entwicklung mehrfach genau an, besichtigt Vorfahren und nahe Verwandtschaft und überprüft die Charakterveranlagung des Fohlens, so kann nicht allzuviel schiefgehen.

Bei entsprechend gesunder Aufzucht und guter Erziehung werden Sie dann auf jeden Fall ein gut gebrauchstüchtiges Pferd im Stall haben. Wir wünschen Ihnen viel Glück im Stall und auf der Weide dazu, denn ohne das »kleine Quentchen« Glück geht's nirgendwo!

»Züchterglück« erfordert Können und intensive Beschäftigung mit dem »Tiermaterial«. Würde das Fohlen so präsentiert, so hat man bestimmt nicht »die Katze im Sack« gekauft!

BLV Pferdebücher – speziell für Sie ausgewählt!

BLV Verlagsgesellschaft München